Reconstruction of
Global Value Chains
A Study from International Political Economy

全球价值链重构的国际政治经济学研究

刘漫与◎著

图书在版编目（CIP）数据

全球价值链重构的国际政治经济学研究／刘漫与著. -- 北京：当代世界出版社，2023.4
ISBN 978-7-5090-1544-5

Ⅰ.①全… Ⅱ.①刘… Ⅲ.①世界经济政治学-研究 Ⅳ.①F11-0

中国版本图书馆 CIP 数据核字（2022）第 225454 号

书　　名：	全球价值链重构的国际政治经济学研究
出 品 人：	丁　云
策划编辑：	刘娟娟
责任编辑：	刘娟娟　徐嘉璐
装帧设计：	王昕晔
版式设计：	韩　雪
出版发行：	当代世界出版社
地　　址：	北京市地安门东大街 70-9 号
邮　　编：	100009
邮　　箱：	ddsjchubanshe@163.com
编务电话：	(010) 83907528
发行电话：	(010) 83908410（传真）
	13601274970
	18611107149
	13521909533
经　　销：	新华书店
印　　刷：	英格拉姆印刷(固安)有限公司
开　　本：	710 毫米×1000 毫米　1/16
印　　张：	17
字　　数：	229 千字
版　　次：	2023 年 4 月第 1 版
印　　次：	2023 年 4 月第 1 次
书　　号：	ISBN 978-7-5090-1544-5
定　　价：	88.00 元

如发现印装质量问题，请与承印厂联系调换。
版权所有，翻印必究；未经许可，不得转载！

序

刘漫与的博士论文《全球价值链重构的国际政治经济学研究》将要出版,并请我作序。除了职务行为外,我绝少为书写序,不过自己指导的博士另当别论。眼见他们的论文从一张白纸到十多万字厚厚的一沓,在为他们高兴之余,也对他们在写作过程中的苦辣酸甜感同身受。我想,凡是下功夫撰写过博士论文的人都有过"扒一层皮"的感触。我特意把"甜"置于各种感受的末尾,想表达的意思有两层:一是祝贺刘漫与博士的毕业论文正式公开出版;二是借此分享一下他苦尽甘来的愉悦与轻松。当然,博士毕业只是漫漫人生旅程中的一个重要节点,未来还有形形色色的"博士论文"等着他去完成呢。

中美关系是这篇论文的主题,也是当下及未来一段时间左右国际局势的核心变量。讨论中美博弈的著述卷帙浩繁,能写出新意实属不易,这也是本篇论文在确定选题过程中颇费周折的原因。从事研究与教学30多年,让我积累起了些许判断选题质量或论文价值的能力。科学研究的基本特性在于,从纷繁复杂的世界中发现或识别出那些重要变量,并描述和解释它们之间的关系,也就是因果关系或相关关系,进而使其服务于人类在器物层面和精神层面的需求满足。通过观察或实验,人们可以发现并验证变量之间关系的存在;通过逻辑推理并辅之以经验检验,人们也可以提出变量之间存在特定关系的命题。在一定条件下变量之间极为稳定的关系可成为定律,需要进一步论证或给出适用条件的变量之间关系则可成为定理。发现全新的现象或变量之间关系,乃论中的极品,实属凤毛麟角。老子论"道"与牛顿三大定律当列此类,依据班固《汉书·古今人表》中由"上中下"衍化出的九分法，排位"上上"。

虽说比肩老子或牛顿的可能性微乎其微，但我们不妨以他们为榜样。从某种意义上讲，我们可以将人类所处世界看成是一个由N个变量组成的、同时N中的每个变量又可以分解或整合成无限子变量的多元世界。在分解和整合过程中，不同变量之间的关系自然会呈现出"维度差"，观察者因位置不同也会形成"角度差"。如此一来，可观察变量以及变量之间的关系之规模就变得相当可观了，只要穷追不舍深入挖掘，便有可能有所发明或发现：用一个概念去定义一类现象便是学术贡献，提出一个可检验的变量关系命题或猜想也是学术贡献，创建证实或证伪命题的工具与方法亦是学术贡献，指出历史进程中某一机制的内在矛盾性并做出趋势性预言仍是贡献，直觉悟到有意识有目的之人类行为模式更是学术贡献。对每一位观察者或研究者而言，升降维度和变换角度，往往是创造性的重要源泉。王之涣的《登鹳雀楼》和苏东坡的《题西林壁》如此脍炙人口，主要原因之一或许就在于其中蕴含的类似哲理。

几天前在一个讨论会上，我目前的同事、也是我指导过博士论文写作的冯维江研究员扼要谈及大熊猫被"发现"的故事，并以此说明学理基础的重要性。因为印象深刻，我事后特地去查了百度，得到令人顿生荒诞感的答案：世界上第一只大熊猫是1869年法国传教士戴维在四川雅安宝兴县邓池沟发现的。当这位外来人第一次在当地老乡家见到被称之为"白熊"的大熊猫毛皮时大吃一惊且兴奋不已，并当即认定它是一个具有重要价值的新物种。最后的结果恰如所料，戴维成为大熊猫的"发现者"，"科学界"还将1869年4月1日定为大熊猫"发现日"。无疑，这个故事可以从不同维度和角度加以解读和品评，但这里我想说的是，祖祖辈辈和大熊猫时常照面的宝兴农户竟未拥有"发现者"头衔，关键在于他们缺乏动物学专业知识，对大熊猫在整个动物谱系中所处类别或科属毫无概念。理论或学理知识在此成为将"发现者"和"熟视无睹者"隔离开的崇山峻岭。极端地讲，没有概念或理论可能就没有世界。

用已有的国际政治经济学理论去观察和分析中美两国在全球价值链主导权上的博弈，显示出刘漫与博士在论文选题与书写方式上的思考深度、广度与设计感，其中既有对问题的拆解与分形，也有对观察的归纳和提炼，亦有对变量及变量间关系的厘清与验证，还有对全球供应链主导国之行为规律的概括。或许更值得提及的是，看到学生把博士论文写作逐步内化为一次艰辛而庄严的人生历练、一次自我认知提升的修行时，在某种意义上，比我看到上乘论文本身时更感欣慰，也更有成就感。

张宇燕
2022 年 7 月 28 日

自序

有关全球价值链的研究是近年来世界经济和国际关系领域的热点问题之一，在国内外学术界形成了很多有重要价值的研究成果，这为本书的研究提供了丰富的学术营养。回顾全球价值链的形成与发展历程，根据发展特征的不同，全球价值链可被划分为快速发展期（20世纪90年代初—2008年国际金融危机爆发前）、收缩调整期（2008年国际金融危机爆发—2017年）和重构期（2018年至今）。其中，全球价值链的重构期是本书的重点研究内容。全球价值链重构的主要脉络可以总结为"一条主线、两条辅线"。一条主线指中美战略竞争，两条辅线指第四次工业革命提速与新冠肺炎疫情暴发。其中，中美战略竞争是本书的重要研究背景，具体是指2017年12月美国政府在《美国国家安全战略报告》（*National Security Strategy of the United States of America 2017*）中将中国正式称为战略竞争对手（strategic competitor）之后的时期。

本书的核心研究内容是：从国际政治经济学理论视角研究中美战略竞争背景下全球价值链重构的基础与直接动因、美国政府引导全球价值链重构的手段及其造成的影响，以及全球价值链重构给中国带来的挑战与中国应对之策。

本书具体研究内容如下。第一，基于结构性权力理论，在企业和国家两个维度对全球价值链发展与重构的基础进行剖析。结构性权力理论是国际政治经济学中的重要研究框架之一。结构性权力（Structural Power）是指：在某一体系中，由体系内处于核心网络节点位置或对体系内某种关键性资源具有垄断控制力的参与主体拥有，可以调节该体系内参与主体之间关系、主导体系内规则制度安排的一种权力。从企业维度看，作为全球价值链的重要载体，部分跨国公司依靠对生产资源的垄断性控制，掌控着全球价值链中的结构性权力，主导国际生产分工与财富分配。其中，对某种生产资源具有高度垄断性特征的跨国公司可以被称作超级跨国公司。从国家维度看，民族国家是全球价值链的重要塑造者，在安全、生产、金融、知识领域拥有强大实力的民族国家拥有国际政治经济体系中的结构性权力，这种权力赋予民族国家塑造国际制度环境的能力。民族国家可以通过塑造国际制度的方式，引导和规范跨国公司的全球经营活动，进而影响全球价值链的发展进程。

跨国公司对其结构性权力的使用主要从经济逻辑的维度对全球价值链发展产生影响，而民族国家的结构性权力对全球价值链的影响机制则体现为政治经济互动逻辑，这是本书研究的核心视角。在全球价值链的形成、发展与重构进程中，美国政府是国际政治经济体系中结构性权力的主要拥有者，美国跨国公司是全球价值链中结构性权力的主要拥有者。20世纪90年代初至2017年间，美国跨国公司与美国政府呈现较高的利益趋同性，即美国政府通过塑造有利于美国跨国公司的经济全球化政策促进全球价值链发展。同时，美国跨国公司通过全球经营，以财富分配与技术创新的方式增加美国财富积累、提高美国技术实力。2018年至今，美国跨国公司全球经营产生的技术外溢效应导致美国政府与美国跨国公司呈现利益偏离性，驱使美国政府采取选择性贸易保护主义政策引导全球价值链重构，并通过直接使用美国跨国公司在全球价值链中的结构性权力来实现政治经济目的。

第二，基于结构性权力理论与国际公共物品理论，本书对美国政府重构全球价值链的直接动因、手段及影响进行深入研究。通过定性分析与定量分析相结合的研究方法，本书提出，中国及其跨国公司在全球生产体系中结构性权力的提升，削弱了美国及其跨国公司对全球财富分配的主导力，这是美国政府引导全球价值链重构的重要原因。

在此基础上，本书将美国政府引导全球价值链重构使用的手段归纳为对三种结构性权力的使用，即对美国超大规模市场带来的需求型结构性权力的使用、对在关键技术领域实现高度垄断的超级跨国公司结构性权力的使用、对国家强大综合实力带来的在国际政治经济体系中结构性权力的使用。

首先，美国政府对需求型结构性权力的使用具体表现为发动对华贸易战，利用关税壁垒引导当前国际贸易体系与价值链分工格局发生调整与改变，通过贸易转移、投资转移与产业转移等途径影响国际分工格局。其次，美国政府对超级跨国公司结构性权力的使用具体表现为技术"断供"，利用美国技术在全球价值链中的垄断性优势，对中国高科技企业的供应链实施切割与封锁，造成全球生产资源配置扭曲、跨国公司利润分配调整与全球价值链结构分化等影响。最后，美国政府对国际政治经济体系中结构性权力的使用具体表现为提供对中国具有排斥性的国际俱乐部产品，这种国际俱乐部产品一方面呈现"小院高墙"模式（"small yard，high fence"），试图将中国排除在美国政府引导构建的集团联盟之外，对全球价值链造成"去中国化"影响；另一方面呈现"规锁"模式，试图通过引导构建新型国际机制并将中国拉入其中，从而对中国的经济发展与产业分工进行规范和锁定，弱化中国在全球价值链中的结构性权力，降低世界经济对中国的依赖。

第三，通过历史比较研究方法分析国际分工格局的历史变迁，探寻全球价值链重构的历史规律。全球价值链本质上是一种全球生产体系和国际分工格局，在分析全球价值链重构的基础上，本书对大不列颠帝国内分工体系变迁和美日分工格局变迁进行案例分析，得到的启示是：国际分工格局变迁起源于主导国与新兴国之间在生产领域结构性权力的变化。新兴国结构性权力提升对主导国的财富分配安排能力构成冲击，促使主导国改变既有国际分工格局，使之朝更有利于自身政治经济利益的方向变迁或重构。

第四，结合以上内容，针对全球价值链重构给中国带来的挑战，本书分别在供给层面、需求层面、创新层面和开放层面提出应对之策。

综上所述，本书的核心观点是：美国政府对国际制度环境的塑造力与美国跨国公司对全球生产体系的控制力是全球价值链发展与重构的关键基础，应对与遏制中国及中国跨国公司结构性权力的提升是美国政府引导全球价值链重构的主要原因，使用美国政府及美国跨国公司拥有的结构性权力是美国政府引导全球价值链重构的主要手段，国际贸易格局变迁、全球价值链分化以及"去中国化"是全球价值链重构的潜在影响，既有国际分工格局中主导国对新兴国结构性权力提升的遏制是全球价值链重构的历史规律。因此，坚持改革开放、引导新一轮经济全球化可持续发展是全球价值链重构中的中国应对之道。

目 录

序

自序

第一章 绪论 /1
第一节 研究背景与选题意义 /1
第二节 研究内容、方法与思路 /9
第三节 研究创新与研究展望 /12

第二章 全球价值链研究的文献综述 /15
第一节 全球价值链研究演变与概念界定 /15
第二节 全球价值链的国际经济学理论基础 /25
第三节 全球价值链中的产业升级研究 /33
第四节 关于全球价值链重构的研究 /38
第五节 本章小结 /45

第三章 国际政治经济学的理论基础 /47
第一节 国际政治经济学研究进程 /47
第二节 结构性权力理论 /52
第三节 国际公共物品理论 /58
第四节 本章小结 /67

第四章　全球价值链的形成与发展历程　/ 68
第一节　全球价值链的快速发展期（20世纪90年代至2008年国际金融危机爆发）　/ 68
第二节　全球价值链的收缩调整期（2008年国际金融危机爆发后至2017年）　/ 79
第三节　全球价值链重构期（2018年至今）　/ 92
第四节　本章小结　/ 105

第五章　全球价值链重构的基础　/ 107
第一节　跨国公司的结构性权力　/ 107
第二节　民族国家的结构性权力及其对全球价值链的影响　/ 120
第三节　本章小结　/ 141

第六章　美国政府重构全球价值链的直接动因、手段与影响　/ 144
第一节　美国政府重构全球价值链的直接动因　/ 144
第二节　美国政府对需求型结构性权力的使用　/ 154
第三节　美国政府对超级跨国公司结构性权力的使用　/ 166
第四节　美国政府对国际政治经济体系中结构性权力的使用　/ 181
第五节　本章小结　/ 191

第七章　国际分工格局的历史变迁及其对全球价值链重构的启示　/ 193
第一节　大不列颠帝国内分工体系的历史变迁　/ 193
第二节　美日贸易摩擦与美日分工格局变迁　/ 202
第三节　历史对比及启示　/ 210
第四节　本章小结　/ 216

第八章　全球价值链重构对中国的挑战与中国应对　/218

第一节　全球价值链重构对中国的挑战　/218

第二节　中国应对　/223

第三节　本章小结　/235

参考文献　/237

第一章 绪 论

有关全球价值链的研究是近年来世界经济和国际关系领域的热点问题之一，在国内外学术界形成了很多有重要价值的研究成果，这为本书的研究提供了丰富的学术营养。在此基础上，本书尝试从国际政治经济学理论视角研究中美战略竞争背景下全球价值链重构的基础和直接动因、美国政府引导全球价值链重构的手段及影响，以及全球价值链重构中的中国应对。本章主要阐述研究背景、选题意义、研究内容、研究方法，以及可能的研究创新与研究展望，属于全书统筹性和概括性的研究部分。

第一节 研究背景与选题意义

一、研究背景

自20世纪80年代末90年代初以来，随着冷战结束、科学技术不断创新与迭代，以及国际分工不断深化和细化，经济全球化得以快速发展。作为经济全球化的重要表现与成果之一，全球价值链逐渐成为主导国际贸易与国际投资的全球生产体系，而2008年国际金融危机的爆发及中美战略竞争等因素使得经济全球化进程放缓、国际分工格局出现调整、全球生产体系面临变迁，全球价值链重构成为相关国家与跨国公司必须面对和解决的重要问题。按照历史沿革与发展特征进行梳理，全球价值链重构基于以下三个主要背景。

第一，冷战结束重塑国际政治经济格局，社会生产力变革与国际制度环境变迁使全球价值链成为全球生产体系的重要组成部分。

一方面，冷战结束促使国际政治经济体系的核心发展理念由大国地缘竞争转向全球经济增长。苏联解体不仅让美国获得了长达半个世纪的冷战的胜利，更让美国成为当时全世界唯一在军事、经济、科技、金融等领域占据绝对优势的超级大国，暂时"终结"了关于美国霸权衰亡的论调。[①] 无论是采取帝国主义的霸权行径，还是推崇新自由主义的所谓普世价值观，美国都将引导经济全球化深入发展作为主要目标，试图塑造一套更有利于美国跨国公司拓展全球市场的国际制度环境。具体来说，以世界贸易组织为代表的一系列多边主义经贸规则显著降低了产品、服务与资本的跨境流动成本。同时，在全球范围内对知识产权保护的显著增强为跨国公司在全球范围内实现更复杂的协调生产提供了制度保障。

另一方面，科学技术创新带来的生产力水平提升使生产关系（尤其是分配关系）出现变化。互联网与移动通信技术的快速迭代极大地降低了跨国生产的交易成本，为跨国公司在全球范围内配置资源以协调生产与销售提供了物质基础。更重要的是，科学技术的创新性与垄断性赋予技术发明者与技术拥有者强大的生产权力，这种权力又鼓励生产者进一步开拓全球市场从而获得更多的财富。考虑到美国跨国公

---

① 在20世纪70—80年代，美国遭遇了自第二次世界大战结束后最严重的霸权危机，石油危机对宏观经济造成的供给侧冲击、深陷越南战争泥潭、布雷顿森林体系解体、日本经济腾飞对美国经济垄断地位的冲击等一度让"美国霸权衰亡论"甚嚣尘上，美国学界执此观点的代表性著作有：《霸权之后》《大国的兴衰》。然而，冷战的结束让美国的霸权从资本主义集团扩张至整个国际政治经济体系。对此，美国学界开始重新思考美国霸权是否衰落这一问题，其中，约瑟夫·奈提出的美国"软实力"分析框架最具代表性，有力反驳了"美国霸权衰亡论"这一观点。代表性著作如：《注定领导》。

司是互联网革命的核心参与者与引领者，美国政府与美国跨国公司也希望通过在深化国际分工的基础上进一步促进全球市场融合，从而在全球财富创造能力方面占据领先地位、在全球收入分配安排上拥有主导权。

在上述背景下，以美国为代表的发达国家通过塑造一系列有利于经济全球化发展的国际制度安排，促使国际分工不断深化和细化，国际贸易与国际直接投资规模大幅上升。国际分工模式由过去的产业间分工与产业内分工进一步深化至产品内分工，国际贸易模式由过去的最终品贸易主导逐渐转向中间品贸易主导，全球市场吸纳的国家数量不断增多，商品、服务、资本、技术和人员等要素跨国界流动加快，经济全球化进程持续提速。以产品内分工与中间品贸易为核心的全球价值链体系逐渐成为主导国际贸易与国际投资的新型国际分工格局。20 世纪 90 年代初至 2008 年间，全球价值链高速发展，构建了基于"消费国-生产国-资源国"结构的国际贸易大循环，世界经济一片繁荣。

第二，2008 年国际金融危机爆发使经济全球化进程放缓，全球价值链受此影响进入调整期。

如图 1-1 所示，2008 年国际金融危机爆发后，经济全球化进程开始放缓，世界经济进入低增长通道，全球价值链的深化进程放缓。随着金融危机的爆发，经济危机沿着全球价值链从美国迅速扩散到其他发达国家、新兴市场国家以及其他发展中国家。

发达国家消费萎缩造成制造业大国出口低迷，制造业大国减产又引发资源大国原材料价格大跌。如图 1-2 所示，这一系列传导影响造成全球贸易增速放缓，平均增速显著低于国际金融危机发生前的增长水平。这一次国际金融危机使民族国家与跨国公司深刻意识到，经济全球化带来的经济相互依存度过高可能引发负面影响。

第三，中美经济实力对比变化引发新一轮大国战略竞争，导致全球价值链出现重构趋势。

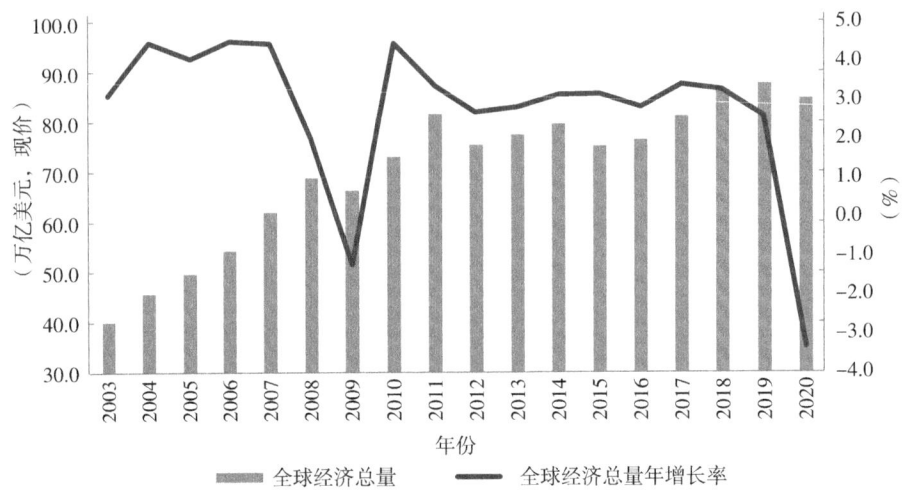

资料来源:世界银行《世界发展指标》数据库。

图 1-1 2003—2020 年世界经济走势

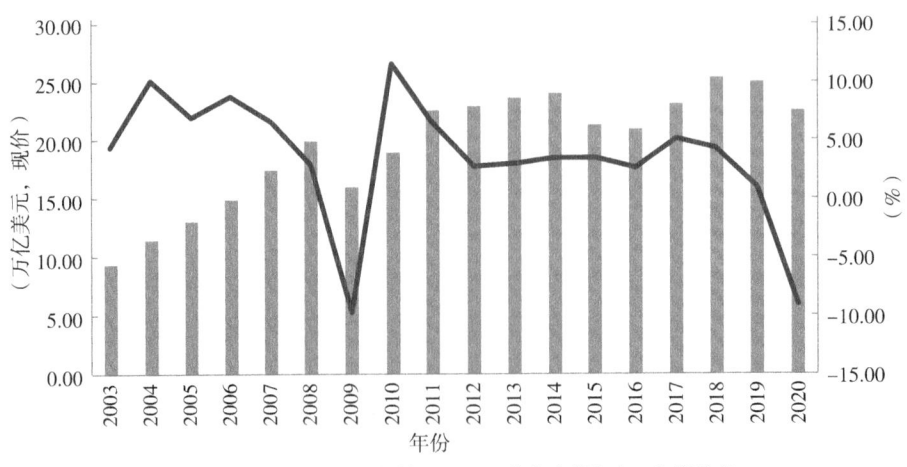

资料来源:世界银行《世界发展指标》数据库。

图 1-2 2003—2020 年世界贸易走势

在后金融危机时代,中国经济快速复苏、发展战略调整与强势增长使之自 2010 年以来成为仅次于美国的全球第二大经济体。① 通过提

---

① 2010 年,中国国内生产总值首次超过六万亿美元,超越日本升至全球第二位。自此之后,中国经济总量一直稳居世界第二,与美国的差距逐步缩小。

出以"一带一路"倡议与亚洲基础设施投资银行为代表的新型全球经济治理与国际合作模式,中国也在国际经贸规则变迁中拥有了更多的话语权。在这一时期,中美经济实力差距的日益缩小,尤其是中国对美国在科技创新领域的追赶,导致全球价值链出现一些新的变化。

中美经济实力对比的变化不仅体现为经济总量差距缩小,也反映为分工结构与分配关系层面的变化。

一方面,中美两国在经济总量方面的差距不断缩小。1979年,改革开放之初,中国国内生产总值为1783亿美元,为美国国内生产总值的6.77%,占全球经济总量的1.8%。而美国国内生产总值则超过全球经济总量的四分之一。如图1-3所示,2018年中国国内生产总值达到13.6万亿美元,相当于美国国内生产总值的三分之二。中国国内生产总值与美国国内生产总值之和约占世界经济总量的40%,其中,美国国内生产总值占世界经济总量比重不足四分之一,而中国国内生产总值占世界经济总量比例提升至15.86%。

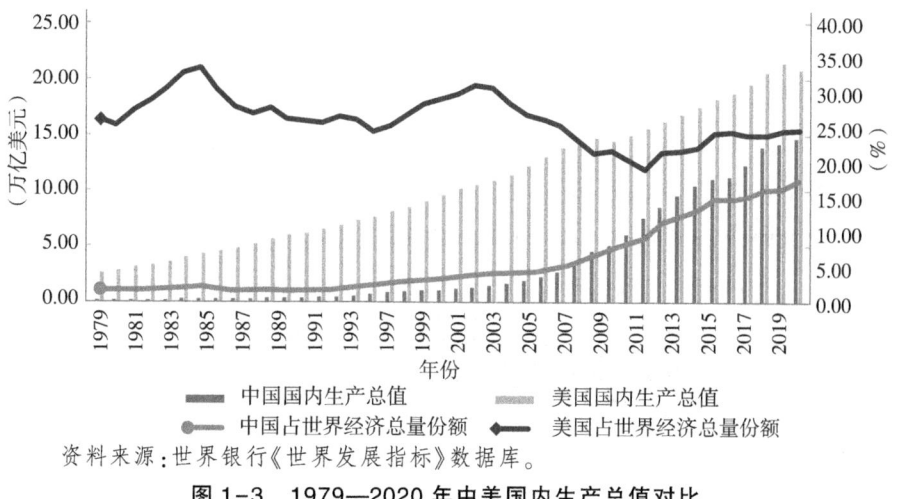

资料来源:世界银行《世界发展指标》数据库。

图1-3 1979—2020年中美国内生产总值对比

另一方面,中美两国在分工结构与分配关系方面出现显著变化。21世纪初,中国充足的廉价劳动力资源与美国跨国公司先进的技术研发能力形成高度互补关系,这不仅推动中美经贸关系深入发展,而且对全球价值链的形成与发展提供了强劲动力。2008年国际金融危机后,随着中国经济从高速增长向高质量发展转变,中国企业在全球价值链中的角色逐渐由美国高科技企业的代工厂转向具有一定自主研发能力的中高端供应商或拥有自主品牌的跨国公司。① 这导致中美两国在全球价值链分工格局中的关系逐渐由高度互补转向"互补+竞争",在5G、人工智能、新能源等战略新兴产业领域,中国企业正在成为美国企业最重要的竞争对手。分工结构的变化引导中美两国企业在分配关系层面的变化。21世纪初,美国企业通过国际直接投资将低端制造环节大规模迁入中国,中国企业则通过进口中高端中间品、执行低端组装环节再将制成品出口发达国家市场,获取较低利润率的回报,而美国跨国公司则依靠领先的技术研发能力、先进的企业管理水平获取高附加值回报。随着中国企业逐步实现产业升级,中国跨国公司逐步走出国门,拥抱世界市场同时,一些中国本土供应商成为产业领先者,在提升中国全球产能大国地位的同时,获取更高的利润回报。

中国在科技创新领域的发展,缩小了美国在经济总量与高科技产业技术创新方面的领先优势,使美国在全球财富创造能力与全球收入分配方面的主导权出现弱化趋势。在此背景下,特朗普政府于2017年正式将中国视为战略竞争对手,中美战略竞争关系由此开启。此后,美国相继对中国采取了一系列战略竞争措施——发动以提高关税为主要手段的大规模贸易战,对中国高科技企业进行技术出口管制与进口市场封锁,对中国企业家与高端科研人员进行边境管控,联合关系紧密的伙伴国从国际制度层面对中国进行规则排他性封锁等。美国采取的以维护国家安全、保护人权、促进贸易公平为理由的一系列保护主

---

① 这一变化可以从中国申请的专利合作协议(PCT)数量的增加上略见一斑。PCT是世界知识产权组织(WIPO)对各成员国提交专利申请进行审查从而满足各国对于专利保护诉求的协议。PCT专利数量可以在一定程度上反映一国的科技创新能力和专利保护意识。2000年,中国的PCT专利申请数量仅为781件,是美国的2%;2017年,中国的PCT专利申请数量达到将近4.9万件,为美国的87%。

义措施，不仅使国际贸易受到严重影响，而且极大地破坏了以市场效率为导向的全球价值链分工体系。加之第四次工业革命提速及新冠肺炎疫情大流行趋于长期化，过去30年全球价值链以市场效率为核心的发展理念正在改变，相对收益、国家安全正在成为影响全球价值链发展的新因素，全球价值链的裂解与重构正在成为全球生产体系与国际分工格局的发展新趋势。

基于对上述重大事件和时代背景的梳理，对全球价值链重构这一重要趋势进行深入研究具有重要的理论意义与现实意义。

二、研究意义

作为过去30多年经济全球化发展的核心产物，全球价值链已经成为对世界各主要经济体至关重要的国际分工机制。全球价值链重构势必会对各国的经济发展与国家安全提出新的挑战，改变全球生产体系与国际分工格局，进而影响经济全球化的发展特征与价值理念。因此，关于中美战略竞争背景下全球价值链的重构基础、重构特征、重构手段及影响的研究具有重要的理论意义和现实意义。

（一）理论意义

第一，对全球价值链治理研究具有拓展意义。自20世纪90年代以来，全球价值链治理一直是全球价值链研究中的核心议题之一。英国学者格里菲等通过分析全球价值链中领导厂商与供应商之间构筑的非市场化权力关系，对全球价值链的驱动机制、分工模式及与全球价值链相关的经济绩效问题进行了深入研究。[1] 随着2018年中美战略竞

---

[1] G. Gereffi and M. Korzeniewicz, *Commodity Chains and Global Capitalism*, London: Praeger, 1994, pp. 95-122; G. Gereffi, J. Humphrey and T. Sturgeon, "The Governance of Global Value Chains", *Review of International Political Economy*, Vol. 12, No. 1, 2005, pp. 78-104; J. Humphrey and H. Schmitz, *Governance and Upgrading: Linking Industrial Cluster and Global Value Chain Research*, Vol. 120, Brighton: Institute of Development Studies, 2000; T. J. Sturgeon, "Modular Production Networks: A New American Model of Industrial Organization", *Industrial and Corporate Change*, Vol. 11, No. 3, 2002, pp. 451-496.

争正式开启，国家利益与国家权力对全球价值链治理的影响不断提升，成为影响全球价值链发展、引导全球价值链重构的重要驱动力。本书将在既有文献对领导厂商与供应商之间非市场化权力关系论述的基础上结合大国竞争的时代背景，进一步探讨民族国家与跨国公司间权力关系，并在此基础上分析二者之间的关系如何构成全球价值链发展与重构的重要基础，拓展全球价值链治理研究。

第二，将结构性权力理论应用在全球价值链研究中。结构性权力理论由英国学者苏姗·斯特兰奇提出，是国际政治经济学中的经典理论。本书将使用结构性权力理论分析框架，对过去30年全球价值链的发展与变迁进行分析，对跨国公司及民族国家的结构性权力进行剖析，探讨两种结构性权力之间的关系，总结全球价值链的发展机制。本书使用基于结构性权力的研究框架，剖析全球价值链重构的过程，并总结归纳美国政府引导全球价值链重构的主要手段。

第三，从国际政治经济学视角和制度因素分析全球价值链的发展逻辑。在既有文献中，全球价值链学者主要聚焦于领导厂商与供应商等市场主体之间的互动关系，基于国际经济学或管理学等强调经济逻辑的理论框架提出全球价值链的发展逻辑。在此基础上，本书将研究视角转向强调政治逻辑（相对收益）与经济逻辑（绝对收益）互动关系的国际政治经济学视角，进一步聚焦民族国家主导建构的制度环境及跨国公司在制度环境中的行为变化，探讨制度因素如何影响全球价值链的发展与变迁。

（二）现实意义

第一，深入分析全球价值链重构的基础，对我们全面理解世界经济中的民族国家和跨国公司及其相互关系具有重要现实意义。自2018年以来，在中美大国战略竞争、第四次工业革命及新冠肺炎疫情的冲击下，全球价值链在发展理念与结构特征等方面发生变化，出现重构趋势。

第二，深入研究美国政府引导全球价值链重构的手段，对于准确理解这些手段对全球价值链的影响具有重要现实意义。自2018年以来，美国政府相继采取了具有选择性贸易保护主义特征的政策手段，主要包括提高关税壁垒、制订出口管制措施、提供具有排他性的国际俱乐部产品等，引导全球价值链重构。

第三，对比研究国际分工格局的历史变迁，对于深入理解今天全球价值链重构的基础、动因和手段具有重要现实意义。20世纪90年代以来，全球价值链成为全球生产体系的核心组成部分，从本质上讲，国际分工格局的演化是全球价值链形成、发展与变迁的基础。理解国际分工格局的演化特征、路径与规律，对分析全球价值链的重构过程具有重要意义。

第二节 研究内容、方法与思路

一、研究内容

本书研究内容主要包括以下部分：

第一章阐述选题背景与研究意义，论述主要研究内容、研究方法、研究框架与思路，总结研究创新点与研究展望。

第二章回顾全球价值链研究的主要文献。首先，界定全球价值链概念并总结概括全球价值链研究演变进程。其次，从全球价值链的国际经济学基础、全球价值链的产业升级研究及全球价值链的重构研究三个角度对相关重点文献与主要理论进行梳理，总结既有全球价值链研究中的重要学术成果。最后，提出本书的理论基础与研究出发点。

第三章梳理总结本书重点使用的理论框架——结构性权力理论和国际公共物品理论，为后文的研究奠定理论基础。结构性权力是指在某一体系中，处于体系关键节点的参与者拥有改变体系结构、调节体系内各主体之间关系的一种强大权力。国际公共物品是指具有非竞争、非排他性特征的国际制度，有助于协调国家间的分工与合作。

第四章主要梳理过去30年全球价值链发展的基本特征，并引出本书的核心研究问题。自20世纪90年代以来，随着国际分工的进一步细化以及经济全球化的发展变化，全球价值链经历了快速发展、收缩调整和重构三个发展时期。本章对三个时期全球价值链的基本特征与主要趋势进行梳理归纳。其中，本章提出对全球价值链重构界定的主要逻辑，并重点对全球价值链重构期的事实特征进行梳理，为后文研究全球价值链的重构机制奠定事实基础。

第五章主要从结构性权力理论视角分析全球价值链的重构基础。本章提出超级跨国公司这一概念，阐述超级跨国公司与民族国家各自掌控的结构性权力，分析美国超级跨国公司和美国政府的结构性权力及两者相互关系如何构成全球价值链重构的重要基础。

第六章剖析美国政府引导全球价值链重构的直接动因、手段及影响。第一，本章分析美国政府政策转向的原因，提出美国政府引导全球价值链重构的直接动因；第二，在选择性贸易保护主义政策导向下，美国政府从三个层面对国际制度环境进行调整，构成美国政府基于结构性权力引导全球价值链重构的手段，这一部分是本章的研究重点；第三，探讨三种手段对全球价值链造成的潜在影响。

第七章使用历史比较的研究方法，对国家竞争主导背景下的国际分工格局变迁规律进行研究。全球价值链是当今全球生产体系的重要表现特征，也是一种国际分工格局，全球价值链重构反映了当前国际分工格局的变迁。本章将历史上大不列颠帝国国内分工体系变迁和美日分工体系变迁作为案例，与当前的全球价值链重构进行历史比较研究，从中总结一般性规律并提炼相关启示。

第八章主要探讨全球价值链重构背景下中国的应对策略。在上文的研究基础上，本章首先提出全球价值链重构对中国构成的三方面挑战，然后从供给层面、需求层面、创新层面和开放层面四个维度，为中国应对全球价值链重构的挑战提供政策建议。

二、研究方法

在借鉴前人研究的基础上，本书主要采用以下研究方法：

（一）文献研究法。通过查阅近年来国内外专门研究全球价值链理论的著名学者发表的大量学术文献，并结合国内外相关学术网站、国际组织、政府文件、智库报告等整理全球价值链研究中的最新观点和前沿研究成果。

（二）归纳演绎法与案例分析法相结合。本书基于结构性权力理论构建一套理论分析框架，对全球价值链中的结构性权力属性、民族国家对全球价值链中结构性权力的使用方式以及超级跨国公司与母国之间的权力关系进行理论分析，提出全球价值链发展与重构的基础。在此基础上，通过结构性权力研究框架对快速发展期与重构期分别进行案例分析。

（三）历史经验比较分析法。本书在研究全球价值链重构时，将回顾与总结近现代历史中两次较为重要的国际分工格局重构，通过历史比较的方式考察当前国际分工格局变迁与历史中两次国际分工格局变迁案例的异同，总结与归纳历史规律，并在此基础上得出相关启示。

（四）定量分析法与定性分析法相结合。在分析全球价值链中的结构性权力对比变化中，本书将首先采取定性分析的方法，提出中国及其跨国公司结构性权力的提升是导致美国政府引导全球价值链重构的直接动因。在此基础上，本书使用投入产出量化分析方法，将出口的国内增加值率（DVAR）视作衡量一国及其跨国公司结构性权力的变量，对中国的贸易附加值变化进行量化分析，证明中国及其跨国公司在全球价值链中结构性权力提升这一论点。

三、研究思路

本书研究框架如图1-4所示。

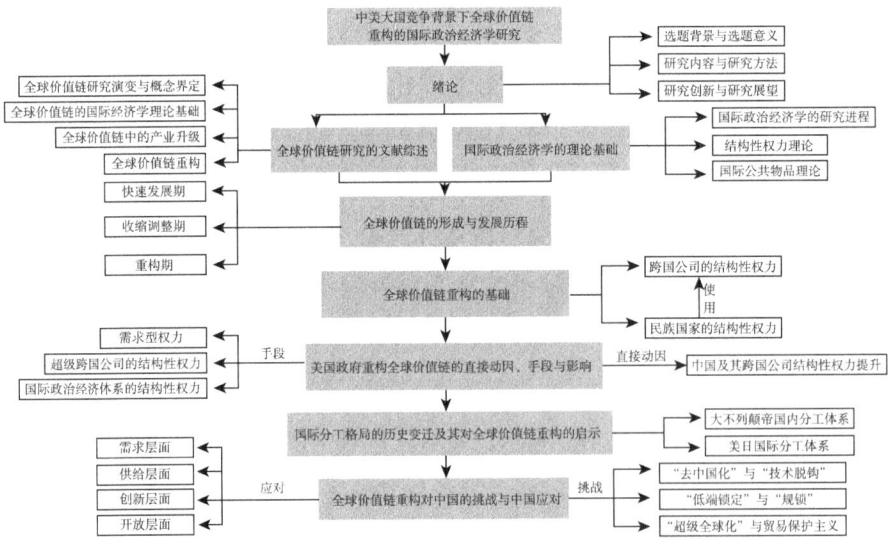

资料来源：作者自制。

图1-4 本书研究框架

第三节 研究创新与研究展望

一、研究创新

第一，本书对全球价值链中跨国公司与民族国家各自拥有的结构性权力进行了系统性分析，并对二者之间的关系及其对全球价值链发展的影响机制进行论述。跨国公司对某种资源的垄断式控制是全球价值链中结构性权力的来源，若跨国公司对某种经济资源具有高度垄断权，则可被称作超级跨国公司。全球价值链中的结构性权力对国际分工中的收益分配关系具有主导权。民族国家的结构性权力体现在对国际政治经济体系中国际制度的塑造力,结构性权力越强,则对国际制度的主导力就越强。民族国家可以利用自身结构性权力塑造国际制度环境,这不仅可以规范跨国公司的行为方式,还可以利用跨国公司在全球价值链中的结构性权力,实现民族国家的政治经济目的。冷战结束后,美国政府拥有的结构性权力是引导全球价值链发展和重构的重要驱动力。

第二,本书基于中美战略竞争背景,分析美国政府引导全球价值链重构的直接动因、手段和影响。在结构性权力研究框架下,本书提出中国及其跨国公司在全球生产体系中结构性权力提升是美国政府引导全球价值链重构的直接动因。在此基础上,本书对美国政府引导全球价值链重构使用的政策手段进行归纳与总结,提炼出三类手段,分别为对需求型结构性权力的使用、对超级跨国公司和国际政治经济体系中结构性权力的使用,并探讨三种手段对全球价值链造成的影响。

第三,本书通过使用历史比较研究的方法,提炼出国际竞争主导背景下国际分工格局变迁的重要规律。当既有国际分工格局中主导国的结构性权力优势受到新兴国冲击时,将导致主导国改变既有策略,倾向于重塑既有分工格局,使之朝着有利于本国利益的方向变迁。主导国引导国际分工格局变迁的根本目的是确保自身在分工格局中的结构性权力优势,从而确保有利于本国的国际生产分配关系。

二、研究展望

基于中美战略竞争的时代背景,本书从国际政治经济学视角对全球价值链重构这一世界经济中近年来出现的重大问题进行初步探索,但仍有较多不足,有待进一步研究,主要包括:

第一,本书主要从大国视角对全球价值链重构问题进行研究,深入探讨了中国与美国的结构性权力变化及在此基础上美国政府如何通过使用结构性权力引导全球价值链重构。需要指出的是,全球价值链作为全球生产体系中最重要的表现特征,其发展和变化不仅受到中国与美国的影响，同时包括日本、韩国、德国、印度等在内的中等经济体也会对全球价值链重构产生影响，这些问题有待进一步深入研究。此外，在全球价值链重构带来的影响方面，本书主要分析了全球价值链重构如何影响中国在全球生产体系中的角色与地位，并未考察全球价值链重构对其他中等经济体的影响。因此，全球价值链重构如何影响中等经济体的生产分工有待深入研究。

第二，本书使用中国出口的国内增加值率作为核心变量，对美国政府引导全球价值链重构的直接动因，即中国经济及其跨国公司在全球生产体系中结构性权力的提升进行了量化分析。用量化指标来衡量权力概念一直是国际政治经济学领域的研究前沿，同时也存在着较大的挑战性。使用国内增加值率来衡量中国经济及其跨国公司在全球生产体系中的结构性权力具有重要的研究意义，但同时也存在一些不足。出于研究能力和研究重点的考虑，本书暂无法使用更为合适的量化方法来对此进行提升。因此，关于结构性权力的量化分析部分有待后续进行更深入的构思和研究。

第三，本书的主要研究背景为中美战略竞争，将大国战略竞争视作全球价值链重构的核心主线。除此之外，国家安全、跨国公司供应链韧性、数字化、绿色化等都对全球价值链重构造成不同程度的影响，相关问题有待作者后续进一步深入研究。

第二章 全球价值链研究的文献综述

本章将对与全球价值链研究相关的经典理论和主要思想进行梳理，对全球价值链的概念界定、全球价值链治理研究演变、全球价值链的国际经济学基础、全球价值链的产业升级研究、全球价值链的重构研究等领域的重点文献进行梳理。

第一节 全球价值链研究演变与概念界定

全球价值链研究是具有跨学科特点的研究领域，梳理关于全球价值链的研究进程，来自包括国际经济学、国际商学、经济地理学等领域的学者根据不同研究视角，曾使用诸多概念称谓，例如价值链、价值增值链、商品链、全球价值链、全球产业链、全球供应链、全球生产网络等。回顾关于全球价值链的研究脉络，大致经历了价值链（Value Chains，VCs）、全球商品链（Global Commodity Chains，GCCs）和全球价值链（Global Value Chains，GVCs）三个阶段。三种研究框架之间既存在递进关系，又体现出研究视角的差异化。其中，治理是全球价值链研究的核心议题。本节将对全球价值链研究的演变过程和全球价值链概念界定进行梳理与总结。

一、价值链

1985年,美国著名管理学家迈克尔·波特提出"价值链"概念,这一概念源于波特对企业价值增值互动的思考。他认为,并不是每项企业活动都可以创造价值,不同生产活动对产品价值的贡献度也存在差异。① 如图2-1所示,为了对价值创造过程进行深入分析,波特将企业的生产活动按时序划分为五大类:入厂物流、运营、出厂物流、营销和销售、售后服务。除了以上五类主要活动外,波特还列举了一些支持性活动,例如:技术研发、人力培训、基础设施建设等,这些活动不实际创造价值,但可以提升企业在价值创造活动中的生产效率。②

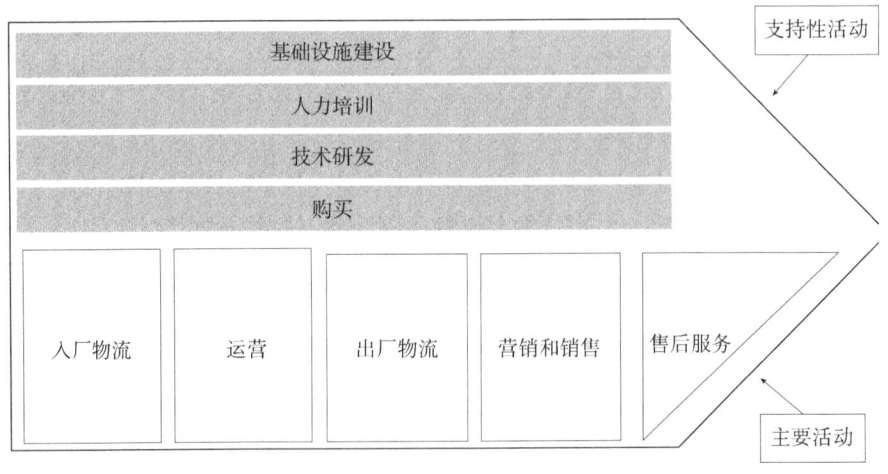

资料来源:作者整理。③

图2-1 价值链与活动类型

波特是第一位将企业价值链按照生产流程进行分解,提出企业竞争优势不是来自成本管控,而是来自价值创造活动的学者。基于价值

---

① M. E. Porter and C. Advantage, "Creating and Sustaining Superior Performance", *Competitive Advantage*, 167, 1985, pp. 167–206.
② 迈克尔·波特著,陈丽芳译:《竞争优势》,北京:中信出版社,2014年版,第32页。
③ 同①。

链理论,他还将研究视角由企业内进一步拓展至企业间,提出"价值体系"概念。

同一时期,美国学者布鲁斯·科格特则基于企业的"非全能性"假设,提出价值增值链概念,从分工视角对价值链理论进行了完善。① 科格特提出,价值增值链是将技术、原料、劳动力等各种投入品相融合,然后将融合后的投入品进行组装形成最终产品,再经过分配、营销和售后等环节最终实现价值增值。鉴于企业并非"全能",因此企业的最佳战略是在产品价值增值链中参与一个或多个具有竞争优势的生产环节。

波特和科格特作为价值链研究的早期贡献者,对企业内价值创造机制和企业间价值链分工基础进行了论述,从生产流程和分工基础层面对价值链进行了初步讨论。

二、全球商品链

1994 年,格里菲和科尔泽涅维茨将产业组织理论与价值链理论相结合,提出全球商品链理论。全球商品链理论对全球生产体系中的不对称权力关系进行了讨论,提出基于市场的分工机制并不是价值链分工的主要驱动力,产业领导者依靠权力优势制定分工中的相关规则是价值链分工的重要驱动机制。②

格里菲将驱动机制分为卖方驱动型和买方驱动型:工业资本是卖方驱动型全球商品链的主导者,通常是在资本与技术方面具有比较优势的跨国制造商,这些跨国企业利用技术优势引导上游的原料供应商与下游的分销商参与生产。商业资本是买方驱动型全球商品链的主导者,通常是在销售渠道与品牌价值方面具有比较优势的跨国经销商或

---

① B. Kogut, "Designing Global Strategies: Comparative and Competitive Value-Added Chains", *Sloan Management Review*, Vol. 26, No. 4, 1985, pp. 15-28.

② G. Gereffi and M. Korzeniewicz, *Commodity Chains and Global Capitalism*, London: Praeger, 1994, pp. 95-122.

品牌制造商，这些跨国企业利用品牌与销售方面的优势，通过非市场性调节机制引导供应商为其生产产品，从销售端掌控全球商品链中的权力。基于全球商品链理论，诸多学者以电子产品、汽车及其零部件、半导体、服装、园艺工业和鞋业为研究案例，试图对这些产业中的全球商品链驱动机制进行分析。①

全球商品链的重要贡献在于为全球价值链治理奠定了基础并提供了研究框架的雏形，从领导厂商与供应商之间的不对称性关系切入，论述了非市场性权力关系对全球生产体系的驱动作用。

三、全球价值链

基于全球商品链研究，格里菲和卡普林斯基于2001年提出了全球价值链概念，意图替代全球商品链的表述。②

全球价值链治理是指全球价值链中的领导厂商通过设定制度、规则及标准，对价值链条中不同环节及各环节经济主体之间关系进行的非市场化协调。③ 格里菲等提出，全球价值链活动并非由民族国家政府或国际组织制定的规则条例牵引，而是由全球价值链中领导厂商与供应商之间的权力关系引导。④

---

① M. Kenney and R. Florida, "Japanese Maquiladoras: Production Organization and Global Commodity Chains", *World Development*, Vol. 22, No. 1, 1994, pp. 27 – 44; J. Barnes and R. Kaplinsky, "Globalization and the Death of the Local Firm? The Automobile Components Sector in South Africa", *Regional Studies*, Vol. 34, No. 9, 2000, pp. 797 – 812; R. Kaplinsky and M. Morris, *A Handbook for Value Chain Research*, Vol. 113, Brighton: University of Sussex, Institute of Development Studies, 2000; J. Henderson, *Globalisation of High Technology Production*, London: Routledge, 2002; C. Dolan and J. Humphrey, "Changing Governance Patterns in the Trade in Fresh Vegetables Between Africa and the United Kingdom", *Environment and Planning A*, Vol. 36, No. 3, 2004, pp. 491 – 509; T. Altenburg, H. Schmitz and A. Stamm, "Breakthrough? China's and India's Transition from Production to Innovation", *World Development*, Vol. 36, No. 2, 2008, pp. 325 – 344.

② G. Gereffi and R. Kaplinsky, *The Value of Value Chains: Spreading the Gains from Globalization*, Special Issue, Vol. 32, No. 3, 2001.

③ H. Schmitz and P. Knorringa, "Learning from Global Buyers", *Journal of Development Studies*, Vol. 37, No. 2, 2000, pp. 177 – 205.

④ G. Gereffi, J. Humphrey and T. Sturgeon, "The Governance of Global Value Chains", *Review of International Political Economy*, Vol. 12, No. 1, 2005, pp. 78 – 104.

全球价值链治理理论起源于探讨企业与市场关系以及企业边界问题的交易成本理论与生产网络组织理论。交易成本理论是新制度经济学研究的重要理论分支，它主要研究在存在交易成本的制度环境中，企业的生产组织选择。具体来说，当生产某种产品的交易成本过高时，企业往往选择内部化生产的方式来获得该产品，而当市场交易成本较低时，企业可以选择通过市场交易从企业外直接购买该产品。①

在全球价值链中，新制度经济学的学者试图通过使用交易成本理论来解释企业为何会将某些生产环节外包给供应商生产，而将某些生产环节通过直接所有权的方式纳入企业内部生产。交易成本理论提出，影响企业以上决策的因素主要有三个，分别为资产专用性、机会主义风险与协调成本。对于资产专用性较高、机会主义风险较高、协调成本较高的生产环节，企业往往选择内部化生产组织形式；对于资产专用性较低、机会主义风险较低、协调成本较低的生产环节，企业有更多动力选择全球价值链的国际分工生产组织形式。

在生产网络组织理论中，美国学者沃特·鲍威尔将生产网络的治理结构分为市场、网络和层级三种组织形式，并且对三种组织形式之间的特征进行比较。在此基础上，他提出交易成本过高并非一定导致企业选择内部化生产组织方式，这是因为重复交易、声誉成本和社会规则等可以在一定程度上约束机会主义行为。②此外，如果某个中间品的使用并不频繁但需要耗费大量生产资源，那么即使这种中间品的资产专用性较高，企业也有动力通过市场交换机制从企业外采购。③

基于以上两种理论，学者们从不同角度对全球价值链治理问题进

---

① R. H. Coase, "The Nature of the Firm", *Economica*, Vol. 4, No. 16, 1937, pp. 386-405; O. E. Williamson, "Markets and Hierarchies: Analysis and Antitrust Implications: A Study in the Economics of Internal Organization", *University of Illinois at Urbana - Champaign's Academy for Entrepreneurial Leadership Historical Research Reference in Entrepreneurship*, 1975.

② W. W. Powell, "Neither Market nor Hierarchy: Network Forms of Organization", *ThFr91*, 1991, pp. 265-276.

③ E. Penrose and E. T. Penrose, *The Theory of the Growth of the Firm*, Oxford University Press, 2009.

行了深入研究。格里菲结合交易成本理论提出，交易复杂性、信息可编码程度以及供应商能力是影响全球价值链治理的三个关键因素。[①] 如表 2-1 所示，如果将每个因素划分为高、低两个级别，那么全球价值链可以归纳为五种主要治理模式：市场型、模块型、关系型、领导型和层级型。

表 2-1 全球价值链治理模式与决定因素

治理模式	交易复杂性	信息可编码程度（交易标准化程度）	供应商能力
市场型	低	高	高
模块型	高	高	高
关系型	高	低	高
领导型	高	高	低
层级型	高	低	低

资料来源：作者整理。[②]

该研究的主要贡献在于证明了即使全球价值链存在高度复杂性，但产品的国际分工与生产协调依然可以通过非直接所有权的市场机制来实现。基于此理论，格里菲进一步对自行车、服装、电子制造行业进行了实证研究，提出全球价值链的治理模式具有动态性和重合性，同一行业的价值链治理模式会随着技术发展的变化而在五种模式之间动态演变。

汉弗莱和施密茨对全球商品链理论中权力关系不平等这一论点进行了批判。他们认为，全球价值链中同样存在权力平等的关系，并基于此提出了市场型、网络型、准层级型和层级型四种全球价值链治理

---

① G. Gereffi, J. Humphrey and T. Sturgeon, "The Governance of Global Value Chains", *Review of International Political Economy*, Vol. 12, No. 1, 2005, pp. 78–104.

② 同①。

模式。其中，在市场型与网络型模式中，企业之间没有明确的权力高低之分，企业之间的交易主要依靠市场机制进行。而准层级型和层级型治理模式中，企业之间存在着不同程度的权力不对称关系，领导厂商根据权力特征的差异利用规则制定和企业所有权控制等方式驱动价值链分工。[1]

斯特恩和李则以生产组织网络理论为基础，通过对电子制造产业中合同制造现象的研究，从微观层面提出全球生产网络中存在三种类型的供应商，分别为基于一般市场关系提供标准化产品的普通供应商；受中间品买方控制，利用专用设备生产非标准化产品的"俘虏型供应商"；利用非专用设备为买方提供全承包服务的"交钥匙供应商"。[2]

此外，斯特恩还从宏观层面提出了全球生产网络的国家模型。[3] 如图2-2所示，在以日本为代表的领导型生产网络中，跨国公司总部通常对海外子公司实施强有力的控制，领导厂商通过技术与资本方面的支持来主导供应商的生产。在此模式中，供应商与领导厂商之间关系稳定但两者之间权力具有高度不对称性，新供应商的准入门槛较高，供应商往往处于"俘虏型供应商"的地位，价值链分工主要在领导厂商的权威引导下发展。在以德国为代表的关系型生产网络中，社会关系对生产网络的发展具有重要影响，领导厂商与供应商之间通常因家族关系具有较高的信任，使得通过社会关系来维系的生产网络存在一定的灵活性。关系型生产网络并非由领导厂商的权威主导，而是主要由领导厂商与供应商之间深厚的社会关系驱动。在以美国为代表的模块型生产网络中，供应商与领导厂商之间的关系主要通过高度格式化的程序和严格的合同制来维系，供应商基于条约为领导厂商提供全承

---

[1] J. Humphrey and H. Schmitz, *Governance and Upgrading: Linking Industrial Cluster and Global Value Chain Research*, Vol. 120, Brighton: Institute of Development Studies, 2000.

[2] T. Sturgeon and J. R. Lee, "Industry Co-Evolution and the Rise of a Shared Supply-Base for Electronics Manufacturing", paper delivered to Nelson and Winter Conference, Aalborg, June, 2001.

[3] T. Sturgeon, "Modular Production Networks: A New American Model of Industrial Organization", *Industrial and Corporate Change*, Vol. 11, No. 3, 2002, pp. 451-496.

包式服务，具有典型的"交钥匙供应商"特征。在此模式中，供应商与领导厂商之间的关系并不紧密，领导厂商可随时更换供应商伙伴。

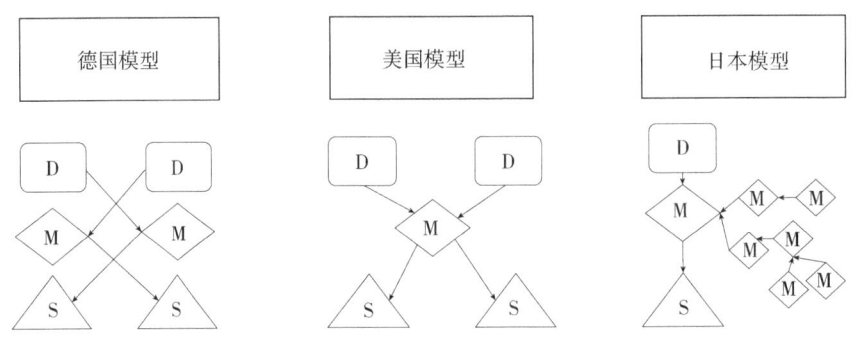

资料来源：作者整理。

注：D指设计，M指制造，S指销售。图形连接指企业内部交易，箭头连接指企业外部交易。①

图 2-2 斯特恩国家模型示意图

如表 2-2 所示，自价值链概念提出以来，有关学者一直在关注和强调基于企业战略的非市场化治理手段对全球商品链或全球价值链的驱动与协调机制，弱化了民族国家和国际组织对全球价值链结构与治理模式的影响，这种观点与经济全球化高速发展的国际政治经济背景具有一定关系。同时，以格里菲和斯特恩为代表的全球价值链学者想要论述的一个核心观点是，全球生产体系不一定需要直接所有权的存在，即使全球生产体系存在高度复杂性，全球价值链分工中的企业依然可以依据不同的权力关系对彼此之间的生产关系进行协调。

---

① T. Sturgeon, "Modular Production Networks: A New American Model of Industrial Organization", *Industrial and Corporate Change*, Vol. 11, No. 3, 2002, pp. 451-496.

表 2-2　全球价值链理论演进过程

研究阶段	价值链	全球商品链	全球价值链治理
代表性学者主要观点和主要贡献	波特提出价值链概念，将企业的价值创造环节进行分割。科格特基于价值增值链，解释了企业间价值链分工的过程	格里菲等提出全球商品链概念，认为非市场权力关系是主要驱动因素，可按照领导厂商的属性不同，分为买方驱动型和卖方驱动型	基于价值链概念与全球商品链研究框架，格里菲、汉弗莱、斯特恩等人提出全球价值链治理，并根据权力属性与关系的不同，提出多种基于企业微观层面与国家宏观层面的全球价值链治理模式

资料来源：作者整理。

四、全球价值链概念界定

（一）全球价值链定义

全球价值链由"全球"与"价值链"两个概念构成，可以理解为价值链概念在全球范围内的应用和延伸，体现了国际分工的深化和细化以及全球生产体系的紧密融合。联合国工业发展组织（United Nations Industry Development Organization）最早于 2002 年对全球价值链概念进行了详细定义。①

本书提出，全球价值链是指在通信技术发展与贸易投资便利化水平提高的背景下，为了实现生产成本最小化、资源配置最优化、企业利润最大化的目标，企业将从产品研发到售后服务之间的生产环节进

---

① 全球价值链是指为实现商品或服务价值而连接生产、销售、回收处理等过程的全球性跨企业网络组织，涵盖从原材料采购和运输、到半成品和成品的生产和分销、直至最终消费和回收处理的整个过程。包括所有参与者和生产销售等活动的组织及其价值、利润分配，当前散布于全球的处于价值链上的企业进行包括设计、产品开发、生产制造、营销、交货、消费、售后服务、循环利用等在内的各种增值活动。参见 UNIDO, *Industry Dvelopment Report*, 2002, pp.107-116。

行切割，并将其中一些以对外直接投资或离岸外包的形式配置到本国以外的其他经济体进行生产。在这些生产环节中，产品附加值被依次创造、累加，并通过中间品贸易的方式在企业内、企业间、经济体间、地区间传导，形成一种以产品内分工为核心特征的国际分工格局与全球生产体系。

（二）全球价值链、全球产业链与全球供应链

近年来，关于全球价值链的研究与讨论往往同时涉及全球产业链、全球供应链这两个概念。

全球产业链概念源于产业经济学，是对全球范围内垂直产业链与水平产业链的统称，体现了两者在各生产环节之间相互联系、相互影响、相互制约的体系结构。① 全球供应链则是从管理学的供应链理论视角出发，对最终商品与服务、中间品等产品在全球范围内跨国流动体系的统称。

全球价值链、全球产业链与全球供应链三者（以下简称"三链"②）之间的关系可以从两个方面理解：

第一，"三链"反映了全球生产体系在不同层面的结构特征。全球供应链是全球产业链的微观表现，全球产业链是全球价值链的结构基础，全球供应链与全球产业链的变化将引导全球价值链的变迁，三者之间具有不可分割的"微观–中观–宏观"联系，需要结合起来进行研究。

第二，"三链"反映了全球生产体系中不同维度的生产关系。中国学者黄奇帆曾将"产业链一体化、供应链相互交错和价值链的利益融合"称作经济全球化的重要动力。③ 全球供应链与全球产业链是特定国

---

① 保建云：《大国博弈中的全球产业链分化重构》，载《人民论坛·学术前沿》，2018年第18期，第45—55页。
② 在一些新闻评论和研究文献中，将供应链、产业链、价值链统称为"三链"。
③ 黄奇帆：《在全球化过程中市场是王牌》，http://www.ce.cn/xwzx/gnsz/gdxw/201906/20/t20190620_32411185.shtml。

际分工模式引导下形成的全球生产体系，主要反映了不同地区、国家与企业之间的分工方式，全球价值链则是在二者的基础上进一步体现了全球生产体系中的分工地位与利益分配格局。换句话说，全球供应链与全球产业链主要展现了全球生产体系与国际分工格局中不同经济主体之间的生产分工关系，而全球价值链则在分工关系的基础上进一步揭示了不同经济主体之间的收入分配关系。

在国际政治经济学研究视角下，学者不仅关注国际分工为经济主体带来的绝对收益，同时更加关注国际分工中各经济主体之间的相对收益，即国际分工中的收入分配问题。因此，相比于全球供应链与全球产业链的研究范围，全球价值链的研究范围更为广泛、研究意义更为深刻。

因此，本书将全球价值链及其重构当作核心概念进行研究，但同时也将在部分特定语境中使用全球供应链与全球产业链的相关概念进行表述。

第二节　全球价值链的国际经济学理论基础

全球价值链是一种全球生产体系，国际分工格局的发展与变迁是全球价值链形成和发展的重要基础。本书将对20世纪70年代以来与国际贸易、国际直接投资、附加值测算等相关的重要文献进行梳理，对全球价值链形成和发展的国际经济学理论基础进行回顾与总结。

一、以全球价值链为核心的国际分工理论基础

在国际贸易研究中，早在20世纪60年代就开始有学者对产品内分工现象进行分析。瓦内克等假设所有工业制成品为其他行业投入品，利用多阶段生产模型对产业间商品流动关系进行分析，建立了产品内

分工理论模型的雏形。① 此外，巴拉萨等通过使用垂直两阶段生产模型对中间品贸易进行了进一步分析。②

海雷拿等针对当时国际分工引发产业动态调整的现象总结为"海外组装运作"和"纵向一体化国际制造业的劳动密集型环节转移"，对早期的离岸外包生产活动进行了描述与概括。③ 随着离岸外包与国际直接投资活动在20世纪80年代愈发流行，以迪克西特和格罗斯曼为代表的国际贸易学者通过将产品生产划分为两个或多个阶段，对产品内分工模式下的贸易保护问题进行了研究。④

在国际直接投资研究方面，跨国公司的对外直接投资行为也是促进产品内分工模式发展的重要驱动因素。美国学者海默和金德尔伯格提出并细化了垄断优势论，为跨国公司的存在性与发达国家跨国公司对外直接投资的动因提供了奠基性解释。⑤ 美国学者弗农针对跨国公司的技术转移特征提出产品生命周期理论，以动态化视角分析对外直接投资的决定因素。⑥ 日本学者小岛清聚焦国家产业动态发展，从宏观层

---

① J. Vanek, "Variable Factor Proportions and Interindustry Flows in the Theory of International Trade", *The Quarterly Journal of Economics*, Vol. 77, No. 1, 1963, pp. 129–142; J. R. Markusen and J. R. Melvin, "Trade, Factor Prices, and the Gains from Trade with Increasing Returns to Scale", *Canadian Journal of Economics*, 1981, pp. 450–469; R. D. Warne, "Factor Intensity and the Heckscher–Ohlin Theorem in a Three–Factor, Three–Good Model", *Canadian Journal of Economics*, 1973, pp. 369–375.

② B. Balassa, "Trade Liberalisation and 'Revealed' Comparative Advantage 1", *The Manchester School*, Vol. 33, No. 2, 1965, pp. 99–123; J. N. Bhagwati and T. N. Srinivasan, "Smuggling and Trade Policy", *Journal of Public Economics*, No. 2, 1973, pp. 377–389.

③ G. K. Helleiner, "Manufactured Exports from Less–Developed Countries and Multinational Firms", *The Economic Journal*, Vol. 83, No. 329, 1973, pp. 21–47; J. M. Finger, "Tariff Provisions for Offshore Assembly and the Exports of Developing Countries", *The Economic Journal*, Vol. 85, No. 338, 1975, pp. 365–371.

④ A. K. Dixit and G. M. Grossman, "Trade and Protection with Multistage Production", *The Review of Economic Studies*, Vol. 49, No. 4, 1982, pp. 583–594.

⑤ S. H. Hymer, *The International Operations of National Firms, A Study of Direct Foreign Investment*, Doctoral dissertation, Massachusetts Institute of Technology, 1960; C. P. Kindleberger, "American Business Abroad", *The International Executive*, Vol. 11, No. 2, 1969, pp. 11–12.

⑥ R. Vernon, "International Trade and International Investment in the Product Cycle", *Quarterly Journal of Economics*, Vol. 80, No. 2, 1966, pp. 190–207.

面探讨了国际直接投资与产业转移的关系。① 英国学者巴克利和卡森从交易成本视角解释了跨国公司对外直接投资行为的动因。② 最后，英国学者邓宁基于对既有研究的归纳和总结，提出国际生产折衷论，认为跨国公司的对外直接投资行为由所有权优势、内部化优势和区位优势三种因素共同决定。③ 国际生产折衷论也成为分析发达国家跨国公司对外直接投资行为的核心理论。

二、以全球价值链为核心的国际分工理论的形成

20世纪90年代初，一些学者首先对全球价值链格局下的新贸易模式进行了概括和归纳。例如，美国学者克鲁格曼等提出"价值链分割"概念并指出全球贸易规模的快速增长得益于中间品贸易的迅速扩张。④ 巴格瓦蒂和德赫贾将全球价值链分工的基础比作"万花筒式的比较优势"（kaleidoscopic comparative advantage），并研究全球价值链对发展中国家非技术工人与技术工人工资率的差异化影响。⑤ 美国学者芬斯特拉用"贸易一体化"和"生产分散化"来概括中间品贸易的迅速发展趋势，⑥ 琼斯和基尔考斯基则将中间品贸易主导的国际分工格局称作"零散化生产"模式。⑦ 美国学者鲍德温则从历史视角对全球价值链的

---

① K. Kojima, "A Macroeconomic Approach to Foreign Direct Investment", *Hitotsubashi Journal of Economics*, Vol. 14, No. 1, 1973, pp. 1–21.

② P. J. Buckley and M. Casson, "The Optimal Timing of A Foreign Direct Investment", *The Economic Journal*, Vol. 91, No. 361, 1981, pp. 75–87.

③ J. H. Dunning, *International Production and the Multinational Enterprise* (RLE International Business), Routledge, 2012.

④ P. Krugman, *Rethinking International Trade*, MIT press, 1994; P. Krugman, R. N. Cooper and T. N. Srinivasan, "Growing World Trade: Causes and Consequences", *Brookings Papers on Economic Activity*, No. 1, 1995, pp. 327–377.

⑤ J. N. Bhagwati and V. Dehejia, "Freer Trade and Wages of the Unskilled: Is Marx Striking Again?", *Department of Ewnomics Discussion Papers*, No. 672, 1993.

⑥ R. C. Feenstra, "Integration of Trade and Disintegration of Production in the Global Economy", *Journal of Economic Perspectives*, Vol. 12, No. 4, 1998, pp. 31–50.

⑦ R. W. Jones and H. Kierzkowski, *The Role of Services in Production and International Trade: A Theoretical Framework*, No. 145, University of Rochester - Center for Economic Research (RCER), 1988.

出现进行了解读，提出全球价值链是人类经济史中的第二次"解绑"，移动通信技术的出现与快速迭代为复杂生产的国际协调奠定了物质基础，继"生产者-消费者"解绑后，人类历史上第一次出现"生产者-生产者"的解绑。① 美国学者格罗斯曼和罗西-汉斯伯格将全球价值链分工称作"任务贸易"，每一个生产环节都可被视作一项"任务"。② 最后，鲍德温和美国学者维纳布尔斯依据全球价值链的结构特征，提出了"蛛型"与"蛇形"两种全球生产结构，提出生产结构的差异是影响国际分工格局的重要因素。③

在理论与实证研究方面，基于全球价值链格局下快速发展的离岸外包与中间品贸易现象，一些学者试图分析这些趋势背后的动因。美国学者芬斯特拉和汉森最早提出了外包理论，对发达国家跨国公司将劳动密集型产业外包至发展中国家生产提供了理论解释。④ 安德森和弗雷德里克森以跨国公司为研究主体提出了企业内贸易网络理论，认为跨国公司总部与其分布于全球各地的子公司之间的贸易额增长是导致中间品贸易量提升的重要原因。⑤ 罗奇则从社会关系层面提出了全球采购理论，提出包括移民、共同语言、前殖民地关系在内的一系列国际一体化因素促进了中间品贸易的发展。⑥ 胡梅尔斯等则对全球价值链分工模式进行了概念界定，提出垂直专业化分工，即最终产品生产过程可被分解为多个连续生产环节，有两个或以上国家参与了不同环节的

---

① R. E. Baldwin, *Globalisation: The Great Unbundling (s)*, No. BOOK, Economic Council of Finland, 2006a.

② G. M. Grossman and E. Rossi-Hansberg, "Trading Tasks: A Simple Theory of Offshoring", *American Economic Review*, Vol. 98, No. 5, 2008, pp. 1978–1997.

③ R. Baldwin and A. J. Venables, "Spiders and Snakes: Offshoring and Agglomeration in the Global Economy", *Journal of International Economics*, Vol. 90, No. 2, 2013, pp. 245–254.

④ R. C. Feenstra and G. H. Hanson, "Globalization, Outsourcing, and Wage Inequality", *NBER Working Paper*, w5424, 1996.

⑤ T. Andersson and T. Fredriksson, "Distinction Between Intermediate and Finished Products in Intra-Firm Trade", *International Journal of Industrial Organization*, Vol. 18, No. 5, 2000, pp. 773–792.

⑥ J. E. Rauch, "Networks Versus Markets in International Trade", *Journal of International Economics*, Vol. 48, No. 1, 1999, pp. 7–35.

生产,且至少由一个国家通过进口中间品进行生产再出口。①

三、以全球价值链为核心的国际分工理论的发展

20世纪90年代的全球价值链分工理论主要遵循传统的国际贸易理论框架,围绕比较优势,探究资源禀赋、要素充裕度与全球价值链分工之间的联系。进入到21世纪后,以格罗斯曼和赫尔普曼为代表的新贸易理论学者通过引入新制度经济学的理论分析工具,进一步拓展和完善了关于全球价值链的国际贸易与分工理论。

格罗斯曼和赫尔普曼将交易成本理论、产权理论和博弈论引入国际贸易研究框架,建立了著名的"G-H模型"。② 以此为基础,两位学者总结了生产一体化和外包生产的各自优势,分析了企业在离岸外包与本土外包之间的战略选择,对外包生产与对外直接投资的战略选择进行了系统性分析。③ 在同一时期,梅利茨提出了异质性贸易理论,提出在同一行业内,不同生产率的企业在实现利润最大化时具有不同的战略选择。④ 基于企业异质性和"G-H模型",许多学者对不同企业选择不同生产组织结构的原因进行了研究,发现企业的生产组织方式选择取决于技术水平和企业生产率水平的高低,所有权是否可以分离是决定企业跨境生产组织形式的决定性因素。

此外,还有一些学者从契约关系视角对全球价值链中的生产关系进行研究,包括最终产品生产商与上游供应商之间的契约关系、企业该如何选择生产组织来实现利润最大化,这一研究也被称作企业内生

---

① D. L. Hummels, D. Rapoport and K. M. Yi, "Vertical Specialization and the Changing Nature of World Trade", *Economic Policy Review*, Vol. 4, No. 2, 1998, pp. 79–99.

② G. M. Grossman and E. Helpman, "Protection for Sale", *NBER Working Paper*, w4149, 1992.

③ G. M. Grossman and E. Helpman, "Integration Versus Outsourcing in Industry Equilibrium", *The Quarterly Journal of Economics*, Vol. 117, No. 1, 2002, pp. 85–120.

④ M. J. Melitz, "The Impact of Trade on Intra-Industry Reallocations and Aggregate Industry Productivity", *Econometrica*, Vol. 71, No. 6, 2003, pp. 1695–1725.

边界理论。① 基于不无安全契约理论与博弈论研究方法，将最终产品生产商与上游供应商之间的交易分为五个博弈过程进行研究。

总结来说，与全球价值链有关的国际生产理论以传统国际贸易理论与国际直接投资理论为开端，通过对全球价值链发展趋势的观察，逐渐纳入异质性企业假设、离岸外包等新因素，逐步引入交易成本理论、产权理论、不完全契约理论、博弈论等研究方法与视角，对企业在生产一体化与外包之间的生产组织方式选择进行分析。与全球价值链有关的国际生产理论也促使国际贸易理论与国际直接投资理论从原先相互分离的关系逐渐走向融合，这些研究为全球价值链治理奠定了重要理论基础。

四、与全球价值链相关的测度方法

全球价值链的形成与发展不仅推动了国际分工理论的演化，也对以最终品价值为核心的传统国际贸易核算方法提出了挑战。传统的贸易数据以最终品跨境贸易额为基础，对测度、分析以产业间分工和产业内分工主导的最终品国际贸易规模与趋势具有重要研究意义。然而，随着全球价值链形成和发展，产品内分工模式和中间品贸易模式逐渐成为国际分工格局和国际贸易体系中的重要表现形式。传统的国际贸易测度方法既无法有效揭示国家间中间品贸易的趋势与规模，还会造成"重复计算"问题，甚至因此被用作贸易保护主义的政治宣传工具。② 为了能够更客观地展现全球价值链中各国的产业分工格局与各国创造的附加值规模，国际贸易核算方法需要针对全球价值链做出调整。

---

① P. Antràs and D. Chor, "Organizing the Global Value Chain", *Econometrica*, Vol. 81, No. 6, 2013, pp. 2127–2204.

② 特朗普政府曾多次将美国对华的赤字问题当作发起经贸纠纷的借口，提出中国使用重商主义的行为导致美国制造业外迁、对华贸易逆差连年增高。但实际上，传统贸易测算方法无法全面展现全球价值链下的中美经贸关系，技术授权、中间品贸易等无法得到充分体现。

（一）微观层面

从微观层面对价值链的价值创造过程进行测算，主要使用了基于单一产品供应链的核算方法。美国学者克勒默使用此方法对苹果产业链中的附加值分布进行了描绘、测度与分析。[①] 该研究首先对每个零部件生产流程进行识别与划分，然后对每个供应商负责的生产环节创造的附加值进行测算，通过对不同生产流程与供应商的附加值创造进行测度来考察产品的价值创造过程和利润分布。这类研究方法可以通过案例研究的方式对某种产品的价值创造过程进行详细的测度，对不同供应商的附加值贡献进行比较，但难以从宏观视角对国家层面或产业层面的贸易附加值规模进行测算。

（二）宏观层面

对于宏观层面的全球价值链测算问题，学界主要基于投入-产出方法。20世纪80年代以来，伴随着国际垂直化分工的全球生产链革命深入推进，全球价值链分工模式加速形成。经过几十年的经济理论发展与统计测算方法的改进，目前全球价值链已经成为一套相对成熟的理论和有效的工具，可以利用世界投入产出数据库（WIOD）、全球贸易分析计划（GTAP）、经济合作与发展组织-国家间投入产出表（OECD-ICIO）以及亚洲开发银行多区域投入产出表（ADB-MRIO）等历史投入产出数据，通过计算进而评估一个国家（地区）在全球贸易体系中的结构特征。因此，现有研究中的出口附加值计算主要基于以上投入产出数据库。

基于增加值的角度，胡梅尔斯提出垂直专业化的两个量化指标，一是一国出口中所包含的进口品部分（VS），二是一国出口中被进口

---

① K. L. Kraemer, G. Linden and J. Dedrick, "Capturing Value in Global Networks: Apple's iPad and iPhone", research supported by Grants from the Alfred P. Sloan Foundation and the US National Science Foundation (CISE/IIS), 2011.

国作为中间投入后用于出口的部分（VS1），并利用非竞争型投入产出表分解出经合组织国家的垂直专业化率，分别计算出隐含在出口总值中的国内、国外成分，被称为HIY方法。① 基于此，中国学者刘遵义等证明了一国出口总值由国内增加值（DVA）与国外增加值（VS）两部分组成，并结合中国加工贸易占比较高的特殊性对HIY方法进行修正。②

之后，考夫曼、蒂穆尔在计算国内增加值方面进行进一步拓展。③ 考夫曼等创立了KWW法，将出口分解为被国外吸收的增加值、返回国内的增加值、国外增加值以及纯重复计算的中间贸易品部分，并依据增加值最终去向，将一国总出口精细地划分为9部分。④

中国学者王直等对KWW法进行拓展，提出了部门、双边及双边部门层面的总贸易流分解框架（WWZ），区分为16种价值路径，并对这一框架进行具体诠释，WWZ法的提出是增加值核算领域迈出的一大步。⑤ 其他学者的后续研究不断丰富了全球价值链的核算体系与研究内容。⑥ 因此，

---

① D. Hummels, J. Ishii and K. M. Yi, "The Nature and Growth of Vertical Specialization in World Trade", *Journal of International Economics*, Vol. 54, No. 1, 2001, pp. 75–96.

② Lawrence J. LAU, Leonard K. Cheng, K. C. Fung and Yun-Wing Sung, "Imput-Occupancy-Qutput Models of the Non-Competitive Type and Their Application: An Examination of the China-US Trade Surplus", *Social Sciences in China*, Vol. 31, No. 1, 2010, pp. 35–54.

③ R. Koopman, Z. Wang and S. J. Wei, "Estimating Domestic Content in Exports When Processing Trade is Pervasive", *Journal of development economics*, Vol. 99, No. 1, 2012, pp. 178–189; M. P. Timmer, A. A. Erumban, B. Los, R. Stehrer and De G. J. Vries, "Slicing up Global Value Chains", *Journal of Economic Perspectives*, Vol. 28, No. 2, 2014, pp. 99–118.

④ R. Koopman, Z. Wang and S. J. Wei, "Tracing Value-Added and Double Counting in Gross Exports", *American Economic Review*, Vol. 104, No. 2, 2014, pp. 459–494.

⑤ Z. Wang, S. J. Wei and K. Zhu, *Quantifying International Production Sharing at the Bilateral and Sector Levels*, No. w19677, National Bureau of Economic Research, 2013; 王直、魏尚进、祝坤福：《总贸易核算法：官方贸易统计与全球价值链的度量》，载《中国社会科学》，2015年第9期，第108—127页。

⑥ Z. Wang, S. J. Wei, X. Yu and K. Zhu, *Characterizing Global Value Chains: Production Length and Upstreamness*, No. w23261, National Bureau of Economic Research, 2017a; Z. Wang, S. J. Wei, X. Yu and K. Zhu, *Measures of Participation in Global Value Chains and Global Business Cycles*, No. w23222, National Bureau of Economic Research, 2017b; A. Borin and M. Mancini, "Measuring what Matters in Global Value Chains and Value-Added Trade", *World Bank Policy Research working Paper*, (8804), 2019; S. Miroudot and M. Ye, "Multinational Production in Value-Added Terms", *Economic Systems Research*, Vol. 32, No. 3, 2020, pp. 395–412.

纵观既有全球价值链核算的研究成果可得,围绕增加值贸易已经形成了以考夫曼等、WWZ 和 WWYZ 的研究为代表的核算体系,极大地推动了国家层面的宏观分析和行业层面的中观研究。

第三节 全球价值链中的产业升级研究

全球价值链研究的一个重要领域是分析与论证全球价值链能否促进参与企业和国家的产业升级。在全球生产体系尚未形成的时期,企业与国家的产业升级主要通过技术积累与自主创新进行。随着全球生产体系的形成和发展,发展中国家可以通过嵌入全球价值链来引入发达国家跨国公司的国际直接投资与先进制造设备,并有机会通过使用进口的中高端中间品来学习、消化和吸收原先所不能接触的先进知识。全球价值链带来的产业升级机遇也在提高全球生产体系生产效率的同时加快了全球财富分配的动态调整。

一、全球价值链中的产业升级定义

中国台湾企业家施振荣基于价值链研究框架于 1992 年提出"微笑曲线"概念,为研究全球价值链中的产业升级问题奠定了重要基础。微笑曲线的两端分别代表了技术研发和品牌服务,微笑曲线的中段则代表了代工制造。对于参与分工的企业来说,微笑曲线两端的生产环节具有更为丰厚的利润,可以创造更多价值。因此,价值链上的产业升级可以理解为从微笑曲线中部的底端向曲线两侧的顶端攀升的过程。

全球价值链研究领域的学者对以中间品贸易和产品内分工为特征的全球价值链中的产业升级特征进行了新的定义。格里菲指出,如果以附加值创造过程为视角,则产业升级是指企业从事的附加值创造活动由价值链低端向价值链高端转换;[1] 开普林斯基和默里斯提出,如果

---

[1] G. Gereffi, "International Trade and Industrial Upgrading in the Apparel Commodity Chain", *Journal of International Economics*, Vol. 48, No. 1, 1999, pp. 37–70.

以价值链嵌入类型为视角，则产业升级是指企业在全球价值链中的生产位置由微笑曲线低端向高端攀升；① 如果以企业的经济活动为视角，则产业升级是指企业通过自主创新、干中学等方式掌握更先进的生产技术并从事更复杂、附加值创造能力更强的生产分工。② 如果以企业的生产能力为视角，开普林斯基提出更高效的生产产品、生产出质量更高的产品或者使用更加先进复杂技能进行生产，意味着企业实现了产业升级。③

对全球价值链中的升级定义进行总结，大体可以概括为：企业通过融入全球价值链获取学习和创新的机遇，借此提升劳动技能，从而在价值链分工中创造更高水平的附加值并由微笑曲线的底端产位向更高端的产位攀升。④

二、全球价值链中的产业升级路径

对既有研究进行分类，全球价值链中的产业升级主要依托于两种途径：

第一，"序贯式"升级。格里菲最早提出发展中国家企业可以首先嵌入以低附加值创造为特征的原始设备制造（OEM）工艺，并随着技术水平的提升与生产知识的积累，逐渐进入原始设计制造（ODM）工艺，并最终实现自有品牌制造（OBM），这一系列变化体现了附加值创

---

① R. Kaplinsky and M. Morris, "Governance Matters in Value Chains", *Developing Alternatives*, Vol. 9, No. 1, 2003, pp. 11-18.

② E. Giuliani, "Cluster Absorptive Capacity: Why do Some Clusters Forge Ahead and Others Lag Behind?", *European Urban and Regional Studies*, Vol. 12, No. 3, 2005, pp. 269-288; J. Humphrey and H. Schmitz, *Governance and Upgrading: Linking Industrial Cluster and Global Value Chain Research*, Vol. 120, Brighton: Institute of Development Studies, 2000; C. Pietrobelli and R. Rabellotti, *Upgrading in Clusters and Value Chains in Latin America: The Role of Policies*, No. 40778, Washington, DC: Inter-American Development Bank, 2004.

③ R. Kaplinsky, "Spreading the Gains from Globalization: What can be Learned from Value-Chain Analysis?", *Problems of Economic Transition*, Vol. 47, No. 2, 2004, pp. 74-115.

④ UNIDO, *Competing Through Innovation and Learning*, 2002.

造由低到高的产业升级过程。① 基于此,汉弗莱和施密茨进一步提出工艺升级、产品升级、功能升级、价值链升级四种产业升级类型。② 一些学者进一步将以上四类路径划分为低层次和高层次,低层次包括工艺升级和产品升级,高层次则包括功能升级和价值链升级。

第二,"层级式"升级。发展中国家企业可以首先依靠国内市场来构筑国家价值链,利用本土市场获取主导地位后,再进一步依靠企业的独特竞争力融入区域价值链、全球价值链。③ 这种升级路径的主要目的是排除发达国家领导厂商对发展中国家供应商产业升级的抑制效应,当发展中国家发展到一定阶段后,本土市场消费需求可以为本土企业的升级与自主品牌的建立创造机遇。④ 巴赞和纳瓦斯-阿莱曼等以巴西鞋业为例,提出本土企业可以从"从出口中学"转向"在国内市场学",以本国市场为基础由代工厂向自主品牌转变,从而摆脱发达国家跨国公司施加的"低端锁定"。⑤ 通过案例研究,卡达鲁斯曼和纳德维发现,一些发展中国家企业并未选择融入跨国公司主导的价值链,而是通过开拓本土市场和新兴市场实现自主创新与产业升级。⑥

三、全球价值链中的产业升级基础

对全球价值链中产业升级战略的探讨主要从两个角度展开,分别

---

① G. Gereffi, "International Trade and Industrial Upgrading in the Apparel Commodity Chain", *Journal of International Economics*, Vol. 48, No. 1, 1999, pp. 37-70.

② J. Humphrey and H. Schmitz, *Governance and Upgrading: Linking Industrial Cluster and Global Value Chain Research*, Vol. 120, Brighton: Institute of Development Studies, 2000.

③ 刘志彪、张杰:《全球代工体系下发展中国家俘获型网络的形成、突破与对策——基于GVC与NVC的比较视角》,载《中国工业经济》,2007年第5期,第39—47页。

④ C. Pietrobelli and R. Rabellotti, "Global Value Chains Meet Innovation Systems: Are There Learning Opportunities for Developing Countries?" *World Development*, Vol. 39, No. 7, 2011, pp. 1261-1269.

⑤ L. Bazan and L. Navas-Alemán, *The Underground Revolution in the Sinos Valley: A Comparison of Upgrading in Global and National Value Chains*, Edward Elgar Publishing, 2004.

⑥ Y. Kadarusman and K. Nadvi, "Competitiveness and Technological Upgrading in Global Value Chains: Evidence from the Indonesian Electronics and Garment Sectors", *European Planning Studies*, Vol. 21, No. 7, 2013, pp. 1007-1028.

为企业自身技术实力和企业的组织学习能力。

第一，企业自身技术实力是决定其在全球价值链升级的重要因素，企业的创新能力决定了其嵌入全球价值链的方式。嵌入低端价值链分工的主体将疲于应付价格竞争，嵌入中高端价值链分工的主体将依靠技术实力与企业异质性获得可持续利润增长。[1] 企业的技术进化能力、管理水平与组织战略是决定产业升级的关键因素。

第二，企业在全球价值链中的互动关系与对网络的利用能力也决定了产业升级的进程。发展中国家企业能否升级取决于企业学习、消化和吸收先进技术以及优秀管理经验的能力，对全球价值链中知识溢出的捕获能力决定了企业的升级能力。跨国公司企业内学习机制也是发展中国家企业升级的重要路径，通过吸引对外直接投资的方式来实现管理经验传输、技术知识外溢、技能工人流动等升级机制。[2] 皮特罗贝利和拉贝洛蒂提出国际大采购商为参与相关价值链分工的本土供应商提供了实现产业升级的适宜环境。[3] 汉弗莱和舒密茨提出国际大采购商具有双重身份，在对供应商进行权力控制时也会给予其间接学习的机会。[4] 格里菲强调了产业集群内大企业的引领作用以及政策环境对发展中国家企业升级的影响，其中企业自身的创新能力和对外部因素的吸引能力共同决定了企业在产业集群中的产业升级。[5] 张辉提出，企业

---

[1] R. Kaplinsky and M. Morris, *A Handbook for Value Chain Research*, Vol. 113, Brighton: University of Sussex, Institute of Development Studies, 2000.

[2] G. B. Navaretti, J. I. Haaland and A. Venables, *Multinational Corporations and Global Production Networks: The Implications for Trade Policy*, Vol. 12, CEPR, 2002.

[3] C. Pietrobelli and R. Rabellotti, *Upgrading in Clusters and Value Chains in Latin America: The Role of Policies*, No. 40778, Washington, DC: Inter-American Development Bank, 2004.

[4] J. Humphrey and H. Schmitz, *Governance and Upgrading: Linking Industrial Cluster and Global Value Chain Research*, Vol. 120, Brighton: Institute of Development Studies, 2000.

[5] G. Gereffi and J. Lee, "Economic and Social Upgrading in Global Value Chains and Industrial Clusters: Why Governance Matters", *Journal of Business Ethics*, Vol. 133, No. 1, 2016, pp. 25–38; J. Humphrey and H. Schmitz, "How Does Insertion in Global Value Chains Affect Upgrading in Industrial Clusters?" *Regional studies*, Vol. 36, No. 9, 2002, pp. 1017-1027；张杰、张少军、刘志彪：《多维技术溢出效应、本土企业创新动力与产业升级的路径选择——基于中国地方产业集群形态的研究》，载《南开经济研究》，2007年第3期，47—67页。

应基于自身参与价值链驱动机制的特性选择产业升级战略,产业资本主导的企业应将升级突破口瞄准技术研发,商业资本主导的企业应将产业升级突破口对准销售渠道。①

四、全球价值链对产业升级的影响

上文对全球价值链中产业升级的定义、路径和基础进行了梳理,接下来将对全球价值链中产业升级的绩效评估进行总结。对于发展中国家与发达国家能否通过参与全球价值链促进产业升级这一问题,学界还有较大分歧。

对于发展中国家能否通过参与全球价值链实现产业升级,支持者认为,第一,发展中国家企业往往从组装环节融入价值链,而上游的发达国家企业为发展中国家企业提供了具有更多技术含量的中间品,而发展中国家并不需要花费时间去学习其中的制造工艺;② 第二,发展中国家通过引进国际直接投资,可以使本土企业通过学习和吸收发达国家跨国公司的先进技术与管理经验来提高产品生产质量,从而提高出口产品的国际竞争力;③ 第三,发展中国家的劳动力可以通过全球价值链创造的技术溢出效应,以"干中学"的方式提高劳动生产率。④

持反对态度的学者主要阐述了发达国家主导企业对发展中国家企业产业升级的抑制作用,造成对发展中国家在价值链上的"低端锁定"。例如,米利亚尼提出,全球价值链中的领导企业不会向供应商泄露其核心能力,如研发设计和市场营销,也会阻止供应商发展这些能

---

① 张辉:《全球价值链理论与我国产业发展研究》,载《中国工业经济》,2004 年第 5 期,第 38—46 页。

② M. Amiti and J. Konings, "Trade Liberalization, Intermediate Inputs, and Productivity: Evidence from Indonesia", *American Economic Review*, Vol. 97, No. 5, 2007, pp. 1611-1638.

③ T. Harding and B. S. Javorcik, "Foreign Direct Investment and Export Upgrading", *Review of Economics and Statistics*, Vol. 94, No. 4, 2012, pp. 964-980.

④ H. Schmitz and P. Knorringa, "Learning from Global Buyers", *Journal of Development Studies*, Vol. 37, No. 2, 2000, pp. 177-205.

力。① 阿尔滕堡等通过案例分析，发现价值链中的领导企业并未对供应商的技术提升起到任何促进作用。② 张杰和刘志彪认为，发展中国家本土市场的需求控制能力不足导致发达国家对发展中国家形成了"结构封锁型"价值链治理关系，发展中国家实现产业升级的本质是要推动本土高端需求市场并建立合理的本土需求结构。③ 吕越等提出，适宜的国家产业战略与有效的企业发展战略对中国制造业实现产业升级至关重要，缺少战略引导将突出全球价值链对中国制造业升级的抑制作用。④

对于发达国家能否通过参与全球价值链实现产业升级这一问题，支持者认为，利用全球价值链将中低端劳动密集型产业转移至发展中国家，将为发达国家企业聚焦中高端研发与制造提供空间，发达国家可以通过引导高新技术产业的动态演变实现产业升级。⑤ 持反对观点的学者则认为，发达经济体融入全球价值链会造成知识与技术外溢，造成国家竞争力的下降，不利于实现产业升级。⑥

第四节　关于全球价值链重构的研究

自 2008 年以来，国际金融危机、中美贸易摩擦、极端自然灾害和

---

① E. Giuliani, "Cluster Absorptive Capacity: Why Do Some Clusters Forge Ahead and Others Lag Behind?", *European Urban and Regional Studies*, Vol. 12, No. 3, 2005, pp. 269-288.

② T. Altenburg, H. Schmitz and A. Stamm, "Breakthrough? China's and India's Transition from Production to Innovation", *World Development*, Vol. 36, No. 2, 2008, pp. 325-344.

③ 张杰、刘志彪：《需求因素与全球价值链形成——兼论发展中国家的"结构封锁型"障碍与突破》，载《财贸研究》，2007 年第 6 期，第 1—10 页。

④ 吕越、陈帅、盛斌：《嵌入全球价值链会导致中国制造的"低端锁定"吗？》，载《管理世界》，2018 年第 8 期，第 11—29 页。

⑤ R. Baldwin and F. Robert-Nicoud, "Trade-in-Goods and Trade-in-Tasks: An Integrating Framework", *Journal of International Economics*, Vol. 92, No. 1, 2014, pp. 51-62; J. Bhagwati, A. Panagariya and T. N. Srinivasan, "The Muddles over Outsourcing", *Journal of Economic Perspectives*, Vol. 18, No. 4, 2004, pp. 93-114.

⑥ R. Hira and A. Hira, *Outsourcing America: The True Cost of Shipping Jobs Overseas and What Can Be Done About It*, New York: AMACOM Division of Americal Management Association, 2008; P. A. Samuelson, "Where Ricardo and Mill Rebut and Confirm Arguments of Mainstream Economists Supporting Globalization", *Journal of Economic Perspectives*, Vol. 18, No. 3, 2004, pp. 135-146.

新冠肺炎疫情大流行对全球价值链的正常运行造成了不同程度的干扰。以全球价值链为核心的全球生产体系显著提高了企业间、国家间和地区间的经济相互依存关系，而这些干扰因素主要从打破或扭曲不同主体间的经济相互依存关系入手，重构全球价值链。

一、全球价值链重构的特征

学界对全球价值链重构特征进行了概括总结。例如，张茉楠提出，金融危机不仅导致基于全球价值链发展的国际贸易增速出现大幅收缩，而且还冲击着全球经贸结构，以"消费国-生产国-资源国"为核心链条的全球贸易大循环难以维持。[①] 鞠建东等基于全球贸易、生产和消费数据测算，总结出2000—2017年间全球价值链的解构正从以美国和德国为核心的"双极"结构转向以美国、中国和德国为中心的"三足鼎立"结构。[②] 麦肯锡全球研究院对当前全球价值链的重构特征与面临的问题进行了梳理与归纳，提出贸易摩擦与公共安全事件给全球生产带来的影响和冲击愈发频繁和严重，不同类型的价值链条基于地理足迹、生产要素和其他变量将会面对不同程度的冲击，鉴于全球价值链的互联本质，想要大规模改变生产的物理位置在经济上并不可行，建立供应链韧性可以采用多种方式，而不只是转移生产。[③] 史丹和余菁提出，全球价值链重构反映的是经济全球化的转向，其具体表现为经济局部区域化和经济无形化的交织。

二、全球价值链重构的动因

关于全球价值链重构动因的研究，最早起源于21世纪的第一个十

[①] 张茉楠：《大变革——全球价值链与下一代贸易治理》，北京：中国经济出版社，2017年版，第7—11页。

[②] 鞠建东、余心玎等：《全球价值链网络中的"三足鼎立"格局分析》，载《经济学报》，2020年第4期，第1—20页。

[③] "Risk, Resilience, and Rebalancing in Global Value Chains", https://www.mckinsey.com/capabilities/operations/our-insights/risk-resilience-and-rebalancing-in-global-value-chains.

年，在金融危机爆发后特别是2017年中美关系正式进入战略竞争时期后，关于全球价值链重构研究的热度快速提升，地缘政治环境变化、国际政治经济体系变迁是较为重要的研究视角。

在"9·11"事件发生后，谢菲等人的研究分析了恐怖主义对美国全球供应链的调整机制。① 此外，还有一些学者从大国相对收益视角对全球价值链的变迁进行了初步的探究。例如，萨缪尔森以中美贸易为例，提出技术进步有利于后发国家整体福利的提升，发达国家应当谨慎进行自由贸易。② 这篇文章虽然没有直接提及全球价值链，但对2017年后的美国贸易政策与美国政府对全球价值链的重构产生重要影响。特朗普政府内的多位高层官员都将此理论视作美国使用"选择性贸易保护主义"对全球价值链进行重构的理论依据与行为动因。丁俊发也提出奥巴马政府自2012年起将全球供应链列为国家安全的主要原因是防范中国的崛起。③

自2017年《美国国家安全战略报告》发布以来，中美关系进入大国战略竞争时代，这对全球价值链发展变迁构成重大影响。保健云以美国特朗普政府主导的全球贸易战为切入点，提出贸易战是大国发展与政治竞争的产物，会在全球范围内引发产业链体系的分化与重构。陈子烨和李滨通过使用依附理论研究分析框架，提出阻止中国在全球价值链中的地位攀升是美国挑起贸易争端的主要动因。④ 宋国友从地缘

---

① Y. Sheffi, "Supply Chain Management Under the Threat of International Terrorism", *The International Journal of Logistics Management*, Vol. 12, No. 2, 2001, pp. 1-11；张存禄、黄培清：《"9·11"事件对全球供应链的影响》，载《国际商务研究》，2002年第1期，第53—55页。

② P. A. Samuelson, "Where Ricardo and Mill Rebut and Confirm Arguments of Mainstream Economists Supporting Globalization", *Journal of Economic Perspectives*, Vol. 18, No. 3, 2004, pp. 135-146.

③ 丁俊发：《美国全球供应链安全国家战略与中国对策》，载《中国流通经济》，2016年第9期，第5—9页。

④ 陈子烨、李滨：《中国摆脱依附式发展与中美贸易冲突根源》，载《世界经济与政治》，2020年第3期，第21—43页。

政治经济视角分析了特朗普政府对华采取的供应链"脱钩"政策。① 在新冠肺炎疫情暴发后，拉米雷斯指出，美国在抗击新冠肺炎的医疗用品领域高度依赖中国，美国政府需要调整这些供应链，降低美国对中国产能的依赖性。② 葛琛等以新冠肺炎疫情为背景，提出经济全球化发展理念正在由效率至上向供应链安全方向进行调整，美国等国家构建的供应链安全战略引致的贸易保护措施正在对中国经济构成冲击。③

在经济全球化时代，跨国公司与民族国家的复杂关系成为影响全球财富分配的重要因素，许多学者也结合中美战略竞争背景对此进行前沿性分析。李巍和李玙译将自2018年以来美国政府对中国华为公司实施的技术出口封锁与进口市场禁入作为研究案例，从政治经济学视角建立针对全球供应链的研究框架。他们提出了供应链权力与超级企业两大重要概念，认为美国超级企业对高新技术的垄断性权力将成为大国战略竞争中的关键性"武器"，美国政府将以供应链权力为核心，对中国高新技术产业发展发起狙击。④ 此篇文章虽然没有直接回答全球价值链重构这一问题，但已经从技术权力与市场权力的视角对美国政府为何扰乱全球价值链分工的基本规则做出了系统性分析。布雷默认为，具有自主决策权的科技巨头地位正在与民族国家看齐，将在中美技术竞争中发挥更为重要的作用。⑤ 该文是对超级企业定义与影响力的一次深入探索，带给全球价值链重构研究重要启示，即，应当关注超

---

① 宋国友：《中美经贸关系：再融合、强竞争、弱脱钩》，载《复旦学报（社会科学版）》，2020年第4期，第125—131页。

② D. Ramirez, "COVID-19: Global Trade and Supply Chains After the Pandemic", https://www.iiss.org/blogs/research-paper/2020/08/covid-19-trade-and-supply-chains.

③ 葛琛、葛顺奇、陈江滢：《疫情事件：从跨国公司全球价值链效率转向国家供应链安全》，载《国际经济评论》，2020年第4期，第67—83页。

④ 李巍、李玙译：《解析美国对华为的"战争"——跨国供应链的政治经济学》，载《当代亚太》，2021年第1期，第4—45页。

⑤ I. Bremmer, "The Technopolar Moment: How Digital Powers Will Reshape the Global Order", *Foreign Affair*, Vol. 100, 2021, p. 112.

级企业与民族国家之间的互动关系及其对全球价值链造成的影响。

复杂的相互依存关系和不对称性的网络节点权力是深度融入全球价值链的跨国企业与本土供应商必须面对的机遇与挑战，这些特点不仅构筑了如今的全球生产体系，也对国家间关系与国家实现地缘政治经济目的的手段提出了新的议题。法雷尔和纽曼提出了"相互依存的武器化"这一重要概念，提出全球经济网络中各经济主体建立的不对称性相互依存关系正在被当作实现地缘政治经济利益的"武器"加以使用。① 本书虽然没有直接对全球价值链重构进行考察，但从理论框架层面提供了创新性思路。位居全球价值链关键节点的民族国家或跨国公司可以利用自身的网络性权力，引导全球价值链朝有利于自身政治经济利益的方向变迁。

三、全球价值链重构的方式与影响

在全球价值链的高速发展阶段，全球价值链学者主要从领导厂商与供应商之间构建的非市场性权力关系入手，对全球价值链治理与驱动机制进行了深入研究。随着中美战略竞争时代到来，国家主义与地缘政治经济利益愈发成为影响全球生产体系的重要因素，民族国家对国际制度环境的塑造及其对国际分工格局造成的影响，正在成为主导全球价值链重构的重要机制。

早在全球价值链的高速发展期，一些国际政治经济学者就对市场力量高于政府引导这一全球价值链发展机理提出异议，对全球价值链不是存在于制度真空中这一观点进行了论述。② 一些学者也对经济全

---

① H. Farrell and A. L. Newman, "Weaponized Interdependence: How Global Economic Networks Shape State Coercion", *International Security*, Vol. 44, No. 1, 2019, pp. 42–79.
② S. Ponte and P. Gibbon, "Quality Standards, Conventions and the Governance of Global Value Chains", *Economy and Society*, Vol. 34, No. 1, 2005, pp. 1–31; J. Neilson and B. Pritchard, *Value Chain Struggles: Institutions and Governance in the Plantation Districts of South India*, Vol. 93, Hoboken, New Jersey: John Wiley & Sons, 2011.

化浪潮中民族国家的影响力正在倒退进行了反驳与批判。① 从理论发展脉络来看，全球价值链领域对制度和国家因素的探讨集中出现在2014年。在《国际政治经济评论》特刊中，格里菲等对全球价值链治理中的国家和制度因素进行了学术探讨。② 尽管诸位学者并未对民族国家在全球价值链中的作用形成共识，但这些文章为全球价值链理论的发展提供了新的研究思路。自此之后，一些学者开始沿着相关路径展开研究，例如，霍纳提出了政府在全球价值链中具有促进者、管制者、购买者和销售者四种角色，为政府在全球价值链中的驱动作用提供了一种分析框架；③ 菲利浦斯等则将全球价值链中的不对称权力划分为经济、社会、政治三元模式，并依此对全球价值链引发的权力与财富分配不均衡进行了研究。④

在中美战略竞争背景下，美国政府引导全球价值链重构对中国经济发展提出了新的挑战，中国学者尝试对全球价值链重构的方式与规律进行总结。苏庆义以"安全-效率"互动为研究框架，对中美两国政府调整供应链的后果进行了分析，提出美国政府对供应链的调整难以兼顾安全与效率。⑤ 集众多专家智慧出版的《中国产业链重构与中国

---

① P. Dicken, *Global Shift: Reshaping the Global Economic Map in the 21st Century*, Sage, 2003; L. Weiss, "The State-Augmenting Effects of Globalization", *New Political Economy*, Vol. 10, No. 3, 2005, pp. 345-353.

② G. Gereffi, "Global Value Chains in a Post-Washington Consensus World", *Review of International Political Economy*, Vol. 21, No. 1, 2014, pp. 9-37; J. Neilson, B. Pritchard and H. W. C. Yeung, "Global Value Chains and Global Production Networks in the Changing International Political Economy: An Introduction", *Review of International Political Economy*, Vol. 21, No. 1, 2014, pp. 1-8.

③ R. Horner, "Beyond Facilitator? State Roles in Global Value Chains and Global Production Networks", *Geography Compass*, Vol. 11, No. 2, 2017, e12307.

④ M. Alford and N. Phillips, "The Political Economy of State Governance in Global Production Networks: Change, Crisis and Contestation in the South African Fruit Sector", *Review of International Political Economy*, Vol. 25, No. 1, 2018, pp. 98-121; F. W. Mayer and N. Phillips, "Outsourcing Governance: States and the Politics of a 'Global Value Chain World'", *New Political Economy*, Vol. 22, No. 2, 2017, pp. 134-152.

⑤ 苏庆义：《全球供应链安全与效率关系分析》，载《国际政治科学》，2021年第2期，第1—32页。

选择》报告对中美贸易冲突背景下的全球产业链重构进行了系统性分析，提出产业链重构的"一条主线和三条辅线"，并对中国如何应对全球供应链重构提供政策建议。①

在国家安全分析视角下，李淑俊和王小明认为，侧重国家利益与价值的"国防论"和对产品可替换性具有较高诉求的"选择性贸易保护主义"是当前美国调整全球供应链的主要逻辑，美国将在国家安全视角下通过无弹性的硬手段和有弹性的软手段来引导全球供应链的调整路径。②管传靖依据经济政策的安全化分析路径，提出在新冠肺炎疫情与大国竞争的双重背景下，拜登政府提倡"混合式安全化操作"供应链政策，通过国内投资与国际构建产业供应链联盟的方式，试图在确保经济安全的同时对战略竞争对手实施经济权术。③

四、全球价值链重构与中国应对

作为全球价值链的重要参与者，中国从 2001 年加入 WTO 以来，逐渐成为全球生产网络的重要一员，全球价值链重构将对中国的产业升级与经济发展道路造成显著影响。

张杰针对当前的"逆全球化"与"有限全球化"、"去中国化"与"去美国化"、"区域一体化"与"双边化"三种可能发展方向，对中国的经济发展对策进行了分析。④张宇燕等认为，在中美大国关系恶化的背景下，美国对中国的战略正从"接触"（Engagement）转向"规锁"（Confinement），试图规范中国行为，锁定中国在全球价值链上的

---

① 中国金融四十人曲江论坛：《全球产业链重构与中国选择》，2021 年。
② 李淑俊、王小明：《美国全球供应链调整的国家安全逻辑及实现路径》，载《国际安全研究》，2022 年第 1 期，第 100—129 页。
③ 管传靖：《安全化操作与美国全球供应链政策的战略性调适》，载《国际安全研究》，2022 年第 1 期，第 73—99 页。
④ 张杰：《中美战略格局下全球供应链演变的新趋势与新对策》，载《探索与争鸣》，2020 年第 12 期，第 37—52 页。

位置进而限制中国的经济发展空间。① 面对美国的"规锁",中国应在全球价值链和经贸规则中确保与世界经济相互依存,从而避免"去中国化"态势的发展。吕越等提出在中美贸易摩擦的背景下,中国应当依托"一带一路"倡议、自贸区建设等国家经济发展战略,努力构建中国主导的"一带一路"价值链和区域价值链,打破中国在全球价值链上的"低端锁定"。② 张明之和梁洪基从世界财富分配权控制方式变迁的视角对全球价值链重构中的产业控制力问题进行了分析,提出中国企业应当在关键性制造环节和研发环节实现突破,在国际标准制定与产品定价权方面获得主导地位,从而在全球价值链重构中有效维护国家经济安全并创造更多财富。③

第五节 本章小结

第一,全球价值链研究自诞生至今经历了将近30年的理论发展,先后衍生出价值链、全球商品链、全球价值链等多个研究框架,研究主体从企业内部到企业间再到纳入企业外的其他政治经济主体,研究内容从明确企业内部的价值创造过程,到企业间依据资源禀赋与比较优势形成的价值链形态,再到以企业战略主导的全球价值链治理模式。每一阶段的全球价值链理论研究方向与核心内容均反映了不同时代背景下的全球价值链发展的不同特征。

---

① 张宇燕、冯维江:《从"接触"到"规锁":美国对华战略意图及中美博弈的四种前景》,载《清华金融评论》,2018年第7期,第24—25页;张宇燕、徐秀军:《确保相互依存与新型中美关系的构建》,载《国际问题研究》,2021年第1期,第41—54页。张宇燕和冯维江在2018年针对美国政府对华竞争态势提出"规锁"这一全新概念,具体是指美国试图通过构建一系列国际制度与规则约束中国的行为,从而锁定中国的经济发展空间,阻止中国对美国的国际制度主导权发起竞争。此处对"规锁"这一概念的应用,主要指美国政府试图提供对中国具有歧视性的国际俱乐部产品,从而在新体系中依靠制度非中性优势对中国经济发展进行锁定的战略行为。

② 吕越、马嘉林、田琳:《中美贸易摩擦对全球价值链重构的影响及中国方案》,载《国际贸易》,2019年第8期,第28—35页。

③ 张明之、梁洪基:《全球价值链重构中的产业控制力——基于世界财富分配权控制方式变迁的视角》,载《世界经济与政治论坛》,2015年第1期,第1—23页。

第二，全球价值链的早期研究阶段同时也是经济全球化的快速发展时期（20世纪90年代至2008年），新自由主义浪潮与"华盛顿共识"主导了这一时期的世界经济发展趋势。在这种时代背景下，以格里菲、亨弗莱、斯特恩为代表的学者将研究目光主要聚焦在全球价值链的非层级式、企业战略主导的治理模式上，这种研究思路不仅符合当时的价值取向，同时也反映了这一时期民族国家对经济全球化的促进作用以及民族国家减少对跨国界经济活动的监督与管制。

第三，随着2008年国际金融危机爆发以及愈发严重的全球贫富差距，一些学者以全球生产网络为理论框架尝试将企业外的主体也引入到全球价值链研究之中，并试图理清全球生产网络背后的驱动因素与不平衡产出结果之间的因果关系。

第四，自2015年以来，地缘政治、经济保护主义和国家安全逐渐成为影响全球价值链发展的重要因素，以科尔、杨、庞特和霍纳为代表的学者开始将研究转向制度环境、国家权力对全球价值链的影响机制。然而，此类研究大多基于全球供应链、全球产业链调整视角，从供应链安全、产业结构变化的层面对全球生产体系变迁进行理论分析并提供政策建议。这些理论贡献对全球价值链重构研究具有重要参考意义，但他们大多基于国家安全和贸易保护主义视角，缺少对全球生产分配制度变迁的探讨。此外，考虑到大国竞争时代国家主义逐渐回归以及跨国公司权力的不断提升，如何理解民族国家与跨国公司在全球生产体系中的权力关系、民族国家如何影响全球价值链治理模式以及跨国公司如何引导与应对全球价值链重构，这些都是值得研究的议题。

第五，本书的研究正是以此为开端，在前人奠定的理论基础上，将中美战略竞争作为研究背景，将全球价值链中结构性权力对全球分配关系的影响作为切入点，基于经济全球化时代中跨国企业与民族国家之间的互动关系，对全球价值链重构的特征、全球价值链重构的基础、全球价值链重构的直接动因、全球价值链重构的手段及影响和全球价值链重构下中国的应对战略五个问题进行研究。

第三章 国际政治经济学的理论基础

国际政治经济学是本书研究的主要理论视角。在国际政治经济学理论视角下，美国政府对全球价值链重构的调整依据为全球价值链引致的全球生产体系中结构性权力变化，美国政府引导全球价值链重构的手段主要为使用美国经济与美国跨国公司拥有的结构性权力以及在国际政治经济体系中提供对中国具有排他性的国际公共物品。结构性权力既是大国塑造国际制度环境、提供国际公共物品的基础，也是大国掌控全球生产体系中分配安排主导权的重要依据。本章将梳理与结构性权力理论和国际公共物品理论相关的重点文献并总结关键思想，为后文中使用相关理论视角分析全球价值链重构进行理论基础铺垫。

第一节 国际政治经济学研究进程

国际政治经济学起源于20世纪70年代，它的研究议题与研究方法随时代背景而变迁。在过去近半个世纪中，国际政治经济学经历了不同的发展时期，出现了诸多代表性思想。如今，中美战略竞争为国际政治经济学的成长提供了新的土壤，经济全球化时代下的国家主义理论正呈现出新的生机。本节将对国际政治经济学过去半个世纪的理论发展进行简要梳理。

一、国际政治经济学的研究背景

作为一门跨领域学科,国际政治经济学最早形成于20世纪60年代末70年代初,其形成过程与国际政治经济体系的发展变化具有紧密联系。在这一时期,石油危机爆发、布雷顿森林体系崩溃、美国经济霸权衰退,以及欧洲区域合作强化深刻改变了国际政治经济体系的发展以及学界对国际研究的认知。[①] 这四大事件或趋势的共同点在于:经济因素与政治因素共同发挥了作用。在当时,无论是国际经济学家还是国际关系学者,都无法用各自学科体系内的理论框架或分析工具对这些国际政治经济事件作出具有足够说服力的解释,现实世界的实践变化为理论研究的变革提供了动力。

回顾经济学研究的发展历史,在古典经济学[②]兴盛时期,以亚当·斯密、大卫·李嘉图为代表的学者被称作政治经济学家,将政治与经济相结合是他们的主要研究方法。随着经济学边际革命[③]的发生,经济学的研究方法出现转变。英国经济学家阿尔弗雷德·马歇尔是现代经济学变革的引领者,突出以市场效率为核心的经济因素、剥离以制度权力为核心的政治因素,是其《经济学原理》一书的研究基础。自此之后,政治经济学在社会科学研究趋于专业化的发展趋势下分化为经济学和政治学。

经济学家主要聚焦以财富为核心的市场效率问题,偏好从有效或无效的角度考虑资源配置问题;政治学家则更关注以权力为核心的国

---

① 王正毅:《超越"吉尔平式"的国际政治经济学——1990年代以来 IPE 及其在中国的发展》,载《国际政治研究》,2006年第2期,第22—39页。
② 按照时间划分,古典经济学通常是指1870年边际革命发生前的经济学研究。一般将威廉·配第或亚当·斯密视作古典经济学时代的起点,将阿尔弗雷德·马歇尔视作古典经济学时代的结束。
③ 1870年,边际效用学派的出现引发经济学研究变革,经济学研究重点由古典经济学强调的生产、供给与成本,转向现代经济学关注的消费、需求与效用。

家制度问题,偏好从如何提供公共秩序的角度考虑制度建设问题。① 在国际研究层面,国际经济学与国际关系学的分化使得学术理论出现撕裂。以经济学思想为基础的国际经济学家往往将国家博弈主导的国际政治环境视作中性的外生变量,聚焦分析市场在全球范围内的资源调配作用以及如何促进全球财富的持续增长;以政治学思想为基础的国际关系学者则将国际经济问题视作"低级政治",更倾向于研究以国家间冲突与合作为代表的"高级政治"。正如英国学者苏珊·斯特兰奇所言,国际经济学者与国际关系学者愈发忽视对方的研究成果而自说自话,双方可谓"聋子间的对话"。② 正是在这样的时代背景下,以苏珊·斯特兰奇、罗伯特·吉尔平和罗伯特·基欧汉为代表的学者创立了国际政治经济学研究范式。

二、国际政治经济学的研究路径

相比于国际经济学与国际关系学的学科分野特征,国际政治经济学的最大特点是将市场与国家结合起来进行研究,注重二者间的互动关系。

从国际关系学研究脉络看,以罗伯特·吉尔平、罗伯特·基欧汉为代表的美国学派关注美国霸权衰落对国际政治经济体系的影响,分别基于现实主义范式与自由主义范式提出"霸权稳定论"③与"相互依赖论"④。以苏珊·斯特兰奇为代表的英国学派关注世界市场的权力结构,提出基于安全、生产、金融和知识四种主要结构的"结构性权

---

① 苏珊·斯特兰奇著,杨宇光等译:《国家与市场》,上海:上海人民出版社,2019年版,第15页。

② S. Strange, "International Economics and International Relations: A Case of Mutual Neglect", *International Affairs (Royal Institute of International Affairs 1944-)*, 1970, pp. 304-315.

③ R. Gilpin and J. M. Gilpin, *Global Political Economy: Understanding the International Economic Order*, Princeton University Press, 2001.

④ 罗伯特·基欧汉、约瑟夫·奈著,门洪华译:《权力与相互依赖》,北京:北京大学出版社,2012年版,第25—31页。

力论"。① 但撇开研究范式的差异,这些学者研究的出发点是共同的,即意识到国家与市场是国际问题研究中的两个关键因素,而它们之间的互动关系应该成为重点研究对象。

从国际经济学研究脉络看,托马斯·谢林开创了博弈论先河,提出"冲突的战略",利用现代经济学的研究方法,以国际战略问题为切入点,探讨国家间如何进行合作这一关键问题。② 曼瑟·奥尔森基于公共物品理论提出"集体行动的逻辑",对国际政治经济体系中有关国家间合作的研究做出了贡献。③ 当然,随着国际政治经济学研究的发展与成熟,国际经济学者与国际关系学者也在不断互相学习和借鉴对方的研究方法与思维逻辑,将以经济学为基础和以政治学为基础的理论进行有机结合,也成为国际政治经济学领域一项重要的学术议题。

(一) 基于国家主义研究视角

受到20世纪70年代至80年代国际政治经济环境的影响,早期的国际政治经济学研究以国家主义为中心,考察财富与权力之间的互动关系。吉尔平和克拉斯纳基于金德尔伯格的国际公共物品理论提出霸权稳定论,从体系研究视角对霸权国提供国际公共物品的动机以及国际公共物品非排他性对国际体系变迁的影响进行了深入分析;④ 基欧汉以美国霸权衰落为研究背景,尝试对"无霸权时代"的国际合作进行分析;⑤ 苏珊·斯特兰奇对国际政治中的核心概念——权力进行了拓

---

① 苏珊·斯特兰奇著,杨宇光等译:《国家与市场》,上海:上海人民出版社,2019年版,第26—30页。
② T. C. Schelling, *The Strategy of Conflict: With a New Preface by the Author*, Harvard University Press, 1980.
③ M. Olson, *The Logic of Collective Action, Public Goods and the Theory of Groups*, Harvard University Press, 1971.
④ R. Gilpin and W. Gilpin, *US Power Multinational Corp*, Vol. 2, Basic Books, 1975; S. D. Krasner, "State Power and the Structure of International Trade", *World Politics*, Vol. 28, No. 3, 1976, pp. 317–347; C. P. Kindleberger, *The World in Depression, 1929–1939*, Vol. 4, University of California Press, 1986.
⑤ R. O. Keohane, *After Hegemony*, Princeton University Press, 2005.

展，基于联系性权力提出结构性权力这一重要概念，并基于财富与权力的互动关系建构了一套结构性权力研究框架。① 这些研究虽然视角不同、方法不同，但它们都以国际政治经济体系中国家间的冲突与合作为研究中心，尝试解释国际体系的变迁机制。

（二）基于利益集团研究视角

自 20 世纪 90 年代初起，国际政治经济学研究范式由国家主义转向利益集团。苏联的解体使美国成为世界上唯一的超级大国，冷战的结束与美国对新自由主义价值观的大力推崇，让经济全球化得以快速发展。考虑到经济全球化中博弈者的多样性以及"国内-国际"政治经济环境的紧密关联性，以戴维·莱克和海伦·米尔纳为代表的第二代国际政治经济学者，逐渐从过去的国际体系研究转向以利益和制度为核心的关于国内政治经济与国际政治经济关系的研究，通过使用包括压力集团理论在内的基于理性主义思维的研究方法，将国内政治经济"黑箱"透明化。② 这种研究方法无疑对解释各层级行为体如何参与经济全球化作出了极具价值的贡献。当然，该研究的一个重要前提也是美国作为霸权国退居幕后引导国际政治经济体系朝符合自身利益与偏好的方向运行，而代表美国利益的跨国公司、非政府组织逐渐成为世界市场发展的引导者，导致非国家行为体的权力不断提升。

（三）中美战略竞争与国家主义的回归

自 2017 年以来，国际政治经济环境又出现了新的变化，导致国际政治经济学研究范式面临调整。美国正式将中国视作战略竞争对手，导致国际政治经济体系面临重大变迁。在此背景下，早已退居幕后的

---

① S. Strange, *States and Markets*, Bloomsbury Publishing, 2015.
② D. A. Lake, International Political Economy, in *The Oxford Handbook of Political Economy*, 1991; H. V. Milner, *Interests, Institutions, and Information: Domestic Politics and International Relations*, Princeton University Press, 1997.

"美国霸权衰退论"似乎又重回舞台,更重要的是,国际政治经济体系从20世纪90年代的单极主导逐渐向多极化演变,国家层面的竞争更加激烈,经济全球化背景下的国家主义愈发突出。国家主义的抬头与国际政治经济体系的结构性变化为国际政治经济学者的理论基础与研究方法提供了新的舞台。

第二节 结构性权力理论

国际政治经济学英国学派创始人苏姗·斯特兰奇于20世纪80年代提出了结构性权力理论。本节将对结构性权力理论的研究脉络进行梳理,对结构性权力理论的重要内容进行总结。

一、结构性权力理论提出背景

国际政治经济学研究中的结构性权力理论最早由英国学者苏姗·斯特兰奇提出,并成为与美国学派相区分的一种重要分析框架。苏姗·斯特兰奇认为所言,每一种理论的提出都具有其特定的历史背景并反映了理论提出者独特的价值观念偏好。[①] 结构性权力理论的提出具有两个重要的历史背景:

第一,经济学与政治学的分割。1970年,苏姗·斯特兰奇曾在期刊《国际事务》(*International Affairs*) 中撰文对经济学研究与政治学研究的分离进行了强烈批判,这也成为国际政治经济学作为一门学科诞生的重要基础。苏姗·斯特兰奇认为,将国际政治经济体系强行按照人为设立的国际经济学与国际关系学进行拆分讨论,只能获得一系列基于假设但不符合现实发展的生硬理论。[②] 对此,她强调国际经济学家

---

① 苏姗·斯特兰奇著,杨宇光等译:《国家与市场》,上海:上海人民出版社,2019年版,第18页。
② S. Strange, "International Economics and International Relations: A Case of Mutual Neglect", *International Affairs (Royal Institute of International Affairs 1944-)*, 1970, pp. 304-315.

与国际关系学者应当相互交流,借鉴对方的研究经验,形成新的分析世界经济的方法,这种方法应该从经济与政治互动关系的视角入手研究国际政治经济问题。

第二,在国际政治经济学形成后的一段时间中,主要学科体系与理论建设均由美国学派主导。苏珊·斯特兰奇认为,国际政治经济学研究过多受到美国学术界的支配,而美国学术界在对国际政治经济问题进行研究时往往有意或无意地从美国利益角度出发,对美国学者关心的问题进行研究。① 这导致国际政治经济学在价值判断和研究议题层面受到美国利益和美国价值支配,忽略了国际政治经济体系中存在的多元化问题以及不同的价值理念偏好。苏珊·斯特兰奇试图构建一个把经济学和政治学相融合的研究框架,从结构维度分析政治权力与市场力量的互动影响,更重要的是,作为一种研究世界经济的分析框架,应当打破理论家基于差异化假设构建的规范性思想,② 允许不同学者从自身的价值偏好理念出发,通过使用这套理论得出自己的见解。

在此基础上,苏珊·斯特兰奇提出:全球生产、交换及分配体系的形成、发展与变迁是国际政治经济学的重要研究内容,引导这些体系演变的社会、政治和经济安排是国际政治经济学的重要研究议题。财富、秩序、公正和自由是人类社会最基本的四种价值观念,制度是人类将这四种价值观念进行不同比例组合得到的产物,权力决定了这些组合的性质,因此权力也成为其理论框架的核心组成要素。③

---

① 苏珊·斯特兰奇著,杨宇光等译:《国家与市场》,上海:上海人民出版社,2019年版,第18页。
② 罗伯特·吉尔平曾将国际政治经济学研究分为三大研究范式,分别为现实主义、自由主义和马克思主义。参见 R. Gilpin, *The Political Economy of International Relations*, Princeton University Press, 2016.
③ 同①,第19页。

二、结构性权力的基本内容

从概念提出路径看,结构性权力是相对于联系性权力进行构建的。联系性权力是政治学研究最核心的研究议题,政治学家对联系性权力给出了较为精辟的解释:联系性权力是 A 靠权力使 B 去做 B 本来不愿意做的事情,而 B 反过来却无法要求 A 去做 A 不愿意做的事情。[①] 从定义可以看到,联系性权力的生成与使用主要源于权力拥有者自身形成的强大实力,无需体系支持就可产生。此外,联系性权力具有压迫性和指向性特征。压迫性是指联系性权力需要通过拥有者强迫对方做本不愿意做的事情才能体现,是一种向其他人施加压力的行为。指向性是指权力的使用具有明确的目标性。

结构性权力是指决定某种结构或体系内行事规则的权力,具体来说,结构性权力是决定某种关系框架内行事规则的权力,拥有者可以利用这种权力来塑造特定体系内不同主体之间的关系。[②] 因此,结构性权力的定义可以总结为:在某一体系中,由体系内处于核心网络节点位置或对体系内某种关键性资源具有垄断控制力的参与主体拥有,可以调节该体系内参与主体之间关系、主导体系内规则制度安排的一种权力。在国际政治经济体系中,国际制度是约束国际经济活动的一系列正式或非正式规则的集合,因此国际制度的设计者或主导者具有典型的结构性权力。

当然,对国际制度的塑造是结构性权力的一个重要表现方式,但结构性权力又不仅限于这一种形式。例如,雷曼公司的市场地位也是一种结构性权力,它的破产引发了一系列违约事件并最终导致 2008 年金融危机的爆发。从这个层面来说,雷曼具有强大的结构性权力。托马斯·弗里德曼也曾指出,美国和标普信用评级公司是经济全球化时

[①] R. A. Dahl, "The Concept of Power", *Behavioral Science*, Vol. 2, No. 3, 1957, pp. 201–215.
[②] 苏珊·斯特兰奇著,杨宇光等译:《国家与市场》,上海:上海人民出版社,2019 年版,第 27 页。

代中的两大超级霸权。① 美国的霸权源于强大的军事力量，标普的超级霸权则来源于在信用评级系统中对信息的垄断性把控，标普虽然不具有任何军事霸权，但可以通过影响主权评级的方式让一国陷入危机，因此，除了国家主导的国际制度外，国家市场规模、对特殊经济资源的垄断、科学家创造的前沿知识等都可以是结构性权力的产生源泉。

结构性权力的使用不必具有压迫性和指向性。一方面，联系性权力需要拥有权力的一方向目标施加压力，使其做出某种行为。但结构性权力的拥有者可以通过自身采取或不采取某种行为来影响其他行为体，换句话说，结构性权力不需要通过其他行为体的行为变化来体现。另一方面，结构性权力的影响具有体系性，可以不针对某一行为体，而是对整个体系及其中的全部行为体施加影响。正如罗尼·帕兰所言，结构性权力赋予行为体一种间接影响某一体系内事情发展的能力，这种能力可能会被拥有者有意或无意的使用。②

苏珊·斯特兰奇认为，结构性权力形成于由四种主要结构和四种次要结构组成的国际政治经济体系中，四种主要结构为安全、生产、金融和知识，四种次要结构为运输、贸易、能源和福利。

安全结构是指某些人为另一些人提供安全防务而形成的一种权力框架。例如，冷战时期在美国主导下建立的北大西洋公约组织就是一种安全结构。安全结构中的权力掌握在提供安全的角色手中，在经济全球化的时代背景下，这种权力不仅可以由民族国家所有，同样可以由掌握关键军工技术的跨国公司所有。

生产结构体现了生产者之间在生产关系方面一系列的安排。具体来说，生产结构决定了参与者生产的方式、产品种类以及利益分配地位等。生产结构中的权力掌握在创造财富的角色手中，随着经济全球

---

① 洛伦佐·费尔拉蒙蒂著,张梦溪译:《大数据战争》,北京:中华工商联合出版社,2018年版,尾页。
② 苏珊·斯特兰奇著,杨宇光等译:《国家与市场》,上海:上海人民出版社,2019年版,第X页。

化发展不断深化以及国际分工的不断细化，跨国公司在生产结构中的权力愈发壮大。

金融结构是支配信贷可获得性的各种安排和决定各国货币之间交换条件的所有要素之和。谁掌握了创造信贷的能力，谁就拥有了金融结构中的权力。

知识结构决定被发现的是什么知识，怎样储存与传输知识以及根据什么条件传播知识。知识的内容涵盖了宗教信仰、价值观、科学技术以及事物因果关系在内的一系列信息。在古代的知识结构中，传教士具有较大的权力，其对宗教信条的垄断性解读是知识结构性权力形成的重要依据；而在现代的知识结构中，科学家与教授是典型的权力拥有者，对知识产权施加保护是维护知识结构性权力的重要手段。

按照苏珊·斯特兰奇的表述，安全、生产、金融和知识这四种结构并非独立存在，而是相互联系、相互影响、相互支撑的关系。苏珊·斯特兰奇构建了一种三棱锥结构来表述四种结构间的关系。结构性权力正是在四种结构相互支持、相互影响的结构中产生。在说明结构性权力分析框架的基础上，苏珊·斯特兰奇也对20世纪70年代和80年代美国学派研究的传统议题——美国霸权的衰落，给出了不同的答案。传统的"霸权衰亡论"主要是基于联系性权力与国家间相对实力对比给出的答案。但苏珊·斯特兰奇指出，美国政府没有失去国际政治经济体系中的结构性权力，而这种权力塑造了有利于美国跨国公司的国际政治经济环境。[①] 换句话说，尽管美国在相对实力方面的优势缩小，让联系性权力趋于弱化，但美国依然可以依靠国际政治经济体系中的结构性权力来有意或无意的主导一些事件的发展。进一步讲，自21世纪初以来发生的经济全球化趋势，让主要经济体之间的相互依赖关系不断提升。美国作为国际政治经济体系中制度环境的主导者和重要参与者，其结构性权力并未下降，在某种程度上甚至得到了提升。

---

① 苏珊·斯特兰奇著,杨宇光等译：《国家与市场》,上海：上海人民出版社,2019年版,第30页。

三、结构性权力的经济学释义

结合苏珊·斯特兰奇对生产结构中结构性权力[①]的定义,本书认为,如果用经济学术语来描述生产领域中的结构性权力的特征,可以理解为对某种经济资源的垄断性控制是结构性权力的核心来源。当 A 对某种经济资源实现高度垄断,同时 B、C、D 对这种资源存在高度依赖性时,可以说 A 对 B、C、D 拥有结构性权力。现在,如果 B 开始掌控一定数量的该资源,将导致 A 的垄断性降低。在 A 和 B 没有形成托拉斯关系的情况下,由于 C、D 除了向 A 购买的选择外,还拥有了向 B 购买的替代性选项,那么将导致 A 的结构性权力下降。

基于以上例子,可以总结出垄断性是结构性权力的重要来源,而替代性提高是结构性权力下降甚至消失的原因。在微观经济学中,经济学家对制成品价格与市场特征之间的关系进行了分析。当市场处于完全竞争状态时,生产者不拥有对产品的定价权,产品价格由市场的供需关系决定。当市场处于垄断竞争状态时,寡头企业对产品具有一定的定价权,而当市场处于垄断状态时,垄断企业对产品具有较高的定价权力。

如果将此原理应用于全球价值链的分析中,可以总结出分工参与者对相关生产环节的垄断性决定了其在价值链条中结构性权力的大小。具体来说,如果产品某个生产环节的关键性技术被一家企业垄断,那么该企业在价值链条中的结构性权力较高,因为如果排除该企业后,产品的生产将不存在替代性选项。更重要的是,垄断企业的结构性权力还体现在产品的议价权方面。在价值链条中,垄断企业可以提高自身生产的中间品或服务的价格,从而获取更多利润。换句话说,拥有结构性权力的企业拥有更强大的议价能力,在全球价值链中,可以主

[①] 苏珊·斯特兰奇将生产结构中的结构性权力定义为"决定生产什么、由谁生产、为谁生产、用什么方法生产和按什么条件生产等各种安排的总和"。参见苏珊·斯特兰奇著,杨宇光等译:《国家与市场》,上海:上海人民出版社,2019 年版,第 68 页。

导价值链条中的收入分配安排。在后文中,我们将基于此对全球价值链中的结构性权力及其影响进行详细的分析。

第三节 国际公共物品理论

国际公共物品理论是基于经济学中公共物品理论延伸出的国际政治经济学理论,本书将使用国际公共物品理论视角对全球价值链重构的手段进行分析。本节的主要目的是对国际公共物品理论的研究脉络与主要内容进行梳理。

一、公共物品理论的基本内容

(一) 公共物品的基本定义

公共物品这一概念最早由新古典经济学家提出,用于解释市场失灵问题。一般认为,亚当·斯密最早对公共物品和私人物品进行了概念区分。[①] 关于公共物品的定义,保罗·萨缪尔森提出,公共物品是指一种物品在被每个人消费的同时并不会减少其他人对这种物品的消费数量或影响其他人对这种物品的消费体验。[②]

在主流微观经济学的分析框架中,市场自发交易被认为是能够实现社会福利最大化即"帕累托最优"的重要前提。新古典经济学家认为,根据亚当·斯密提出的"看不见的手"这一思想,市场在供给曲线与需求曲线的交点处实现市场均衡,从而实现社会福利的帕累托最优。在这一过程中,每一个市场参与者都遵循利己的"理性人"假定,在市场自发交易中实现了个人利益最大化。由于基于市场机制的交易

[①] A. Smith, *The Wealth of Nations: An Inquiry into the Nature and Causes of the Wealth of Nations*, Harriman House Limited, 2010.

[②] P. A. Samuelson, "The Pure Theory of Public Expenditure", *The Review of Economics and Statistics*, Vol. 36, No. 4, 1954, pp. 387-389.

可以实现社会福利最大化,避免了任何福利损失,新古典经济学家也由此提出"市场有效论",认为政府应该在经济活动中扮演"守夜人"角色,通过保护产权、维护治安等行为维护市场的正常运行机制,避免造成市场扭曲的任何行为,防止社会福利出现损失。

然而,主流经济学的这一思想在应用中的局限性主要表现在:第一,该理论的成功实施需要基于交易产品是纯粹的私人物品这一前提。私人物品具有两个特征:排他性与竞争性。排他性指的是物品被一名市场参与者占有后无法再被其他的市场参与者占有;竞争性是指物品被某一参与者使用后影响到其他参与者对该物品的使用。第二,在市场中不存在任何交易成本。当市场中存在较高的交易成本时,信息不对称、投机行为等因素将导致纯市场交易难以正常实施。以上两种因素导致市场并非时刻有效,交易物品的属性或交易过程中出现的成本可能造成市场失灵的现象。

(二) 公共物品的分类

针对私人物品的属性,经济学家提出了公共物品这一概念。狭义的公共物品具有严格的非排他性与非竞争性。非排他性是指消费的非排斥性,即当一位消费者消费此物品时,不能阻止其他消费者对该物品的消费。同样,当一位消费者拒绝消费此物品时,也无法排斥其他消费者消费该物品。非竞争性是指消费的非争夺性或非对抗性,即一位消费者消费此物品时,并不会影响该物品的供给数量,导致其他消费者的消费体验受到影响。经济学家往往列举国防作为典型的公共物品,生活于一国境内的居民均受到本国军队的保护,同时,一个人接受国防保护并不影响其他人同样也受到保护。

当然,现实中严格满足非排他性与非竞争性的公共物品非常稀少,即使对于国防来说,也很难完全符合。例如,当一国在北部边境部署的军队数量多于南部边境部署的数量时,这意味着北部居民接受的国防保护程度高于南部地区,而南部地区接受保护程度较低的原因可能是本国与北部邻国关系较差，导致被迫部署更多部队到北部边境。换句话说，北部居民对国防的消费对南部居民来说具有竞争性。总之，现实中很难找到严格意义的公共物品，为了能够让理论研究对现实具有更大参考意义，经济学家通常从广义的视角对公共物品进行分类和研究。

如表3-1所示，按照排他性与竞争性进行分类，可以将私人物品与公共物品划分为四类：私人物品、俱乐部产品、公共资源和纯粹的公共物品。除了上述讨论过的纯粹的私人物品与纯粹的公共物品外，经济学家将更多精力投入对公共资源与俱乐部产品的研究。

表3-1 广义的公共物品分类

		排他性	
		是	否
竞争性	是	私人物品	公共资源
	否	俱乐部产品	纯粹的公共物品

资料来源：作者自制。

公共资源一类的产品，具有较为典型的非排他性，但具备一定的竞争性。例如，城市公园向全部市民免费开放，任何居民都可前往，消费具有非排他性。但当消费者超出一定数量时，会造成公园内的拥堵，降低每位消费者的游园体验，或者说在一定程度上降低了公园消费的人均供给数量，因此消费具有竞争性。

俱乐部产品具有较强的非竞争性，但存在排他性。例如，健身俱乐部通过收取一定的会员费用允许会员进入场馆进行锻炼，通过会籍资格的方式设置排他性。当会员门槛较高时，可以确保场馆内会员具有较好的健身体验。然而，当会员费设置较低导致会员数量较高时，可能造成场馆内较为拥挤的状况从而产生竞争性。因此，俱乐部产品需要对排他性限制进行合理安排，门槛较低会影响俱乐部会员消费体验，门槛较高则会导致会员数量较少，难以形成规模效应，提高俱乐部产品的供给成本。

（三）"搭便车"问题与公共物品供给

经济学家对公共物品的研究主要集中在供需关系层面。考虑到公共物品具有非竞争性或非排他性，基于新古典经济学的"理性人"假定，容易引发"搭便车"问题。所谓"搭便车"是指消费者出于私人利益最大化的考虑，倾向于让其他人在承担一定成本的情况下提供公共物品，从而让自己在不支付成本的情况下免费享受公共物品。

"搭便车"问题的出现将引发公共物品的供给不足问题，即每位理性消费者都倾向于在其他人提供公共物品的基础上免费享受，导致公共物品的供给数量低于消费者的实际需求数量。具体来说，"搭便车"将从以下两个方面引发公共物品的供给短缺现象。

第一，公共物品的非排他性与非竞争性让传统的供需分析失灵。私人物品交易中市场的供给曲线与需求曲线分别为全部生产者边际成本的横向加总之和与全部消费者边际收益的纵向加总之和。而公共物品由于具有非竞争性，供给曲线为生产者的边际成本而需求曲线则为全部消费者边际收益的纵向加总之和。①

第二，消费者为了避免支付公共物品的成本，倾向于低报对公共物品的需求数量，这将导致公共物品的供给数量与实际需求数量产生偏差，对于公共资源类产品而言，将出现较为严重的消费竞争性问题。

为了能够解决公共物品的供给短缺问题，新古典经济学家从政府职能切入，希望通过财政税收的方式，由国家负责公共物品的有效供给。具体来说，国家通过税收的方式从纳税人手中收取一定费用，并将其用于支付公共物品。公共物品的非排他性与非竞争性将允许全部纳税人享受其带来的福利改进。

---

① 哈尔·范里安著，费方域、朱保华等译：《微观经济学：现代观点》，上海：格致出版社、上海三联书店、上海人民出版社，2015年版，第496页。

托马斯·霍布斯曾提出"利维坦"(Leviathan)这一概念,"利维坦"指一种传说中威力强大的海兽,霍布斯以此比喻君主专制政体的国家。即政府作为"利维坦"通过向国民强制性缴税并利用税收提供国民所需的公共物品被认为是解决"搭便车"问题最经典的一个答案。① 然而,这种方法能否有效实施有赖于两个重要前提。首先,如何确保政府获得准确的公共物品需求数量。即使每位消费者按照自己认为的真实需求上报,但仍可能出现主观上的判断偏差,造成公共物品需求数量的偏离。其次,即使假设政府知晓了公共物品的真实需求数量,如何对国民征税仍然是一个规模宏大同时涉及效率与公平的问题。关于税收的公平与效率问题已经形成了一个规模庞大而复杂的学科,在此不多做讨论。

美国经济学家奥尔森则基于对传统集团理论的批判,从理性主义视角对"搭便车"现象进行了分析。② 奥尔森认为,"搭便车"问题导致了公共物品的供给短缺,其根本原因在于个人理性无法确保集体理性的实现。解决"搭便车"问题的难易程度取决于集团规模、公共物品对不同成员的边际收益等。当某一公共物品潜在使用者的潜在收益大于供给成本时,即使存在"搭便车"问题,该成员也乐于单方面承担公共物品的供给成本,罗纳德·科斯也曾以英国的灯塔运行模式为例论述了公共物品私人供给的可能性。③

二、国际公共物品理论

国际公共物品概念最早由美国经济学家查尔斯·金德尔伯格提出,自此之后学界在有关国际经济秩序的研究中进行了深入的讨论。

1929年,以美国、欧洲和日本为核心的资本主义世界爆发了有史

---

① 托马斯·霍布斯著,黎思复、黎廷弼译:《利维坦》,北京:商务印书馆,2017年版。
② M. Olson, *The Logic of Collective Action: Public Goods and the Theory of Groups*, Harvard University Press, 1971.
③ R. H. Coase, "The Lighthouse in Economics", *The Journal of Law and Economics*, Vol. 17, No. 2, 1974, pp. 357–376.

以来最为严重的经济危机,史称"经济大萧条"。金德尔伯格认为,导致此次危机发生的根本原因在于国际公共物品的缺失,换句话说,国际公共物品在维护国际经济秩序稳定运行中发挥着重要的作用。① 20世纪20年代末30年代初,资本主义世界的国际经济秩序进入了一个非常特殊的时期,英国作为昔日的霸权国正在日益衰落,导致其维护国际秩序稳定运行的意愿和能力逐步降低,美国作为当时的崛起国主张孤立主义,缺乏承担维护国际经济秩序职责的意愿或能力。② 在此背景下,不仅国际秩序领导者的位置出现了空缺,而且还导致国际公共物品的供给显著减少。具体来说,国际经济体系的稳定运行需要依靠霸权国作为"稳定器"③,通过承担一定的"公共成本"④ 来维护国际贸易体系与国际货币体系的正常运行。然而,由于正在衰落的英国和日渐崛起的美国都没有意愿或足够的能力提供维持国际秩序正常运行的国际公共物品,最终导致资本主义经济体系的崩溃并造成全球范围内的经济萧条。由于霸权国和崛起国均无能力或意愿提供足够的国际公共产品导致国际体系出现混乱的现象,也被学界称为"金德尔伯格陷阱"。金德尔伯格不仅对国际公共物品的研究具有奠基性影响,同时还成为"霸权稳定论"思想最早的提出者。

关于什么是国际公共物品这一问题,国际政治经济学家一般将国际制度视作国际公共物品最重要的表现形式。基欧汉将国际制度定义为"持久的、相互联系的正式和非正式规则,这些规则规定行为角色、限制行动并塑造预期"⑤。换句话说,国际制度通过提高国际经济活动

---

① C. P. Kindleberger, "International Public Goods Without International Government", *The American Economic Review*, Vol. 76, No. 1, 1986a, pp. 1–13.

② 王立新:《踌躇的霸权:美国崛起后的身份困惑与秩序追求(1913—1945)》,北京:中国社会科学出版社,2015年版,第161—204页。

③ C. P. Kindleberger, *The World in Depression, 1929–1939*, Vol. 4, University of California Press, 1986.

④ C. P. Kindleberger, "Dominance and Leadership in the International Economy: Exploitation, Public Goods, and Free Rides", *International Studies Quarterly*, Vol. 25, No. 2, 1981, pp. 242–254.

⑤ R. O. Keohane, *International Institutions and State Power: Essays in International Relations Theory*, Routledge, 2020.

中的确定性促进国际经济秩序的稳定运行。奥兰·扬认为，国际制度与其他社会制度一样，会展现出公共物品的属性，对参与国具有非排他性和非竞争性。甚至在某些情况下，随着越来越多的国家加入特定国际制度后，将会出现规模效应，从而对国际经济体系产生正的外部性，例如世界贸易组织。①

当然，对于国际制度是否严格遵循公共物品的非排他性和非竞争性具有一定争议。实际上，一些学者甚至明确指出，相比于具有排他性的国际制度，具有非排他性特征的国际制度更为少见。② 但正如奥尔森所言，公共物品的排外在技术层面上是可能的，但参与者选择这样做将是不经济、不理性的。③ 关于非竞争性，一些国际制度的确可能因为参与国家数量的增长导致谈判成本的提高，但相比于国际制度带来的潜在收益来说，这种竞争性带来的成本几乎可以忽略不计。因此，在本书中，我们对国际公共物品的定义为：不具有明确排他性条款的包容性国际制度。而对于那些具有较为明显歧视性限制的国际制度，我们则将其称为国际俱乐部产品。

在金德尔伯格研究的基础上，美国国际政治经济学家吉尔平进一步完善了"霸权稳定论"的分析框架，并提出霸权国的存在有助于国际公共物品的充足供应，从而确保国际经济秩序的稳定。究其原因，在于国际公共物品的不均衡利益分配机制。如果霸权国从国际公共物品中获得的收益高于其所需支付的成本，那么即使其他国家不愿意承担公共物品的相关费用，霸权国也愿意提供相关国际公共产品。

美国作为二战后资本主义世界的霸权国，通过"设计"并"提供"一系列国际经济制度提高了国际经济活动的确定性，并从中获得了国际影响力与经济收益。以美元为例，美国在战后主导构建的布雷

---

① A. Hasenclever, P. Mayer and V. Rittberger, *Theory of International Regimes*, Cambridge University Press, 1997, p. 95.
② 同①, p. 97.
③ 曼瑟·奥尔森著，陈郁、郭宇峰、李崇新译：《集体行动的逻辑》，上海：上海三联书店、上海人民出版社，1995年版。

顿森林体系是一种具有鲜明层级制的货币体系，而美元作为最高级别的货币，具有比其他货币更强大的权力和地位。[1] 正是因为美国作为霸权国可以从其主导设计的国际制度中获得相比于其他国家更高的不对称性权力或利益，才让美国有意愿提供相关的国际公共物品。张宇燕将国际规则或国际制度的这种不对称性收益称作"制度非中性"，即同样的制度对于不同的参与者来说，具有不同的影响。[2] 结合以上观点，制度非中性在国际公共物品供给以及在维护国际经济秩序运行中发挥了重要作用。

当然，"霸权稳定论"支持者主要强调霸权国提供国际公共物品所带来的公共属性，并认为这种公共属性有助于实现各国的共同利益，即国际经济秩序的稳定性。但"霸权稳定论"缺少对国际制度私人属性的讨论，导致一些观点忽略了国际制度可能对国际经济秩序稳定性带来的破坏。李巍认为，国际公共物品具有为国际社会提供正外部性的"公共属性"和为霸权国提供剥削权力的"私人属性"。[3] 当霸权国为了获得更高收益而放弃承担本应担负的责任并依靠不对称权力压榨其他国家时，国际公共物品的公共属性将下降而私人属性将提升。这种私物化行为将导致国际经济秩序失去稳定性。

黄河、王润琦以美国为例，对霸权国将公共物品私物化行为进行了分析。[4] 两位作者以交易成本理论为基础，提出霸权国将公共物品私物化的本质在于成本收益考虑。马修斯曾指出，交易成本既包括事前为达成合同而发生的成本，也包括事后为监督履行合同而发生的

---

[1] 本杰明·科恩著,张琦译:《货币强权:从货币读懂未来世界格局》,北京:中信出版集团,2017年版。
[2] 张宇燕:《利益集团与制度非中性》,载《改革》,1994年第2期,第97—106页。
[3] 李巍:《国际秩序转型与现实制度主义理论的生成》,载《外交评论(外交学院学报)》,2016年第1期,第31—59页。
[4] 黄河、王润琦:《公共产品与国际经济秩序:起源、当前挑战与重塑》,载《太平洋学报》,2021年第5期,第70—81页。

成本。①

美国将国际公共物品私物化主要有三方面原因。第一,美国在主导建立包括世贸组织、国际货币基金组织和世界银行等在内的国际公共物品之时,就保留了在这一体系中行使私物化行为的权力。第二,自2008年以来,美国经济实力的相对衰落导致其希望通过采取一些交易成本更低而收益更大的双边行为来维护自身的霸权地位。第三,美国的私物化行为对国际公共物品的有效性和合法性造成了破坏,而美国却无力通过支付额外成本来重塑其他国家对既有国际公共物品的信任。总而言之,美国选择将公共物品私物化的根本原因是基于成本收益考量,试图通过私物化的行为降低自身负担的成本并提高自身收益,这种行为有助于美国在短期内稳固霸权地位,但会对国际经济秩序的长期稳定性造成冲击。

总的来说,国际政治经济学家基于经济学对公共物品的思考在国际研究领域提出了国际公共物品这一概念,并通过分析国际公共物品与国际经济秩序的互动关系,阐述了国际公共物品有效供给对国际经济秩序平稳运行的重要性。"霸权稳定论"是研究国际公共物品的一种重要理论框架,强调霸权国通过设计和提供具有制度非中性的国际公共物品,在实现私人利益的同时满足与其他国家的共同利益。然而,自2008年以来,美国经济实力的衰退与中国经济的崛起,促使国际政治经济体系从单极向多极演变。在成本收益考量下,美国选择将国际公共物品私物化,导致国际公共物品赤字问题愈发明显。从现实经验看,美国并非纯粹地减少国际公共物品,实行孤立主义,而是通过提供具有排他性的国际俱乐部产品来重新提升自身的国际影响力,并借此遏制新兴市场国家的国际影响力。因此,对于国际公共物品的讨论不仅应该基于对纯粹经济收益的分析,同时也需要结合国际政治经济

---

① R. C. Matthews,"The Economics of Institutions and the Sources of Growth", *The Economic Journal*, Vol. 96, No. 384, 1986, pp. 903-918.

体系中的相对权力变化进行研究。

第四节　本章小结

本章通过梳理思想脉络与重要文献，对国际政治经济学的研究发展趋势、结构性权力理论和国际公共物品理论进行了梳理与总结。

第一，国际政治经济学在经历将近半个世纪的发展后，成为研究国际政治经济问题的重要方法。从研究发展脉络看，第一代国际政治经济学学者以国家主义为导向，研究国际体系的发展变迁，第二代国际政治经济学学者以利益集团理论为核心，重点研究国内-国际政治经济互动问题。两代学者研究内容的变迁不仅体现了研究方法的发展，也反映了时代背景与焦点议题的变化。随着中美战略竞争时代的到来，以国家主义为导向的国际政治经济学研究将更贴合时代的发展特征。

第二，结构性权力理论由英国学者苏珊·斯特兰奇于20世纪70年代提出，是国际政治经济学英国学派的代表思想。结构性权力理论强调权力主体对体系内主体间关系的影响，同时关注权力与结构特征的互动关系。如果用经济学术语来表述生产结构中结构性权力的来源，可以理解为经济主体对某种关键性经济资源的垄断式控制。

第三，在国际政治经济体系中，国际制度是一种重要的国际公共物品。一方面，国际公共物品的有效供给可以保障国际政治经济体系的稳定运行，具有典型的公共物品属性。另一方面，在国际环境无政府状态下，国际公共物品通常在某些国家主导下供给，考虑到制度的非中性特征，国际公共物品同样具有私人属性，符合主导国的政治经济利益。

第四章 全球价值链的形成与发展历程

从二战结束到20世纪80年代末期，在第三次科技革命和美国等发达国家倡导的新自由主义理论和政策的共同作用下，国际分工进一步深化，产业间分工和产业内分工并存，美国、西欧和日本等国的跨国公司进入到战后经济发展的黄金时代，极大地推动了国家间的产业转移，促进了商品的跨国流动，世界经济中形成了全球商品链。进入20世纪90年代，随着世界政治格局剧变、经济全球化快速发展，作为世界经济和国际关系行为主体的跨国公司和民族国家推动了全球商品链向全球价值链的演进。全球价值链是经济全球化进程中在国际贸易和国际生产乃至全球分配体系层面出现的重大变化，是跨国公司在全球配置资源的重要产物。20世纪90年代以来，随着国际分工的进一步细化以及经济全球化的发展变化，全球价值链经历了快速发展、收缩调整和重构等几个发展时期。

第一节 全球价值链的快速发展期
（20世纪90年代至2008年国际金融危机爆发）

一、经济全球化是全球价值链快速发展的时代背景

20世纪90年代至2008年金融危机爆发前是经济全球化的加速发

展时期，作为经济全球化的重要产物或特征之一，全球价值链在这一时期也呈现快速发展之势。

1997年，国际货币基金组织将经济全球化定义为一种让各国之间相互依赖关系显著增强的世界经济发展特征，经济合作与发展组织（OECD）将经济全球化视作一种让经济活动中民族性和地方性减少的世界经济发展过程。虽然经济全球化发展至今已30年有余，学界对"经济全球化"的概念仍存在多种解释，但基本都反映了世界经济正在发生的三个重要趋势：第一，商品与服务贸易、资本流动、技术转移等跨境经济活动的规模大幅提升，形式愈发多样化；第二，跨境经济活动的提高导致企业间、国家间、地区间的相互依存度不断提高；第三，世界经济中相互依赖关系愈发紧密导致参与主体对国际经济协调机制的需求提高，促使国际经贸制度不断发展与迭代，各国国内经济制度的匹配性不断提升。

回溯18世纪60年代，英国工业革命开始后，世界经济的萌芽开始出现。随着生产力和生产关系的不断发展变化，参与世界经济的国家越来越多，国家间在经济上的相互依赖日益增强，到20世纪90年代初，世界经济进入到一个新的发展时期——经济全球化阶段。

（一）科技革命的不断深化尤其是信息技术革命的迅猛发展为经济全球化奠定了坚实的物质基础

战后科技革命以原子能、计算机、生物工程和空间技术等为标志，极大地提高了社会生产力，对人类社会经济生活产生了巨大影响。进入20世纪90年代，随着微电子技术为主导的一系列新兴技术的发展，计算机与现代通信技术的结合引发了一场囊括全球的信息技术革命，互联网的诞生更使人类社会真正步入到信息时代，使人与人、人与物、物与物之间的时空限制大为缩小，便捷联系程度极大提高，于是出现了"地球村"的概念。随着互联网的飞速发展，跨国公司不仅可以远程协调其分布在不同国家和地区的生产经营活动，而且能够实现生产的实时动态化和精细化管理，极大地提高了资源利用效率和生产力水平。交通运输业的快速发展和计算机、通信技术在世界市场的大范围应用，大幅降低了经济活动的交易成本，使人类的生产、生活方式发生了革命性变化，使国家间的经济联系更为紧密，客观上为经济全球化的发展提供了坚实的物质基础。

（二）国际分工的进一步细化带来生产国际化水平的提高，进而使全球价值链进入快速发展期

影响和决定国际分工的主要因素包括要素禀赋和生产力水平。科学技术作为第一生产力，已在越来越大程度上影响和决定着国际分工的走势。战后形成的国际分工体系中，国际分工的显著特点是以发达国家之间工业部门的内部分工为主，即发达国家间相似的优势形成产业内分工以扩大规模经济效益。进入20世纪90年代，随着信息技术革命的迅猛发展，国际分工形式从产业内分工进一步细化为以工序和服务外包为对象的产品内分工，即越来越倾向于同一产品的不同型号或同一产品不同零部件之间，甚至同一零部件的不同加工工艺和加工流程之间的国际分工。更为重要的是，越来越多的发展中国家参与到这一新型国际分工体系中。随着产品内分工带来的产品差异化和零件生产的专业化与标准化，跨国公司可以在其全球战略的版图上更高效地配置生产要素，从而使生产国际化①程度进一步提高，以其自身比较优势参与国际分工的这些发展中国家就成为跨国公司全球生产网络的一个环节（或节点），全球价值链至此进入快速发展期。

（三）全球范围的市场化和冷战结束为经济全球化创造了制度条件

从20世纪70年代末80年代初开始，发展中国家、发达国家和苏联东欧国家都进入到一个大调整、大变革时期，开启了全球范围的市

---

① 生产国际化是指跨国公司在全球范围内进行战略布局，并借助母公司与子公司、子公司与子公司之间各种形式的联系，在组织和管理体制上突破民族国家疆域的界限，逐步在世界范围内建立以价值增值为基础的跨国生产体系的过程。

场化改革。

首先，1978年中共十一届三中全会上中国做出了实行改革开放的关键抉择，1992年中共十四大确立了推进以建立社会主义市场经济体制为导向的经济改革，冲破了束缚生产力发展的体制障碍，尤其是2001年中国加入世界贸易组织，形成了对内改革、对外开放的全新格局，为经济全球化的加速发展注入了强大动力。

其次，经历过战后经济飞速发展"黄金时代"的发达资本主义国家在20世纪70年代中期陷入"滞胀"困境。于是，在新自由主义理论的指导下，以美国为代表的"里根经济学"[1]和以英国为代表的"撒切尔主义"开始对本国经济政策和经济结构进行重大调整，二者总的政策倾向是一致的，即减少政府对经济生活的干预、放松管制，进一步提高市场化程度，并借助各种制度安排使本国企业进一步向全球市场拓展。

再次，从20世纪70年代后期开始，以东亚和拉美为代表的发展中国家普遍开始实施以市场化为取向的经济改革，也取得了"东亚经济奇迹"[2]和"拉美发展奇迹"。但发展中出现问题是难免的，进入20世纪90年代，拉美国家在进一步市场化改革的道路上受到了来自美国和国际货币基金组织以及世界银行的指导，基于新自由主义的"华盛顿共识"[3]所倡导的自由化、私有化和市场化改革逐渐推向全世界（拉美、亚洲、非洲等国），为美国跨国公司向全球市场快速扩张创造了十分有利的条件。

最后，20世纪80年代末90年代初，随着东欧剧变、苏联解体以及冷战结束，世界经济中出现了一个新的独特群体——转轨国家，这

---

[1] 赫伯特·斯坦著，金清、赫黎莉译：《美国总统经济史：从罗斯福到克林顿》，长春：吉林人民出版社，2011年版。

[2] J. E. Stiglitz and S. Yusuf, eds., *Rethinking the East Asian Miracle*, World Bank Publications, 2001.

[3] J. Williamson, "The Washington Consensus Revisited", *Economic and Social Development into the XXI Century*, 1997, pp. 48—61.

意味着这个庞大的国家群体在经济上开始从中央计划经济向市场经济转型，也意味着二战后长期存在的两个平行的世界市场界限被打破，一个统一的世界大市场形成。

上述所有这些变化都在很大程度上消除了商品、劳务及各种生产要素跨国流动的障碍，为经济全球化发展提供了制度条件。

概括来看，20世纪90年代以来，科技革命的深化、国际分工的细化、全球范围的市场化和冷战结束等因素共同推动了经济全球化的加速发展。在这一时代背景下，以全球价值链为核心的国际生产体系成为21世纪初经济全球化高速发展的关键产物。

二、全球价值链的主要特征

在全球价值链的快速发展期，国际贸易结构和规模发生了显著变化，跨国公司内部分工和内部贸易成为国际分工和国际贸易的主要形式，发达国家与发展中国家对全球价值链参与度大幅提升，构筑起"资源国–生产国–消费国"全球生产大循环。

（一）全球价值链的快速发展显著改变了全球贸易结构并扩大了贸易规模

从贸易品类型看，在产业间分工与产业内分工主导的国际分工格局下，最终品贸易在国际贸易中占据支配地位。最终品贸易是指企业在一国境内生产完毕后通过国际贸易的方式将终端消费品输送到最终消费国。进一步分析，最终品贸易在帝国时期、殖民时期基本上以有形商品的形式呈现。而二战结束后，发达国家在产业内分工模式下，将贸易扩展至信息、金融、研发等领域，这也导致无形商品在最终品贸易中的占比逐渐上升。

在产品内分工主导的国际分工模式下，中间品贸易取代最终品贸易，成为全球贸易结构中最重要的组成部分。中间品贸易是指企业在一国境内生产完成的中间品通过国际贸易的方式运输到另一国家用于下一阶段的生产制造。据联合国商品贸易数据库统计，全球中间产品出口额占全球出口总比重在 1995 年首次突破 50%，并于 2013 年接近 70%。① 中间品贸易额的快速上升成为全球价值链分工格局形成与发展的重要特征。

从宏观层面观察，全球价值链的形成和发展显著改变了全球贸易结构并提高了贸易规模。如图 4-1 所示，在贸易结构方面，从 20 世纪 70 年代到 90 年代，全球价值链占全球贸易的份额仅提升约 3 个百分点，而在之后的 20 年里，随着全球价值链的快速扩张，这一份额跃升约 12 个百分点，并于 2008 年国际金融危机爆发前达到 52% 的峰值。

资料来源：世界银行《世界发展报告 2020》。

图 4-1 1970—2015 年全球价值链占全球贸易的比重变化

如图 4-2 所示，在贸易规模方面，世界贸易组织的统计数据显示，1990—2007 年全球贸易额的年平均增速超过全球实际 GDP 增速的近两倍。

---

① 韩婕珺、郑乐凯、苏慧：《管理层背景与企业全球价值链参与——来自上市公司的证据》，载《产业经济研究》，2020 年第 2 期，第 73—86 页。

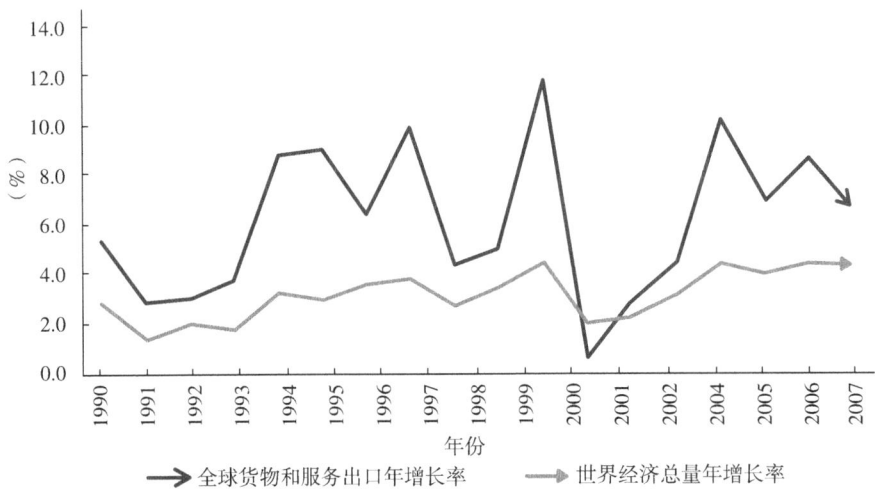

资料来源：世界银行《世界发展指标》数据库。

图 4-2　1990—2007 年全球贸易增速与经济总量增速对比

此外，如图 4-3 所示，全球价值链的形成和发展还极大提高了全球货物和服务出口占全球经济总量的比重，在 1970—1990 年间，该比重仅提升不到 5%，而在 1990—2007 年间则增长超过 10%。

资料来源：世界银行《世界发展指标》数据库。

图 4-3　1970—2020 年全球出口占全球经济总量的比重变化

(二) 跨国公司成为构建全球价值链的主导者

如前所述，20世纪90年代以来的经济全球化是以信息与通信技术革命为物质基础，以美国主导的自由主义经济秩序为制度基础。信息与通信技术的快速发展使跨区域协调生产经营活动成为可能，多边主义贸易协调机制有效降低了发达国家之间的关税壁垒，以美元为核心的国际货币体系成为支撑国际贸易的重要金融保障，经济全球化在生产力提高与国际经济协调深化的背景下进入加速发展轨道。作为现代企业全新的组织形式，跨国公司成为国际直接投资的重要载体和推动经济全球化发展的主要驱动力量，世界经济行为主体范围也由民族国家逐渐延伸至跨国公司。

随着跨国公司数量的增加和实力的增强，在跨国公司的全球战略中，它根据经营的需要将不同国家和地区的生产要素加以优化配置和组合，在全球范围内建立研发、生产、供应和销售网络，其结果是将国际分工和国际贸易变成了跨国公司的内部分工和内部贸易，进而在客观上极大地推动了国际贸易、国际金融以及国际直接投资的发展。

如图4-4所示，在20世纪90年代至2011年之间，全球对外直接投资存量占全球经济总量比重从不到10%上升至接近30%。根据联合国贸易和发展会议的数据，2010年在全球范围内，跨国企业创造增加值约16万亿美元，占全球经济总量比重超过四分之一，由跨国公司主导的全球价值链约占全球贸易的80%。[1] 另据经济合作发展组织统计，2014年跨国公司及其国外分支机构贡献了全球产出的33%、全球经济总量的28%、国际出口贸易的55%以及进口贸易的49%。[2]

---

[1] UNCTAD, *World Investment Report 2011—Non-Equity Modes of International Production and Development*, 2011; UNCTAD, *World Investment Report 2013—Global Value Chains: Investment and Trade for Development*, 2013.

[2] OECD, *MNEs in the Global Economy: Heavily Debated but Hardly Measured*, May 2018.

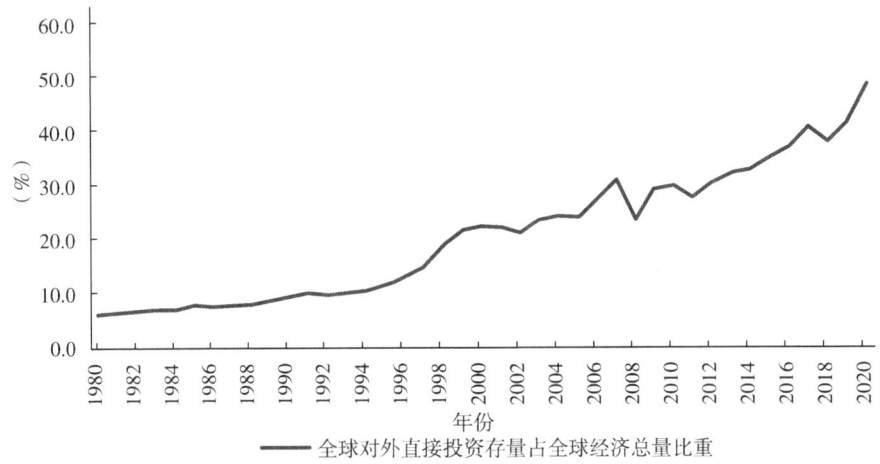

资料来源：联合国贸易和发展会议数据库。

图 4-4　1980—2020 年全球对外直接投资存量占全球经济总量比重变化

并购在跨国企业向海外扩张中发挥了重要作用。如表 4-1 所示，据联合国贸易和发展会议统计数据显示，伴随着跨国公司的兴起，跨国并购总金额从 1990 年的 980 亿美元增加到 2000 年的 9590 亿美元，并购在对外直接投资中的比重也从 1990 年的 48% 跃升至 2000 年的 71%。

表 4-1　1990 年以来国际生产的演进

年份	1990 年	2000 年	2007 年	2010 年	2019 年
全球对外直接投资流量（十亿美元）	205	1356	1891	1365	1540
全球内向对外直接投资存量（十亿美元）	2196	7377	18 634	19 751	36 470
跨国并购总金额（十亿美元）	98	959	1032	347	483
并购在对外直接投资中的比重（%）	48	71	55	25	31
外国子公司销售额（十亿美元）	7136	11 859	26 394	23 392	31 288
外国子公司增加值（十亿美元）	1335	3059	6132	6509	8000
外国子公司总资产（十亿美元）	6202	22 761	74 504	82 588	112 111
外国子公司雇员数（千人）	28 558	50 088	65 041	57 590	82 360

资料来源：联合国贸易和发展会议《世界投资报告 2020》。

(三) 国家参与度提升、全球生产大循环形成

全球价值链的快速发展不仅体现在国际贸易结构和规模的变化以及跨国公司的主导，同时还反映在发达国家与发展中国家对全球价值链参与度的提升。

以中国为代表的广大发展中国家积极融入价值链分工促使全球生产体系形成以"消费国-生产国-资源国"为核心链条的全球大循环格局。在20世纪80年代，价值链分工与中间品贸易主要发生在发达国家间的国际生产活动。自20世纪90年代起，发展中国家加速融入全球市场的趋势让过去发达国家专属的价值链分工在全球范围内扩散，从发达国家集团主导转化为发达国家集团内、发达国家与发展中国家之间、发展中国家集团内并存的国际分工格局。

发达国家与新兴市场国家通过不断深入参与价值链分工，极大促进了全球价值链的发展。如表4-2所示，1995—2009年间，发达国家与新兴市场国家的全球价值链参与指数均出现较大幅度提升，其中新兴与发展中经济体由40.5上升至50.9，发达经济体从39.6上升至47.2。发达国家与发展中国家凭借各自独特的比较优势不断提高国际分工参与程度，也让全球贸易循环呈现出"消费国-生产国-资源国"的不对称相互依赖关系。以发达国家为代表的消费国处于全球生产大循环的中心地带，以"金砖五国"为代表的新兴市场国家均依托各自比较优势嵌入全球价值链分工格局并获得显著的经济增长，根据分工地位与类型的不同，中国被称作"世界工厂"，俄罗斯被称为"世界加油站"，巴西被称作"世界矿山"，印度被称为"世界办公室"。其中，以俄罗斯、巴西为代表的资源国处于边缘地带，而以中国为代表的生产国则逐渐成为衔接消费国与资源国的半边缘地带。

表 4-2 1995—2009 年全球价值链参与指数

	1995 年	2000 年	2005 年	2008 年	2009 年
世界	39.8	46.2	51.0	51.9	48.5
发达经济体	39.6	46.3	49.9	50.7	47.2
新兴与发展中经济体	40.5	45.9	53.5	54.4	50.9

资料来源：世界贸易组织《世界贸易报告 2014》。

需要强调的是，尽管新兴市场国家各有所长，但中国在全球价值链快速发展中产生的作用和影响尤为重要。2001 年，中国正式加入世界贸易组织，为全球价值链快速发展奠定重要基础。英国学者马丁·雅克认为，中国加入世贸组织改变了既有世界贸易体系的性质和动力，是经济全球化自 20 世纪 70 年代以来最大的一次延伸。① 此外，中美经贸关系的发展自此也成为影响世界经济运行最重要的一对双边关系。

中国作为世界上最重要的新兴经济体，美国作为世界上最重要的发达经济体，二者在全球价值链中形成了一种高度依赖的关系，这也成为全球价值链高速发展时期的标志性成果。据国际货币基金组织的世界经济展望数据库统计，在 1998—2007 年间，中美两国贡献了全球经济产出的近 30%，全球经济增长的 32%。② 2007 年，美国历史学家尼尔·弗格森和德国学者莫里茨·舒拉里克创造了"中美国"（Chimerica）这一名词，用于描述中美之间相互依赖的互补关系，这种互补体现在生产、金融等多个方面。③

在生产方面，美国跨国公司通过对外直接投资与离岸外包的方式将大量中低端组装制造生产环节从以美国为代表的发达国家转移至中国，中国则通过大量利用外资，依靠沿海地区充足的劳动力积极融入

---

① 马丁·雅克著,张莉译:《当中国统治世界》,北京:中信出版社,2010 年版,第 156 页。
② 根据国际货币基金组织世界经济展望数据库中基于购买力平价的统计数据计算。
③ N. Ferguson and M. Schularick, "'Chimerica' and the Global Asset Market Boom", *International Finance*, Vol. 10, No. 3, 2007, pp. 215-239.

全球生产体系，为以美国为代表的发达国家消费市场供给了大量廉价消费品。① 在此背景下，美国依靠以美元为核心的庞大金融市场与以跨国公司为核心的强大创新体系，成为全球需求最为旺盛的消费市场，中国则依靠完善的基础设施与充足的高性价比劳动力，成为全球价值链中的产能大国。

全球价值链的高速发展期也成为中美两国经贸关系最为紧密、和谐的一段时期，美国通过跨国公司对外直接投资的方式将中国建设成为全球组装制造枢纽，并利用中国低廉的生产要素成本攫取大量财富；中国则通过嵌入全球生产体系，逐渐完善工业生产体系，在向美国和其他发达国家输出产品的同时实现 GDP 的高速增长。双方各取所需，依靠经济互补关系，实现互利共赢。

第二节 全球价值链的收缩调整期
（2008 年国际金融危机爆发后至 2017 年）

2008 年国际金融危机爆发后至 2017 年是全球价值链的收缩调整期。2008 年国际金融危机爆发导致世界经济增长进入停滞期，国际贸易规模与结构发生显著变化，全球价值链由全球大循环逐渐解构为区域价值链是本阶段的最大特征。

一、2008 年国际金融危机的爆发是全球价值链收缩调整的重要原因

2008 年 9 月 15 日，拥有 158 年历史的美国第三大投资银行雷曼兄弟公司宣布破产，由此引发的金融海啸与投资恐慌迅速席卷美国市场并蔓延至世界其他主要经济体，2008 年国际金融危机由此爆发。此次金融危机爆发的原因是复杂的，危机爆发后更多问题浮出水面，诸如全球贫富差距扩大、全球生产大循环失调、国家间相互依存度提升等，

---

① 在"美国设计、中国生产"的分工模式下，诸多产品都在生产信息中展现了中国企业与美国跨国公司密切的生产合作关系。例如，在苹果公司生产的 iPhone 手机背面就明确标有"Designed in California, Assembled in China"的生产信息。

以上问题在一定程度上扩大了国际金融危机对全球生产体系的冲击。

（一）全球价值链的发展带来产业转移效应，加剧了国家间、地区间的贫富差距

全球价值链的高速发展，特别是中美两国之间形成的高度产业互补关系，导致全球产业格局出现大范围调整，最典型的特征为以美国为代表的发达国家出现大规模制造业外迁现象。鲍德温和洛佩兹·冈萨雷斯通过对国家七大主要工业（G7）制造业数据测算，发现发达国家在全球制造业中的占比由 20 世纪 90 年代初的 65% 下降至 2010 年不足 50%，反映了发达国家制造业外迁的事实。[①] 此外，这一时期全球国际直接投资规模出现大幅提升，如图 4-5 所示，由 20 世纪 90 年代初的 2390 亿美元增至 2010 年接近 2 万亿美元，其中，大部分的国际直接投资都是由发达国家跨国公司引导进行，体现了跨国公司在全球产业转移中的重要作用。

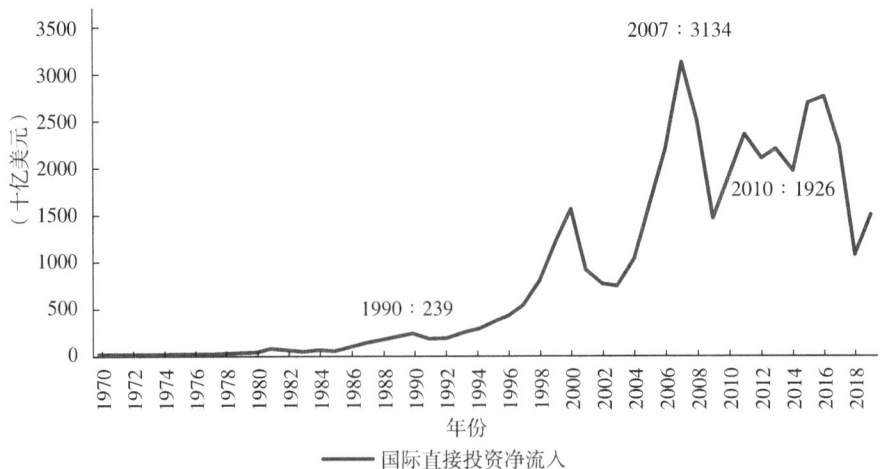

资料来源：世界银行《世界发展指标》数据库。

图 4-5 1970—2019 年国际直接投资变化

[①] R. Baldwin and J. Lopez-Gonzalez, "Supply-Chain Trade: A Portrait of Global Patterns and Several Testable Hypotheses", *The World Economy*, Vol. 38, No. 11, 2015, pp. 1682–1721.

一方面,产业转移导致发达国家内部贫富差距扩大。根据比较优势原理,跨国公司在全球范围内按照要素禀赋差异配置生产资源有助于跨国公司降低生产成本、提升规模效应,有利于跨国公司的资本所有者获取更多财富。以美国为例,聚集了美国高新技术领域明星企业的硅谷与坐拥美国金融资本的华尔街成为经济全球化时代中的世界创新中心与世界金融中心,而代表了美国制造业辉煌的大部分中东部地区则因制造业外迁影响出现大规模失业潮,失去昔日光环沦为"经济锈带"。全球价值链引发的产业转移由此导致美国国内的贫富差距不断扩大。如表4-3所示,在2008—2017年间,美国基尼系数维持在较高水平,贫富差距不断扩大。如图4-6所示,在税前国民收入份额方面,美国前10%人群的税前收入份额维持在税前总收入份额的45%左右,而后50%人群的税前收入仅占全部税前收入的13%。如图4-7所示,在个人净财富份额方面,前10%的人群拥有个人净财富总额的70%,而后50%人群的个人净财富份额不到2%。

表4-3 2008—2017年美国贫富差距情况

年份	税前国民收入份额				个人净财富份额			
	基尼系数	前1%	前10%	后50%	基尼系数	前1%	前10%	后50%
2008	0.569	0.181	0.438	0.139	0.824	0.331	0.694	0.011
2009	0.563	0.167	0.426	0.139	0.828	0.322	0.697	0.010
2010	0.573	0.177	0.439	0.135	0.834	0.333	0.709	0.009
2011	0.579	0.182	0.445	0.132	0.838	0.344	0.717	0.009
2012	0.586	0.193	0.456	0.130	0.842	0.357	0.726	0.009
2013	0.583	0.184	0.451	0.131	0.844	0.353	0.729	0.009
2014	0.589	0.189	0.457	0.128	0.843	0.359	0.729	0.010
2015	0.588	0.189	0.457	0.129	0.841	0.360	0.727	0.011
2016	0.587	0.186	0.454	0.128	0.839	0.357	0.722	0.012
2017	0.582	0.188	0.454	0.133	0.828	0.351	0.708	0.014

资料来源:世界财富与收入数据库。

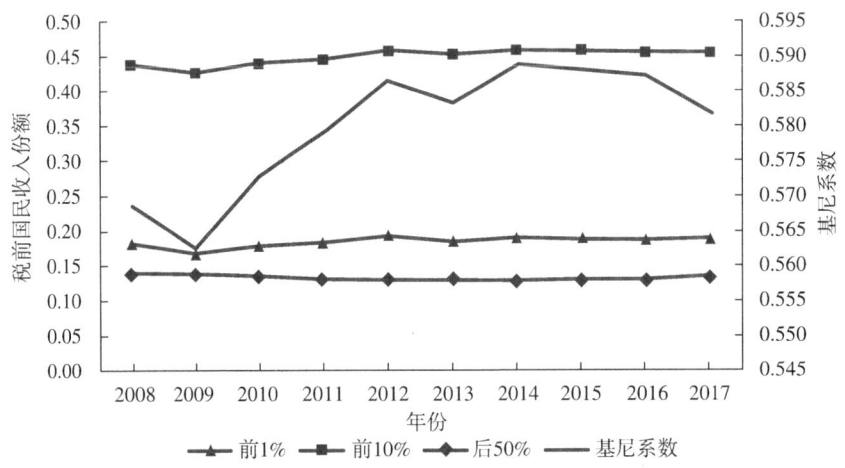

资料来源：世界财富与收入数据库。

图 4-6　2008—2017 年美国税前国民收入份额变化

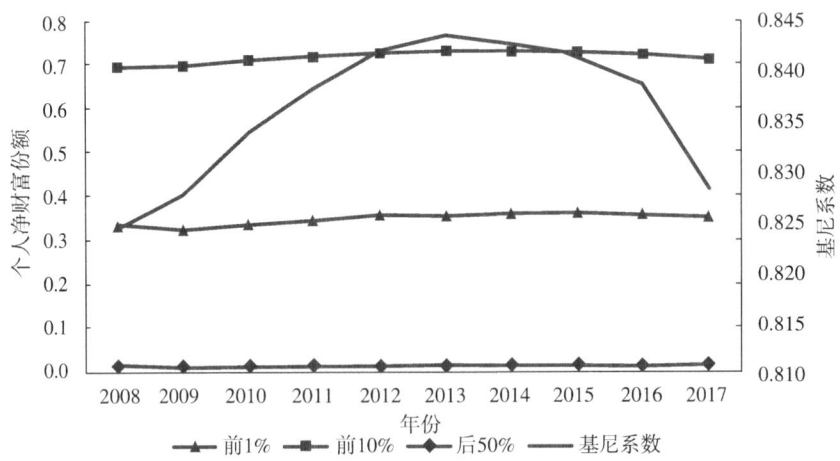

资料来源：世界财富与收入数据库。

图 4-7　2008—2017 年美国个人净财富份额变化

另一方面，产业转移还造成全球范围内贫富差距的扩大。发达国家跨国公司由于在全球价值链中掌控着上、下游两端具有较高附加值的生产环节，因此可以依靠企业战略与市场不对称权力获得超额利润回报，而对于来自缺少发展战略的发展中国家的供应商来说，由于缺少价值链中的议价权同时只能参与微笑曲线低端的加工组装环节,往往只能获得基于要素价格的报酬。这导致全球财富分配有利于发达国家,扩大了发达地区与不发达地区之间的贫富差距。如图4-8所示,根据世界不平等实验室发布的《世界不平等报告2022》,按购买力平价计算,2021年全世界底层50%人口仅占有不到2%的全球财富和8.5%的收入,而全球最富有的10%人口占有超过75%的私人财富和52%的收入,全球财富的不平等已达到"极端水平"。

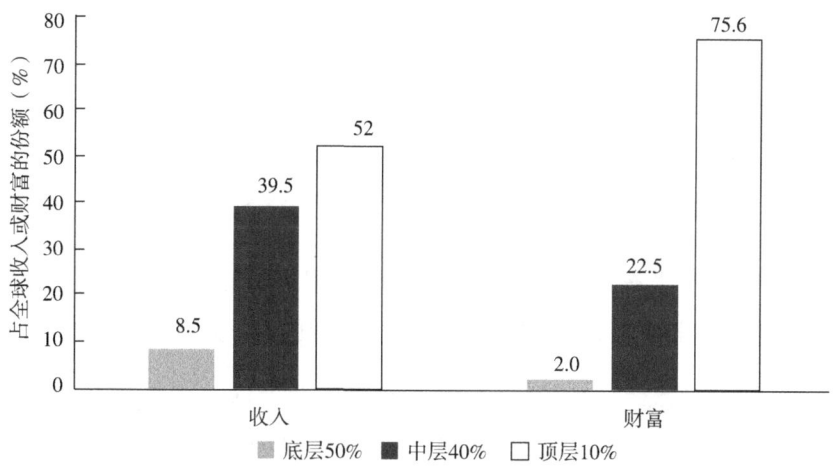

资料来源:《世界不平等报告2022》。

图4-8 全球收入和财富不平等情况

1980年以来,国家间的不平等随新兴经济体的崛起而逐渐缓和,但国家内部的不平等在加剧,不发达地区内部的不平等比发达地区更加严重。如图4-9所示,如今中东和北非、撒哈拉以南非洲以及拉丁美洲是世界上收入不平等情况最严重的地区,欧洲的平等水平最高。

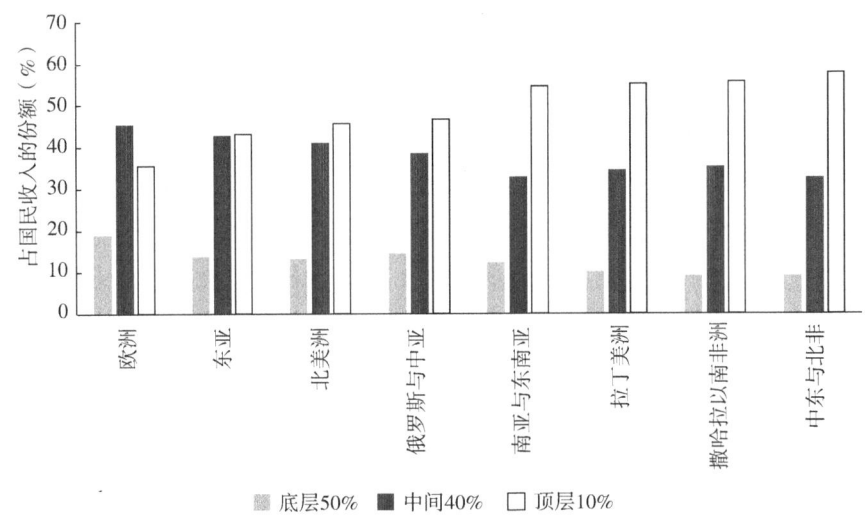

资料来源:《世界不平等报告2022》。

图4-9 2021年全球各大洲收入不平等情况

(二) 全球生产大循环加深了国家间的相互依赖关系,导致国家间的经贸关系逐渐失衡,经济冲击在国家间的传导日益频繁

一方面,虽然全球价值链的快速发展塑造了以"消费国-生产国-资源国"为核心链条的全球贸易循环格局,但经济全球化相比于全球治理的超前发展,也导致国际分工深化和细化造成并激化了一些国际与国内政治经济问题。以"中美国"关系为例,表面上看,中国与美国在全球价值链中各取所需,中国依靠美国庞大的出口市场拉动经济增长,美国则利用中国更为廉价的劳动力进行大规模生产。但正如史蒂芬·罗奇所言,双方通过满足对方需求来不断加深相互依赖关系并不一定是正确之事。[①] 全球价值链导致中国和美国在贸易与金融领域的失衡状态愈发极端,而这在一定程度上引发了2008年国际金融危机,也导致全球生产大循环难以实现可持续发展。如图4-10所示,在后金融危机时代,全球经济总量的年均增长率下滑至3%左右,低于金融危

---

① 史蒂芬·罗奇著,易聪、郑理、蒋博译:《失衡:后危机时代的再平衡》,北京:中信出版社,2014年版,第39页。

机前的平均水平。

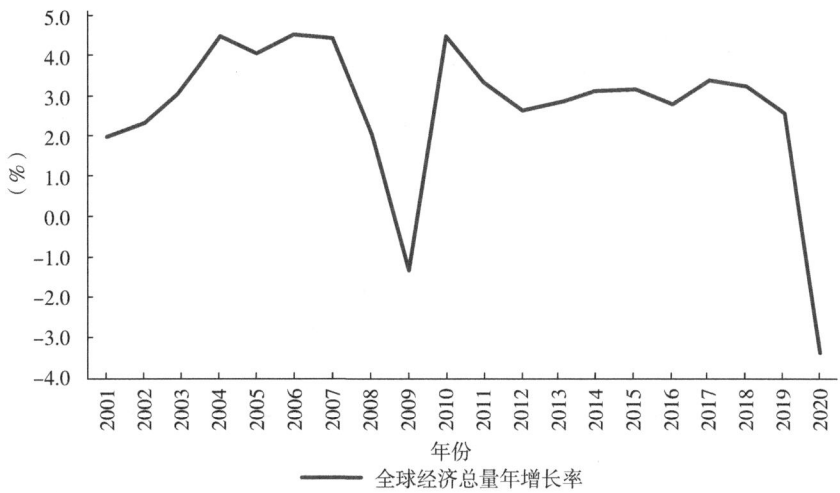

资料来源：世界银行《世界发展指标》数据库。

图 4-10 2001—2020 年世界经济增长趋势

另一方面，在"资源国-生产国-消费国"全球生产大循环中，发达国家作为需求中心，引导全球价值链的生产。当金融危机在美国爆发并沿着金融链条传导至欧洲市场后，全球市场的需求出现大幅萎缩。需求效应又迅速传导至供给端，导致以出口导向型发展战略和海外市场为主要经济增长源的新兴市场国家生产与出口停滞。此外，作为资源供给型国家这些新兴市场国家受到全球供给端冲击的影响，自然资源的出口需求与出口价格出现大幅下滑。这一系列因全球生产大循环引发的连锁效应导致金融危机对宏观经济的冲击由美欧国家迅速蔓延至其他新兴市场国家，进而引发全球范围内的经济下滑与停滞。图4-11显示了2001—2020年金砖国家经济增长趋势。

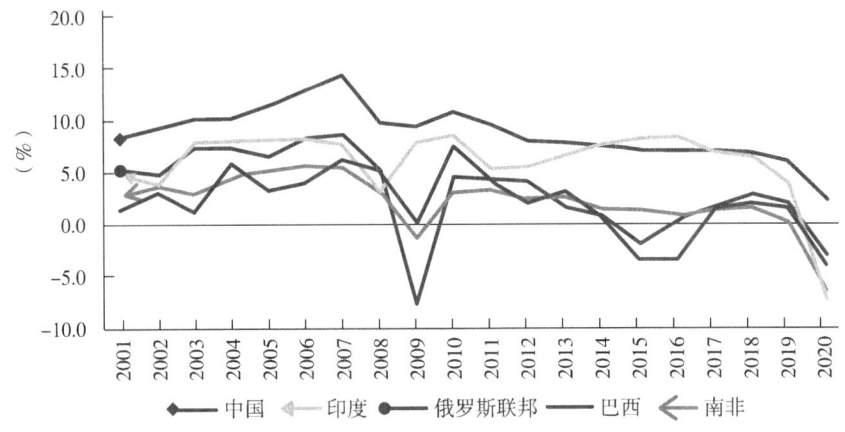

资料来源：世界银行《世界发展指标》数据库。

图 4-11 2001—2020 年金砖国家经济年增长率变化趋势

（三）多边贸易规则发展陷入停滞，发达国家与新兴市场国家面对经济复苏的压力，急需调整国际经济协调机制

《关贸总协定》（General Agreement on Tariffs and Trade，GATT）作为第二次世界大战结束后建立的重要多边贸易协调机制，对战后国际经济合作与国际贸易发挥了重要作用。如图 4-12 所示，《关贸总协定》成员在历经八轮谈判后，显著降低了彼此之间工业制成品贸易的关税壁垒。《关贸总协定》的成功，一方面源于发达国家主动寻求降低关税壁垒的贸易诉求，另一方面源于第二次世界大战后较高的关税水平，为降低关税提供了政策空间。然而，进入 21 世纪以来，由于制成品关税壁垒的下降空间较少、农产品关税壁垒较高、服务贸易规模大幅提升等因素的影响，发展中国家与发达国家在农产品关税、农业补贴和非农市场准入等问题上产生较大分歧，导致原本计划于 2001 年启动、2004 年结束的"多哈回合"谈判陷入僵局，加之受到国际金融危机的干扰，"多哈回合"直到 2013 年年底才实现一定突破。

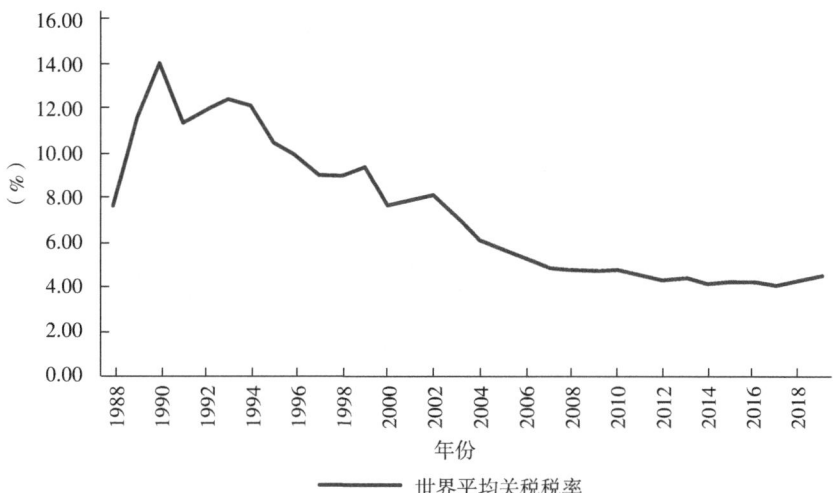

资料来源：世界综合贸易解决方案数据库。

图 4-12　1988—2019 年世界平均关税税率走势图

"多哈回合"陷入僵局也成为多边贸易协调机制步入慢轨的标志，促使各国寻求通过产业互补型更强或发展阶段同质性更高的区域贸易协定推进国际分工与区域生产体系的发展。经济学家也针对双边自由贸易协定与区域贸易协定数量增多的趋势，提出了"意大利面碗"效应[①]。多年来，经济学家就双边自由贸易协定与区域贸易协定对多边贸易体系的影响进行了激烈的探讨。但无论研究结果如何，区域贸易协定数量的增多通过贸易转移效应与替代效应引导全球生产大循环向区域生产体系变迁。图 4-13 显示了 1958—2022 年生效的区域贸易协定累计数量。

---

① J. N. Bhagwati, "US Trade Policy: The Infatuation with FTAs", *American Enterprise Institute Discussion Paper*, No. 726, 1995; R. E. Baldwin, "Multilateralising Regionalism: Spaghetti Bowls as Building Blocs on the Path to Global Free Trade", *World Economy*, Vol. 29, No. 11, 2006b, pp. 1451-1518.

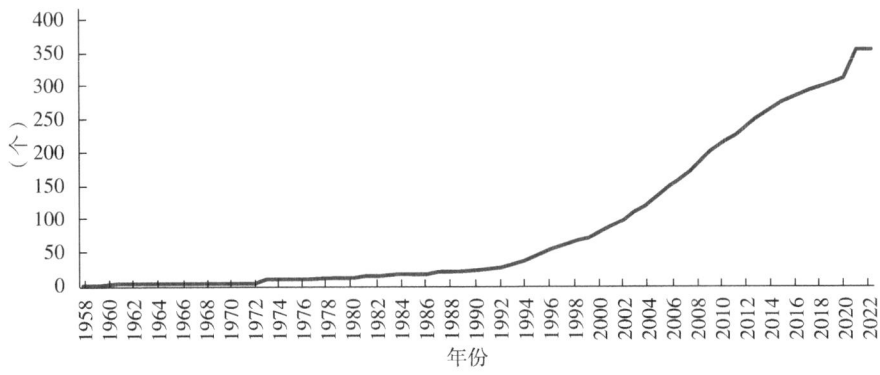

资料来源：世界贸易组织区域贸易协定信息系统。

图 4-13　1958—2022 年生效的区域贸易协定累计数量

二、全球价值链收缩调整期的主要特征

（一）国际贸易规模增速放缓

自 2008 年国际金融危机爆发至 2017 年，全球价值链进入收缩调整期。如图 4-14 所示，在贸易额增速方面，在 2011 年至 2018 年间，全球贸易额增速与全球实际经济增速的比例，由高速发展期的 2 倍以上滑落至 1.1 倍。

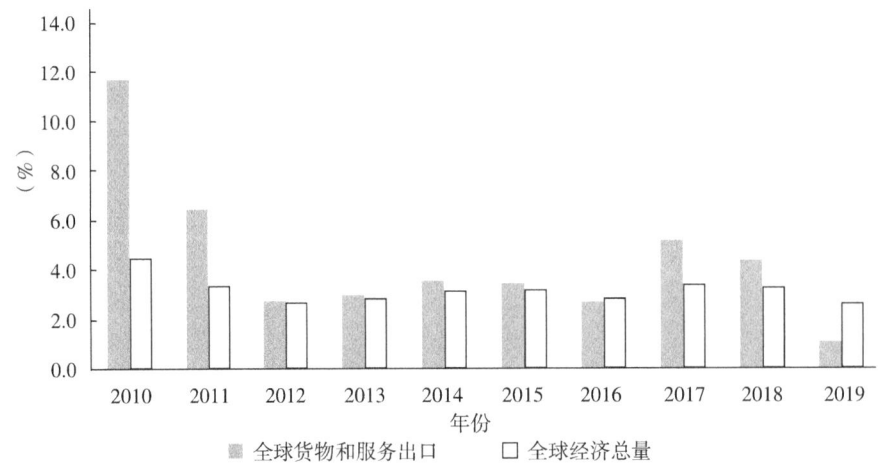

资料来源：世界银行《世界发展指标》数据库。

图 4-14　2010—2019 年全球贸易额年增速与全球经济总量年增速对比

当然，导致国际贸易增速放缓的原因兼具阶段性与结构性特征。阶段性原因主要表现为国际金融危机对国际贸易发展的抑制作用以及贸易保护主义势头的上升。结构性原因则表现为以中国为代表的新兴市场国家通过引进、消化和吸收发达国家跨国公司投资的技术和产能，使国内的产业结构与工业体系逐步完善。这使得一些原本需要进口的中间品逐渐转为本土化生产，降低了中间品的国际贸易规模，从而在一定程度上造成国际贸易额增速放缓。

（二）国家对全球价值链参与度增速降低

从各国对全球价值链参与度的变化看，自 2010 年起，无论是发达国家还是发展中国家，嵌入全球价值链的增长速度均出现大幅下降。如表 4-4 所示，2000—2010 年间，发达国家全球价值链参与度的平均增速达到 11%，而在 2010—2017 年间，这一数字滑落至 1%；发展中国家全球价值链参与度的平均增速也由 13% 滑落至 3%。

以上数据表明，全球价值链的发展在调整期基本陷入停滞，从总体规模看，国际分工与全球生产在这一时期没有出现大规模的深化和细化。

表 4-4 按地区分列的全球价值链参与率情况　　（单位:%）

	2017年全球价值链参与率占出口份额	全球价值链参与度平均增长率	
		2000—2010 年	2010—2017 年
发达国家	60	11	1
欧盟	65	12	1
美国	46	7	1
日本	48	9	0
发展中国家	56	13	3

续表

	2017年全球价值链参与率占出口份额	全球价值链参与度平均增长率	
		2000—2010年	2010—2017年
非洲	55	14	1
亚洲	59	14	4
东亚和东南亚	61	13	4
南亚	42	18	4
西亚	50	13	3
拉丁美洲和加勒比	41	11	1
中美洲	42	7	2
加勒比	34	9	0
南美洲	40	15	1
转型期国家	57	19	2
最不发达国家	41	15	2

资料来源：联合国贸易和发展会议《世界投资报告2018：投资与新工业政策》。

（三）全球生产体系结构出现变化

虽然国际分工程度未出现显著提高，但国际分工结构在这一时期出现了一定程度的变化。如果说全球贸易额与各国嵌入全球价值链程度趋于收缩和停滞，那么全球价值链的结构则处于一种动态调整的过程中。国际贸易多边主义协调机制自1995年"多哈回合"谈判后就步入慢速期，各国将更多的精力聚焦在推进区域经济一体化的进程中，这导致全球价值链逐渐呈现出美洲、亚洲、欧洲三足鼎立的国际分工格局。如图4-15所示,1980年,美洲、亚洲及欧洲的全球经济总量占比分别为30%、14%及26%;到了2017年,亚洲的份额已跃升至27%,与美洲的水平相当,欧洲的份额则降至16%左右。其中,美国和德国自全球价值链体系成立以来就一直是北美地区价值链和欧洲地区价值链的主导者。随着中国在经济总量与贸易总量方面超越日本,中国逐渐取代日本成为东亚区域价值链的主导者。从价值链的技术结构看,亚洲价值链实现了较为明显的区域产业升级,表现为亚洲高技术产业比重上升10%,低技术产业比重下降10%,中技术产业比重基本不变。①

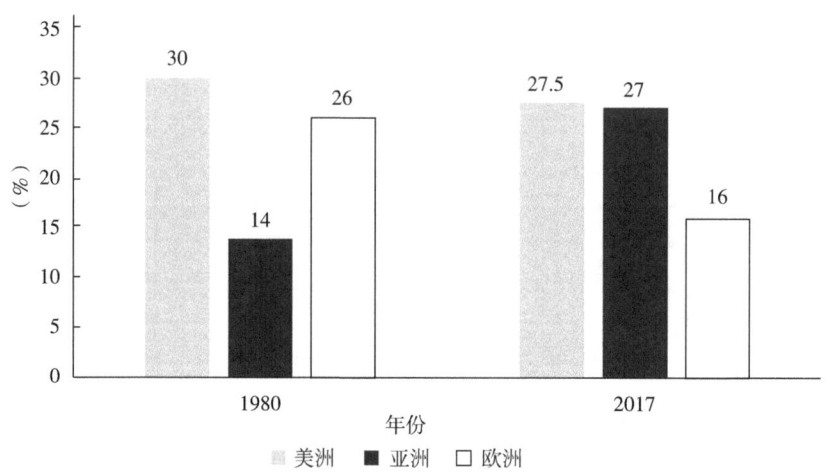

资料来源:世界银行《世界发展指标》数据库。

图4-15 美洲、亚洲、欧洲占全球经济总量份额

(四) 中国与全球生产体系的相互依存度出现变化

受到外部冲击影响,中国在2008年国际金融危机后愈发强调自主

---

① 张茉楠:《博弈:全球价值链变革下的中国机遇与挑战》,杭州:浙江大学出版社,2020年版,第7页。

创新与开拓本国消费市场，试图摆脱对外部经济环境的过度依赖。随着中国企业逐步实现产业升级以及国民收入水平的稳步提升，中国企业逐渐从低端产业分工转向部分中高端产业分工，中国消费市场规模的扩大也让跨国公司对中国的态度从传统的"世界工厂"转换为兼具生产功能与消费功能的枢纽国，促使更多在中国生产的最终品被直接投入中国消费市场之中。这些变化导致中国对全球价值链的依赖度逐步降低，而世界市场对中国的依赖度则逐步提高。如4-16所示，在贸易、技术和资本方面，中国对世界经济依存度指数由2007年的0.9下降至2017年的0.6，而世界对中国经济的依存度指数则由2007年的0.7提升至2017年的1.2。

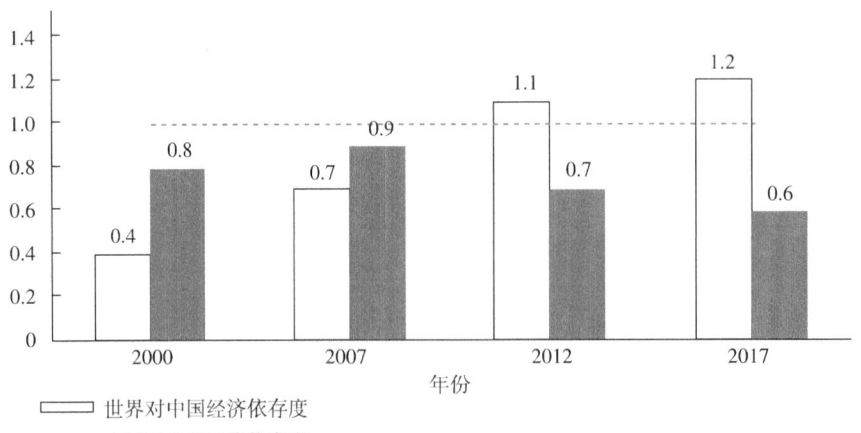

资料来源：麦肯锡全球研究院《中国与世界：理解变化中的经济联系》。

图4-16 中国-世界依存度指数（贸易、技术和资本）

第三节 全球价值链重构期（2018年至今）

从2018年开始，受多种因素的综合影响，全球价值链进入重构期。全球价值链重构的定义与划分方式、时代背景和主要特征是这部分讨论的重点内容。

一、全球价值链重构的定义与划分方式

学界对于全球价值链重构的定义与划分方式尚未统一。一种观点将2008年国际金融危机发生后的阶段视作全球价值链重构时期，这种观点主要基于金融危机对全球价值链结构、国际贸易规模与国家对全球价值链参与度的影响得出，反映了后金融危机时代全球价值链的发展特征。另一种观点将2018年开始的中美贸易摩擦视作全球价值链重构的起点，这种观点主要关注大国竞争与贸易保护主义对全球价值链的重构影响。此外，还有一些学者将新冠肺炎疫情大流行当做全球价值链重构的起点，侧重分析新冠肺炎疫情对全球价值链的阶段性与长期性影响。考虑到对全球价值链重构定义与划分方式的多样性，在此有必要对本书的划分逻辑进行说明。

本书将自2018年至今的这段时期视作全球价值链的重构期，基本沿用了第二种定义方法，做出这种划分方式主要基于三点原因。

第一，2017年12月，《美国国家安全战略报告》首次将中国称作美国的"战略竞争对手"，自此，中美正式步入大国战略竞争时期，经济发展与产业分工成为中美两国战略竞争的核心领域。美国政府开始频繁采取各类行动试图"规锁"中国经济及中国跨国企业，具体措施包括：发动贸易战、实施科技制裁、对关键技术采取出口管制、对中国产品进行市场封锁、干扰国际多边贸易机制的正常运行、调整区域经济合作模式等。这一系列行为不仅对中美经贸关系产生深刻影响，而且对全球价值链引导下的全球生产体系与国际分工格局造成严重干扰。由于本书将中美战略竞争当作核心研究背景，关注中美战略竞争对全球价值链的影响，因此，本书将2018年至今这段时期视作重构期。

第二，自2018年中美战略竞争开启后，全球价值链的发展逻辑与经济全球化的发展理念产生重要变化。在2008—2017年间，全球价值

链出现阶段性收缩调整,但这种变化主要是由市场与国家基于经济发展考虑对国际金融危机作出应对而引发的结果,经济全球化与自由贸易理念并未出现改变。然而,自2018年起,以美国为代表的一些国家受国内社会矛盾加剧、国际实力对比变化等因素影响,以地缘政治经济利益为中心,采取贸易保护主义手段与具有"逆全球化"特征的经济政策,干扰全球价值链的正常运行,尝试对既有全球生产体系与国际分工格局进行重构。因此,2018年以来影响全球价值链变迁的主要因素与2008—2017年影响全球价值链的因素存在本质上的不同,应该把这一阶段单列出来进行分析。

第三,2020年在全球范围内暴发的新冠肺炎疫情与近年来不断提速的第四次工业革命不是此轮全球价值链重构的决定性因素,而是辅助性因素。国际上有学者提出,新冠肺炎疫情实际上成为已有趋势的"放大镜"和"催化剂",换句话说,新冠肺炎疫情大流行加快了既有全球价值链重构的趋势,加剧了既有全球价值链重构的程度。①

二、全球价值链进入重构期的加速器

中美战略竞争、第四次工业革命和新冠肺炎疫情可以概括为"一条主线、两条辅线"②,是全球价值链进入重构期的加速器。

(一) 一条主线:中美战略竞争

一条主线代表中美战略竞争,是全球价值链重构的核心驱动因素。中国与美国作为世界前两大经济体,在经济规模上对全球价值链具有重要影响力,同时两国在全球价值链中的产业互补与高度依赖关系,

---

① 克劳斯·施瓦布、蒂埃里·马勒雷著,世界经济论坛北京代表处译:《后疫情时代:大重构》,北京:中信出版集团,2020年版,第XV页。
② 徐奇渊将中美博弈视角下的全球产业链重构概括为"一条主线,三条辅线",主线为中美博弈,辅线为数字技术、疫情冲击和气候变化。本书认为,数字技术与气候变化均为第四次工业革命新兴技术重点关注的发展领域与关键问题,因此将这两条辅线合并为第四次工业革命加速推进这一条主线。参见徐奇渊、东艳等:《全球产业链重塑:中国的选择》,北京:中国人民大学出版社,2021年版。

也是全球价值链形成和发展的关键因素。但随着中国企业逐步实现产业升级，中美产业关系由过去的"低端-高端"互补型，逐渐转向"低端-高端""高端-高端"互补竞争混合型，这导致中美两国在高科技产业层面的竞争趋于激烈。高科技产业发展具有高度复杂性特点，产品的研发与生产需要依赖多国之间的分工合作才能完成，使其成为最依赖全球价值链分工格局的产业领域。自2017年起，中美之间出现的经贸摩擦以及美国采取的"去中国化"与"精准脱钩"行为均对既有全球价值链造成重大影响，因此将其视作最重要的主线。

（二）两条辅线：第四次工业革命与新冠肺炎疫情

两条辅线分别指代第四次工业革命的加速推进与新冠肺炎疫情大流行。首先，第四次工业革命从生产力与生产关系层面深刻影响全球价值链重构。自2011年起，包括德国、美国、日本在内的发达国家，以及以中国为代表的新兴市场国家陆续推出聚焦数字化、智能化、绿色化的创新政策与产业政策，试图在第四次工业革命中占据领先地位。一方面，领跑技术研发的企业与国家将在全球价值链中获得主导权，从而深化或改变既有的全球财富分配机制。另一方面，新技术的出现与应用，将有可能如同历次工业革命及20世纪90年代初互联网与移动通信技术实现突破一样，深刻改变全球生产结构与分工模式，从而对全球价值链体系进行重构。

其次，新冠肺炎疫情从国际分工理念和跨国公司经营战略层面影响全球价值链重构。新冠肺炎疫情对各主要经济体的国际经贸活动造成干扰。一方面，各主要经济体为了遏制疫情纷纷出台严格的边境管控政策，对全球价值链的重要表征——中间品贸易造成严重干扰，无论是中低端日用品还是中高端科技产品均面临不同程度的"断供"。另一方面，不同国家与地区的疫情状况存在差异化发展特征，对生产国际化造成不同影响。以波罗的海干散货运价指数①为例,如图4-17所示,新冠肺炎疫情严重干扰全球供应链正常运转并造成国际运输劳动力的供给不足,导致波罗的海干散货运价指数于2021年第三季度大幅跃升,相比2021年年初水平提升超过4000点,创下自2008年国际金融危机以来的最高纪录。

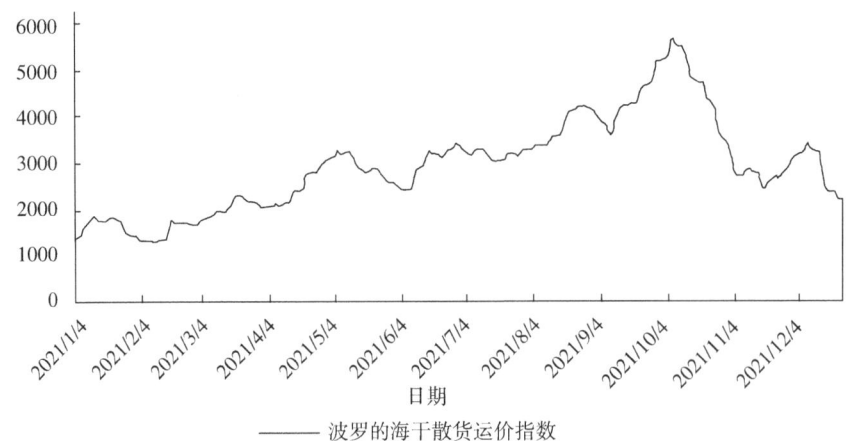

资料来源:东方财富Choice数据库。

图4-17 2021年波罗的海干散货运价指数走势

此外,考虑到疫情的周期性与不确定性等特点,跨国公司很有可能改变既有的"效率至上"生产战略,逐渐转向生产网络多元化战略,而这将对全球价值链结构与发展理念产生重要影响。②

三、全球价值链重构期的主要特征

(一) 贸易摩擦扭曲全球价值链

自2017年起,美国政府以贸易失衡、维护国家安全等为由,从国

---

① 波罗的海干散货运价指数(Baltic Dry Index, BDI) = 1/3 * 波罗的海海岬型指数(BCI) + 1/3 * 波罗的海巴拿马指数(BPI) + 1/3 * 波罗的海轻便型指数(BSI) 。
② 史丹、余菁:《全球价值链重构与跨国公司战略分化——基于全球化转向的探讨》,载《经济管理》,2021年第2期,第5—22页。

家层面对从中国进口的产品提高关税、对中国的出口产业进行反倾销调查、质疑中国在世界贸易组织规则中的市场经济地位,从企业层面对中国高科技企业进行贸易制裁、实施技术出口管制,这些行为是大国竞争时代下中美双边经贸关系愈发紧张的缩影,同时也成为影响全球价值链重构的重要动因。

在贸易摩擦方面,2018 年,时任美国总统特朗普将中美两国之间的贸易失衡作为挑起贸易摩擦的借口。美方称,2018 年美国对中国的贸易逆差为 8913 亿美元。在此背景下,从 2017 年 8 月至 2018 年 8 月间,美国政府先后动用"301 调查""232 调查"等政策手段,对超过 600 亿美元、包括钢铁和铝产品在内的中国出口商品加征 25% 的进口关税,中美贸易战正式打响。自此之后,中美两国政府之间虽然进行了多达十轮的经贸磋商谈判,但并未取得显著成效。2019 年 6 月,美国单方面宣布对 2000 亿中国输美商品加征 25% 的关税,中美贸易摩擦进入白热化阶段。从影响机制看,美国对关税政策的使用,主要通过贸易转移、投资转移和产业转移的方式对全球价值链重构施加影响。

(二) 高科技竞争中断全球供应链

高科技产业竞争及其引发的科技制裁是中美战略竞争的核心地带,美国的根本意图是阻止中国企业在全球价值链中实现产业升级,通过将中国"规锁"在中低端分工区域,阻止中国与美国在全球创新链与高端制造领域展开竞争,这一行为显然违背了过去 30 年全球价值链发展中的市场导向模式,干扰了全球价值链的正常运行。中美科技竞争主要从高端中间品采购和信息流动两个层面对全球价值链重构产生影响。

在高端中间品采购方面,美国对中国高科技企业的限制主要体现在半导体与芯片领域。如图 4-18 和图 4-19 所示,2020 年全球集成电路出口总额突破 9600 亿美元,占全球货物出口贸易总额约 5.0%。

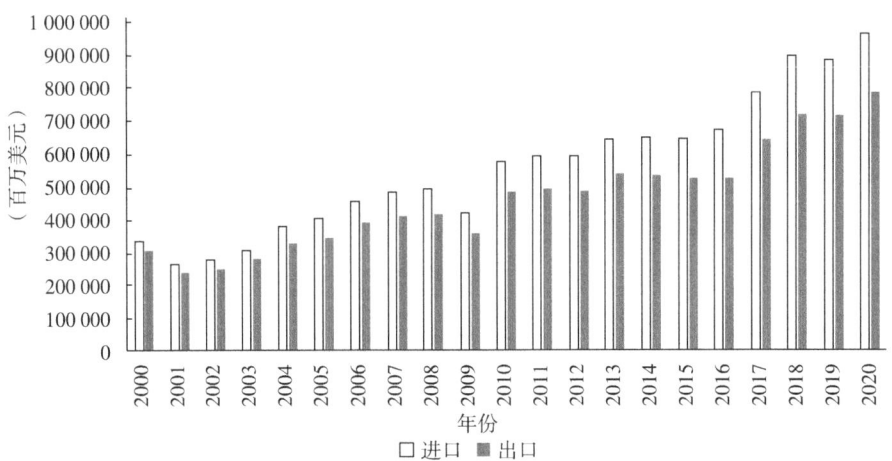

资料来源：世界贸易组织统计网站。

图 4-18　2000—2020 年全球集成电路及电子元件贸易额

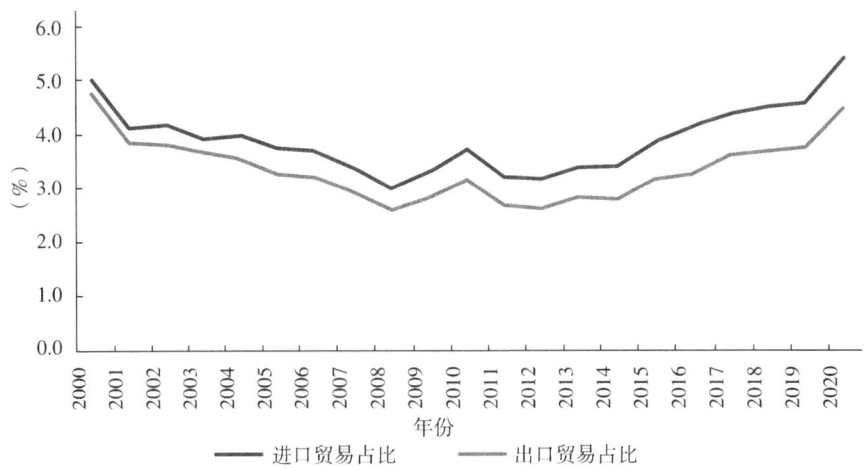

资料来源：世界贸易组织统计网站。

图 4-19　2000—2020 年全球集成电路及电子元件的全球货物贸易占比

半导体因其技术复杂性、生产多工序性特征，被视为全球价值链分工发展最充分、价值链条最长的产品。半导体产业分为上游和下游生产环节，上游环节主要为芯片设计、晶圆制造，下游环节主要为芯片封装与测试等。中国是全球最大的半导体消费市场，如图 4-20 所示，2020年中国市场占全球市场规模约34%，而美国的全球市场规模占比为21%。

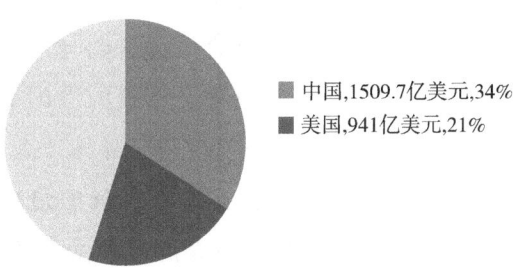

资料来源：《2021—2026年中国半导体产业战略规划和企业战略咨询报告》。

图4-20　2020年中美半导体产业市场需求规模

同时，中国在半导体产业高度依赖美国上游环节提供的技术与设备，主要从事组装和封装测试等下游劳动密集型生产环节。如表4-5所示，2017年，中国从全球进口的集成电路价值总额超过2000亿美元，美国对中国的集成电路贸易顺差突破90亿美元。2017年至2021年间，在集成电路产业中国对美国以及中国对世界的贸易逆差规模不断提高，体现中国市场对集成电路的需求不断提升。

表4-5　2017—2021年中国与世界、美国的集成电路贸易额（单位：亿美元）

年份	中国-世界集成电路贸易			中美集成电路贸易		
	总进口	总出口	逆差	从美国进口	对美国出口	逆差
2017	2611.6	672.0	1939.6	102.1	11.9	90.3
2018	3129.5	850.4	2279.2	120.2	14.3	105.9
2019	3064.0	1021.0	2042.9	135.7	9.6	126.1
2020	3522.3	1183.8	2338.5	143.5	9.8	133.8
2021	4351.2	1566.5	2784.7	157.4	14.7	142.7

资料来源：海关总署、海关统计数据在线查询平台。

近年来，中国在半导体设计与制造环节逐步实现产业升级，部分企业跨入中高端生产环节。同时，在第四次工业革命的时代背景下，中国在诸如5G、新能源汽车、人工智能、智能制造等领域与美国展开激烈竞争，而半导体是这些产业发展的关键基础与核心底层架构。为了阻止中国企业在全球价值链上实现攀升，美国以国家安全为由，通过出口管制与制裁的方式限制美国公司将与半导体产业相关的零部件、制造设备、软件或技术出口给部分中国企业。其中最典型的要数美国对华为公司的"断供"。华为是全球最大的芯片采购方之一，2018年华为支付了超过1500亿元用于采购芯片产品，接近华为对供应商总支付金额的四分之一。美国对华为公司的制裁导致华为无法向美国供应商采购所需芯片，而这一采购规模接近全球芯片总销量的4%，势必会对全球半导体供应链造成冲击。对此，全球价值链重构将从两个方向进行。第一，美国通过"断供"的方式，切断中国企业的产业升级之路；第二，中国企业通过自主研发的方式构筑本土半导体价值链，突破美国科技封锁。

在信息流动方面，美国竭力阻止中国企业对美国本土的高新技术企业实施并购，并通过改革美国外资委员会（CFIUS）的方式，从制度层面收紧中国跨国公司对美国的直接投资行为，这一举措将对全球价值链中的技术创新环节造成重构影响。信息与知识流动是全球价值链发展的重要组成部分，美国对资本流动的限制将影响全球价值链的技术研发布局。过去，美国跨国公司依靠强大的技术创新能力成为全球创新链的核心，美国在技术研发环节存在比较优势。2008年国际金融危机爆发后，中国企业选择通过出海并购的方式获取发达国家的先进技术，利用对外直接投资的方式实现产业升级。美国对中国投资的限制将迫使中国企业放弃通过市场化操作获取前沿创新资源的渠道，中断了全球创新链的市场运作机制。未来，中国企业若可以实现自主创新，将可能造成世界经济对中国更高程度的依赖性。如同国际金融危机后更多的中高端中间品由进口转为本土生产一样，未来中国有可能在研发、生产与市场销售三段均实现较高程度的自主可控。

总之,中美战略竞争扰乱了全球价值链的正常运转,从制度层面对全球价值链施加了一种重构的外力,这种外力均对全球价值链低、中、高三端生产环节的发展构成重大影响。

(三) 第四次工业革命提速从分配关系角度加剧重构趋势

在中美战略竞争背景下,第四次工业革命的提速将对全球价值链的中高端和中低端分工格局进行重构,进而影响全球财富分配。

在中高端方面,以5G、物联网、新能源汽车、人工智能、生物技术、航空航天为代表的技术革命将对全球创新链产生革命性影响。过去,欧美国家长期垄断技术创新优势,发展中国家主要依靠劳动密集型产业嵌入全球价值链。随着新技术的出现,以中国为代表的新兴市场国家在技术研发端的实力不断提升。2021年,中国在全球专利申请数量方面已经超越美国,在人工智能和深度学习领域的专利申请数量也领先美国。第四次工业革命因其具有创造性破坏的特征,使得包括中国在内的新兴市场国家可以摆脱传统领域技术标准与知识产权的束缚,通过引领技术革命与主导技术标准,有望嵌入全球价值链的中高端价值链分工领域。此外,由于第四次工业革命在技术竞争与财富分配方面的巨大影响力,包括中国、美国、日本、德国、欧盟在内的国家和地区都在不断强调技术主权与自主创新,并推出配套创新政策与产业政策。从历史沿革看,历次产业革命的爆发都会重塑国际分工格局与国家分工地位,本次产业革命也将从创新链重塑价值链分工格局。

在中低端产业方面,第四次工业革命的爆发为发达国家制造业回流提供了契机。在全球价值链快速发展时期,发达国家受到劳动力成本上升和人口老龄化的影响,将劳动密集型制造业转移至发展中国家生产。随着国际金融危机的发生以及新冠肺炎疫情的出现,制造业外迁造成的社会矛盾以及本土供应链在自然灾害发生时缺乏韧性的问题,促使发达国家考虑将制造业回迁本土。随着传感器、机器人、3D打印等智能制造技术的快速发展以及5G、工业物联网在内的通信技术快速迭代,将制造业回迁本国将在经济效率方面成为可能。美国有学者提出,依靠智能制造技术,美国可以通过"变形制造"(metamorphic manufacturing)的新型生产方法让制造业工厂回流本土。[①] 未来,数字化技术与工业生产的结合将整合创新与制造环节,存在价值链条长度缩短的可能。此外,机器人技术并非只能以替代人类生产的方式出现,机器人可以通过协作的方式极大提升单位劳动力的生产能力。当发达国家劳动力借助机器人的生产效率(单位时间内劳动产出价值/生产成本)高于发展中国家劳动力的生产效率时,制造业将会回流至发达国家,将对发展中国家参与全球价值链造成挑战。[②]

第四次工业革命因其对产业结构与财富分配方式具有重大潜在影响力,使其成为影响全球价值链重构的一条辅线。特别是在中美战略竞争愈发激烈的时代背景下,第四次工业革命将不仅从技术发展层面对全球价值链重构施加影响,科技制裁、技术标准政治化等因素也将结合产业创新对全球价值链重构造成影响。

(四)新冠肺炎疫情大流行从供应链安全角度加剧重构趋势

2020年暴发的新冠肺炎疫情从国家供应链安全与跨国公司供应链韧性层面对全球价值链重构产生影响。

从宏观层面分析,高强度的边境隔离与跨境流动管控政策对深度参与全球价值链经济体的供应链安全提出重大挑战。全球价值链让各国的专业化分工不断深化和细化,比较优势的动态调整导致大多数国家放弃了全产业链国家生产体系。中国是全球唯一拥有全工业门类生产能力的国家,除中国外,深度参与全球价值链分工的国家往往将不

---

① G. S. Daehn and A. Taub, "Metamorphic Manufacturing: The Third Wave in Digital Manufacturing", *Manufacturing Letters*, 15, 2018, pp. 86—88.
② 保罗·多尔蒂、詹姆斯·威尔逊著,赵亚男译:《机器与人:埃森哲论新人工智能》,北京:中信出版集团,2018年版。

具有比较优势的产业迁移至其他国家。新冠肺炎疫情的暴发造成边境封锁，扰乱了全球生产体系与全球运输网络的正常运行，造成一些国家内出现生活必需品或抗疫物资的严重短缺，进而引发社会恐慌或通货膨胀等次生问题。例如，在疫情暴发初期，以口罩和呼吸机为代表的医疗器械成为全球稀缺物资，很多国家出现医疗物资短缺现象，甚至造成国家间的恶意争抢事件。2021年后，美国劳动参与率出现下降，导致没有足够的劳动力来维持供应链的正常运行，美国国内物价也随之暴涨，可从图4-21美国2021年各月份通货膨胀率走势中看出这一点。在此背景下，包括美国政府在内的多国政府强调需要确保具有国家安全性质产品的本土供应能力。考虑到疫情的常态化趋势以及未来潜在自然灾害的影响，以美国为代表的发达国家将通过产业政策手段促使制造业回流，这将造成全球价值链分工程度降低。

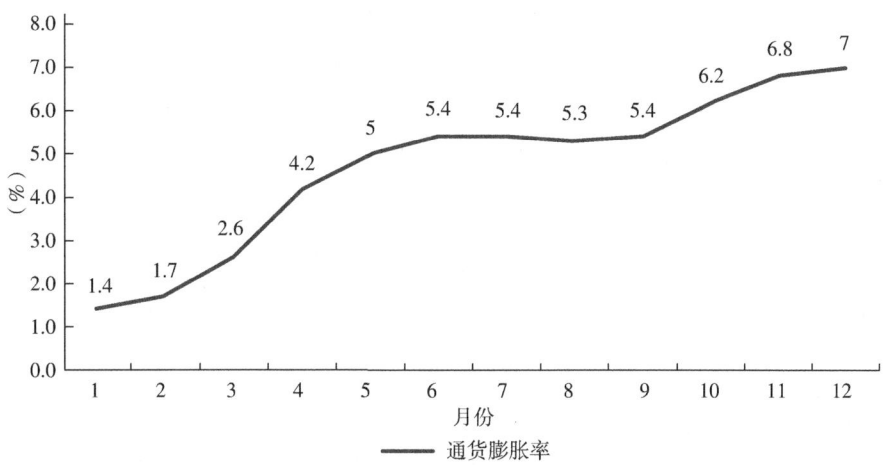

资料来源：美国劳工部统计局。

图4-21　2021年美国通货膨胀率走势

从微观层面分析，新冠肺炎疫情对过去30年跨国公司形成的战略发展理念形成挑战。在疫情发生出现前，全球制造业发展高度依赖全球供应网络，各类产品依托全球供应链在全球范围内研发、设计、生产、组装后，销往各地市场。

一方面，基于比较优势与规模效应原理，跨国公司偏好将一些生产环节配置在同一国家或地区生产，从而可以享受产业集群带来的规模优势。当某国出现疫情时，被迫停工停产，这导致跨国企业在全球生产网络中的某个生产环节停摆，零部件出现"断供"现象，导致上游中间品库存堆积、下游最终品无法生产的阻断现象。

另一方面，为了能够尽量降低库存成本、实现利润最大化目标，跨国公司纷纷效仿20世纪90年代末以丰田、戴尔为代表的跨国企业创造的"即时生产制"（JIT）。"即时生产制"是指跨国公司在客户下达采购指令后，以最短的时间通过价值链分工生产产品并交付到客户手中。这种生产机制要求跨国公司依托的全球供应链具有强大韧性，不得出现任何差错。边境隔离政策、零部件"断供"、市场需求波动性增强等因素对高度依赖全球供应链的"即时生产制"提出挑战。遭受"断供"危机最为频繁和剧烈的产业往往是全球价值链分工最充分、生产国际化程度最高的产业，例如汽车和半导体。

以汽车产业为例，疫情暴发后，全球汽车需求急剧下降，出于利润考虑，全球汽车厂商大幅减少汽车芯片采购订单，导致芯片厂商转而承接更多的消费类电子订单。让人意想不到的是，2020年下半年汽车市场需求逆势反弹，然而汽车芯片产量却无法迅速提高，这导致包括通用、丰田、大众在内的传统造车企业，以及包括特斯拉、小鹏、蔚来在内的造车"新势力"均面临频繁的"断供"现象。据统计，2021年上半年，"缺芯"问题导致全球汽车厂商累计减产300万辆。[①] 2021年8月，马来西亚暴发大规模疫情，迫使当地半导体封装厂停工。马来西亚是全球重要半导体封测产能所在地，约占全球封测产能的13%。这一事件迫使包括丰田、大众在内的车企宣布进一步减产，导致2021年全球汽车减产预估值提高至700万辆。

新冠肺炎疫情导致跨国公司的管理战略从效率至上转向更加强调

---

① 翟少辉：《"缺芯风暴"下半场》，载《财新周刊》，2021年第37期，第5页。

供应链韧性。一方面，以特斯拉为代表的高新技术企业通过依靠数字化技术强化了原有供应链韧性，以数字技术应对疫情挑战。另一方面，对于大多数跨国公司而言，多元化投资与布局可能是最合适的选择。未来更多企业将通过全球分散化、多元化布局的方式对冲疫情带来的地缘风险，同时提升零部件库存数量，用于应对不确定性灾害。跨国公司的分散化布局将提升全球价值链分工的参与程度，同时，考虑到需求的重要性与生产的灵活性，跨国公司很可能将更多产能投资在以中国为代表的全球重要市场。

第四节　本章小结

第一，进入20世纪90年代，随着世界政治格局剧变和经济全球化快速发展，作为世界经济和国际关系行为主体的跨国公司和民族国家推动了全球商品链向全球价值链的演进。全球价值链是经济全球化进程中在国际贸易和国际生产乃至全球分配体系层面出现的重大变化，是跨国公司在全球配置资源的战略选择的重要产物。20世纪90年代以来，随着国际分工进一步细化以及经济全球化的发展变化，全球价值链经历了快速发展、收缩调整和重构三个发展时期。

第二，20世纪90年代以来，科技革命的深化、国际分工的细化、全球范围的市场化和冷战结束等因素共同推动了经济全球化的加速发展。在这一时代背景下，以全球价值链为核心的国际生产体系成为21世纪初经济全球化高速发展的关键产物。这一时期，国际贸易结构和规模发生了显著变化，跨国公司内部分工和内部贸易成为国际分工和国际贸易的主要形式，发达国家与发展中国家对全球价值链参与度大幅提升，构筑起"资源国-生产国-消费国"全球贸易大循环。

第三，2008年国际金融危机的爆发是全球价值链进入收缩调整期的重要原因。导致危机爆发的原因是复杂的，但危机爆发后更多问题浮出水面，诸如全球贫富差距扩大、全球生产大循环失调、国家间相互依存度提升在一定程度上加剧了国际金融危机对全球生产体系的冲击。国际贸易增速放缓、国家对全球价值链参与度增长陷入停滞，以及区域贸易协定数量增多导致全球价值链由全球大循环解构为区域价值链是这一时期最重要的表现特征。中国依靠引进、消化、吸收外资先进技术，以及通过强调自主创新与开拓本土消费市场的供需战略使得中国对全球价值链的依赖度有所下降，而全球价值链对中国的依赖度则有所提升。

第四，中美战略竞争、第四次工业革命和新冠肺炎疫情这"一条主线、两条辅线"成为全球价值链进入重构期的加速器。在经济全球化发展理念由市场效率至上转向兼顾财富增长与国家安全的基础上，国际制度环境的变化和新兴技术的规模化与产业化从生产关系与生产力两个层面共同造成全球价值链走向重构。

第五章 全球价值链重构的基础

20世纪90年代以来，跨国公司的迅猛发展使其成为与民族国家并列的国际政治经济体系的行为主体。一方面，依靠强大的资本、技术和管理等优势，跨国公司在经济全球化进程中直接参与生产国际化进程，是全球价值链的核心参与者。另一方面，依靠国际政治经济体系中的规则主导力，以美国为代表的民族国家通过塑造国际制度主导生产国际化进程，是全球价值链的关键塑造者。从20世纪90年代至中美贸易战爆发，全球价值链经历了快速发展和收缩调整阶段。此后，随着中美战略竞争升级、第四次工业革命不断推进和新冠肺炎疫情暴发，全球价值链进入重构阶段。接下来需要探究的是，超级跨国公司在国际生产体系中掌控的结构性权力和民族国家在国际政治经济体系中掌控的结构性权力及其相互关系怎样构成了全球价值链重构的基础。

第一节 跨国公司的结构性权力

本节主要对跨国公司特别是超级跨国公司在全球价值链中的结构性权力进行研究。第一，对超级跨国公司进行概念界定。第二，对全球生产体系中的权力特征演变进行梳理，并在此基础上提出全球价值链中的结构性权力。第三，对跨国公司结构性权力的使用目的、途径及特征进行分析。

一、超级跨国公司

(一) 概念界定

超级跨国公司指在技术、金融、信息、知识等领域依靠高度垄断性占有某种经济资源从而获得全球价值链"节点"位置的跨国公司。20 世纪 90 年代以来，全球价值链逐渐成为全球生产体系的重要表现形式，是一种具有跨国属性的生产组织模式。在全球价值链分工格局中，商品的生产被切割为数道工序，并按照时序在不同国家采取碎片化生产组织模式。在生产过程中，中间品贸易取代最终品贸易，成为国际贸易中最重要的组成部分。基于产品内分工模式，跨国公司对全球生产进行统筹安排与战略规划，东道国的本土供应商、跨国公司子公司将在跨国公司总部的协调下进行模块化生产，跨国公司成为全球价值链中最重要的经济主体和生产国际化主导者，跨国公司对特定经济资源的垄断水平与财富创造能力决定了母国的产业竞争力，同时，跨国公司通过对外直接投资或离岸外包进行国际化生产，在经济发展、社会文化、自然环境等方面对东道国产生重要影响。

超级企业指占据全球供应链、产业链、价值链关键"节点"的企业。[①] 超级企业的核心特征是垄断占有或控制某种重要的经济资源，例如，通用电气、苹果、英特尔对不同产业中的关键性技术资源具有高度垄断特征，一些大型国际银行、主权财富基金拥有对金融资源的国际垄断能力，信用评级公司、咨询公司拥有对知识资源的垄断能力，谷歌、脸书拥有对信息平台资源的垄断能力。在经济全球化高度发展的时代背景下，在世界市场中对某种经济资源拥有垄断属性，意味着

---

① 李巍：《把"超级企业"找回来——理解大国战场的"新士兵"》，山东大学东北亚学院第十三期知识讲堂，2021 年 11 月 25 日。

超级企业将在全球生产体系中掌控一定的结构性权力。因此，本书借鉴超级企业的定义，提出超级跨国公司这一概念，指在技术、金融、信息、知识等领域依靠高度垄断性占有某种经济资源从而获得全球价值链"节点"位置的跨国公司。

（二）超级跨国公司的"超级"并非体现在企业规模方面

超级跨国公司的"超级"并非体现在企业规模方面，而是反映在供应链、产业链、价值链的主导力上，它源于企业对某种稀缺经济资源的垄断控制力。因此，超级跨国公司不仅可以是一些规模庞大的跨国公司，例如全球财富500强中的部分企业；同时也可以是那些规模虽小，但在一些核心生产环节具有极高知识壁垒的专精特新"小巨人"企业[①]。甚至在一些情况下，"小巨人"企业在大型企业的价值链分工中具有强大的结构性权力，大型企业不得不服从于"小巨人"企业主导的生产条件和制度安排。

例如，荷兰的阿斯麦尔公司（ASML）就是一家在半导体产业链中的"小巨人"式超级跨国公司。芯片是信息时代的工业基础，是几乎一切信息科技革命产物的技术载体。从全球价值链视角分析，半导体产业很可能是目前最具代表性的产业。据估算，从沙子到芯片，前后需经历上百道生产工序，而由于芯片各生产环节具有不同的要素密集型特征，同时生产技术极度复杂，使得几乎所有芯片都是通过多国企业进行国际协作才生产出来的。在这上百道工序中，其中一道工序被称作光刻，主要目的是将芯片设计图通过光刻机投射到晶圆上。光刻是当前芯片生产中至关重要且无法回避的生产工序，阿斯麦尔作为全球光刻机龙头，不仅掌握着最尖端的极紫外光刻技术（Extreme Ultra-Violet，EUV），同时还占据着全球光刻市场70%—80%的市场份额。

阿斯麦尔对尖端光刻机技术近乎垄断式的控制使其在全球高端芯

---

① 关于"小巨人"企业可参见赫尔曼·西蒙著，杨一安译：《隐形冠军：未来全球化的先锋》，北京：机械工业出版社，2019版。

片的价值链分工体系中具有强大主导力。一方面,目前几乎每一款高端芯片的制造都必须采用阿斯麦尔生产的光刻机才能顺利进行,因为目前尚未出现任何能够替代阿斯麦尔极紫外光刻技术的新型工艺出现。阿斯麦尔虽然只是一家生产光刻机的"小公司"(从规模上来比较),但能够让任何芯片巨头按照自己的光刻机产品特性进行生产。另一方面,当阿斯麦尔拒绝参加某些价值链分工时,将导致这些价值链生产被中断,芯片难以被制造出来。因此,以阿斯麦尔为代表的"小巨人"虽然规模无法与巨型跨国公司并肩,但可以依靠对关键性技术的高度控制力,主导大型跨国企业的生产进程。

二、全球价值链中的结构性权力

(一)生产结构的权力演化:从全产业链能力到价值链控制力

在全球价值链形成前,全球贸易品也主要以原材料和工业制成品为主,[①] 全球生产结构中的权力主要表现为一国的工业体系生产能力与独立自主性。

自第一次工业革命至第二次世界大战期间,政治对抗激烈、关税壁垒高企、运输与通信工具匮乏导致这一时期国家间在生产活动中处于相对割裂的状态。一个国家如果能够拥有全产业链工业体系并有能力自主生产国家与社会正常运转所需的必需物品,那么就几乎不用在生产结构中对其他国家形成依赖。[②]

进一步讲,如果一个国家的工业体系不仅满足本国发展需要,同时还能生产出额外的最终商品并销往国际市场,则可以攫取更多的财富。当某些国家依赖于进口这些商品时,出口国就依靠强大的工业体

---

① 余南平:《人工智能革命背景下的大国博弈——以全球价值链的结构变化为分析视角》,载《国际关系研究》,2020年第1期,第3—25页。
② 张明之、梁洪基:《全球价值链重构中的产业控制力——基于世界财富分配权控制方式变迁的视角》,载《世界经济与政治论坛》,2015年第1期,第1—23页。

系获得了在全球生产结构内的权力。例如，英国在"宗主国-殖民地"帝国生产模式中禁止殖民地生产工业制成品并要求殖民地向英国出口必要的原材料，其根本目的是通过安全结构中的霸权提高生产结构中的权力。在维护英国本土工业体系的领先地位时，一方面阻止殖民地在工业生产领域的竞争，另一方面避免殖民地依靠英国本土稀缺的原材料形成生产权力。再比如，太平洋战争爆发前夕，美国对日本实施石油与钢铁禁运，当时日本80%的石油与近乎全部的废钢铁依赖于从美国进口。[1]

全球价值链的形成和发展深刻改变了全球生产结构中权力的表现形式，部分跨国公司对一些生产性资源的垄断控制，尤其是超级跨国公司对关键性经济资源的高度垄断性控制，成为全球生产结构中最重要的权力。

首先，跨国公司将生产环节进行拆分，并以利润最大化为目的，在全球范围内进行生产资源最优配置，这是全球价值链重要的运作机制。在这一过程中，不同国家将按照自身资源禀赋以及拥有的比较优势参与价值链分工。国际分工的深化和细化导致分工专业化程度显著增强，在外部冲击下，一国不具有比较优势的产业若不进行政策协调将出现整体外迁的现象，以美国为代表的发达国家在21世纪初经历的制造业转移就是典型代表。更剧烈的产业转移导致过去一国生产权力的基础——全产业链工业体系面临解构，自由贸易将促使一国仅保留具有比较优势的产业。

其次，在最终品贸易主导的国际贸易体系中，国家可以通过使用以关税为代表的边境管理政策对最终贸易品进行管制。然而，在价值链分工模式下，中间品取代最终品成为全球贸易中的主要贸易品。国家对中间品贸易进行干预，不仅会对本国市场的消费造成影响，同时还将影响本国的生产活动，因为进口的中间品往往被投入后续生产环

---

[1] Stinnett and Robert, *Day of Deceit: The Truth About F. D. R. and Pearl Harbor*, New York: The Free Press, 2000.

节中。因此，过去或许有效的传统贸易保护政策在全球价值链中将面临更复杂的挑战，民族国家在尝试使用边境贸易政策来保护本国生产能力时有可能适得其反，并有很大概率对参与价值链分工的第三国产生影响。

最后，跨国公司逐渐取代民族国家，成为国际分工格局与全球生产体系中的直接参与者与关键主导者。跨国公司将通过全球价值链对一国的产业结构、发展机遇与财富分配产生重要影响，而这三种因素往往决定了一个国家生产什么、由谁生产以及按什么条件生产。

(二) 全球价值链中超级跨国公司的结构性权力

从效率视角分析，跨国公司依托全球价值链将产品的生产与销售各个环节进行拆分，通过对外直接投资、对东道国企业战略控股或离岸外包等形式在全球范围内配置经济资源，利用东道国资源禀赋创造的比较优势降低生产成本，围绕具有一定规模的东道国市场构筑销售网络，从而在全球范围内实现利润最大化。

从权力视角分析，全球价值链不仅展现了国际分工中不同参与者的分工角色，同时也如人类社会中大多数的组织模式一样存在不对称性权力关系。时序性生产流程与国际专业化分工促使参与价值链分工的主体之间围绕产品构建了一套国际化生产结构。在以全球价值链为基础的生产结构中，跨国公司和供应商不仅存在分工类型、分工角色的不同，而且还在链条主导权力和收益分配比例方面存在显著差异。领先的技术创新能力和卓越的品牌管理能力是跨国公司的核心竞争力，也是它们拥有的不对称性权力的核心来源。

早在全球价值链理论形成初期，诸多学者就聚焦全球价值链内的权力互动问题，即全球价值链治理。价值链条内通常存在一个或多个领导者，这些领导者具有比其他供应商更大的权力，可以主导价值链的结构特征、影响价值链条内的产业升级机遇并决定价值链条内的收益分配机制。根据领导者在价值链中分工地位与影响力的不同，全球价值链的治理模式可分为两种类型：生产者驱动（producer-driven）和购买者驱动（buyer-driven）。其中，生产者驱动主要由产业资本驱动，其核心竞争力体现为领先的技术研发与强大的生产能力；购买者驱动主要由商业资本驱动，其核心竞争力体现为独特的产品设计与精细的品牌管理。①

虽然两种模式的驱动机制有所不同，但是它们都体现了全球价值链中不对称的权力关系。进一步讲，这种不对称权力均源于跨国公司对生产资源或销售资源的垄断属性。领导者依靠在研发设计或品牌管理方面的知识壁垒或渠道壁垒，在一条或多条价值链中占据中心"节点"的地位。

因此，全球价值链中的结构性权力是指部分跨国公司凭借以占有垄断性资源为特征的核心竞争力，掌控价值链分工模式与财富分配机制的主导权，对价值链上其他参与主体具有的不对称性权力。对于因高度垄断某种资源而拥有强大结构性权力的跨国公司，我们将其称作超级跨国公司。在生产分工方面，这种结构性权力具体表现为引导整条价值链的生产目标与战略规划、决定价值链分工的参与者及参与方式；在收入分配方面，这种结构性权力具体表现为主导价值链上不同参与者的利益分配机制。从某种程度上讲，后者比前者的影响力和重要性更加深远。缺少垄断性资源的跨国公司或具有可替代性的供应商若想参与超级跨国公司主导的价值链分工并从中获取一定收益，就需要在一定程度上服从超级跨国公司对生产分工与利益分配的规则安排。

结构性权力的形成和发展不仅具有链条式特征，而且还可以呈网络状发展。根据技术垄断程度与适用范围的不同，当超级跨国公司对某种技术具有高度垄断性，同时这种技术需要在生产中大规模使用时（例如阿斯麦尔生产的光刻机），超级跨国公司在价值链条中的"节点"地位将演化为在生产网络中的枢纽地位，导致结构性权力将在多

---

① G. Gereffi and M. Korzeniewicz, *Commodity Chains and Global Capitalism*, London: Praeger, 1994, pp.95-122.

价值链条中发挥作用，成为一种网络性权力。

三、超级跨国公司使用全球价值链中结构性权力的目的、途径与特征

（一）使用目的

结构性权力如同其他权力一样，只是超级跨国公司拥有的一种手段或能力，而非根本目的。对于超级跨国公司来说，行使结构性权力主要是实现两方面目的：一是依靠垄断地位建立符合自身利益的生产与分配机制，通过获取超额利润的方式实现财富扩张。二是维持垄断地位，通过巩固和提升结构性权力优势来维护超额收益的可持续性。通过投入研发创新等行为巩固既有支配地位并试图创造新的垄断优势，从而对整条价值链拥有持续性的主导权并试图获得对更多价值链条的主导权与控制力。

纯粹的经济学研究往往聚焦于分析经济效益与生产效率，缺乏对生产中权力的关注与研究兴趣。跨国公司虽然通常以一种经济实体的角色参与国际分工，但这不代表跨国公司不关注生产中权力的分配。当然，跨国公司对全球价值链中结构性权力的使用主要遵循经济逻辑，即无论是使用权力还是巩固权力，其根本目的都是让自身获得可持续性的财富创造渠道，将自身绝对财富的增长视为最重要的目标。

（二）直接使用途径

在结构性权力的使用途径方面，超级跨国公司可以直接行使这种结构性权力，具体表现为拒绝某些跨国公司或本土供应商参与相关价值链分工。例如，服饰巨头耐克公司可以将一些违法使用童工的供应商从价值链分工中踢出，苹果公司可以拒绝让涉嫌侵犯知识产权或产品质量不达标的代工厂参与生产等。

表面上看，超级跨国公司拒绝供应商参与分工似乎更像是一种联

系性权力，但实际上，考虑到超级跨国公司对某种生产资源的垄断性与产品潜在销售规模的盈利性，被剔除供应体系往往意味着失去了创造收入的重要途径，而非只是简单地被排除在某种产品的生产分工之外。例如，华为公司在5G通信设备生产与标准制定方面具有强大的竞争力和技术引导力，但华为在移动终端销售业务方面属于芯片价值链条下游的采购商，仅具备一定的市场规模权力，芯片价值链的主要结构性权力则由芯片设计与制造环节的设备供应商拥有。自2018年美国特朗普政府将华为公司列入出口管制名单后，以高通为代表的芯片设计厂商与以台积电为代表的芯片代工厂为了能够继续使用美国设备商提供的生产技术，被迫将华为剔除出相关供应链。失去了关键的芯片供应后，华为继推出5G版P40系列手机产品后被迫在新一代的P50系列手机产品上使用降级的4G芯片，产品遭受降维打击。

可见，超级跨国公司对结构性权力的直接使用不只是简单地拒绝交易，而是将相关企业直接排除在一定市场范围之外。换句话说，一家超级跨国公司对某种经济资源的垄断程度越高，它在全球价值链中拥有的结构性权力就越强，意味着被拒绝参与相关分工的企业的替代性选择越少。

（三）间接使用途径

超级跨国公司也可以间接行使这种结构性权力，具体表现为主导利益分配机制，而将是否加入价值链分工的选择权给予供应商，供应商如果想要参与相关价值链分工，就必须遵守和服从超级跨国公司的生产与分配安排。在这一过程中，超级跨国公司可以通过自己主导的生产和利益分配机制实现财富增长与技术领先。

美国苹果公司是一家典型的通过深度主导全球价值链分工进行全球性生产和销售的超级跨国公司，它通过在全球设立供应商竞争机制，来有效控制价值链条中利益分配的主导权。位于美国硅谷的苹果公司总部主要负责产品设计、技术创新与品牌战略等位于微笑曲线两端的高附加值生产环节,而将组装制造等环节以外包的方式交给主要位于东亚地区的供应商执行。按照供应商所属国籍统计,苹果公司供应链中约75%的供应商来自东亚地区。如果按照供应商的生产区位统计,苹果公司供应链中约90%的供应商生产位于东亚地区。[①] 苹果公司通过实行跨区域专业化分工与多区位资源最优配置,创造出了一系列让全球消费者为之狂热的电子产品,同时通过专业化分工,带动了诸如富士康、立讯精密、歌尔股份等在内的中国零部件供应商快速发展。

一些管理学家常将苹果公司当作全球价值链研究案例进行分析,其中最著名的要数 Kraemer 等人对苹果公司价值链中产品利润分配的研究。通过对苹果公司的全球供应链环节进行拆解,并对不同生产环节创造的附加值进行梳理,三位作者发现:苹果公司虽然只参与技术创新与产品研发等环节,但在 iPhone 产品上却获得了超过50%的利润,而中国企业通过参与微笑曲线低端的加工组装环节,只获得了产品总利润中的2%。即使是参与中高端制造环节的日本和韩国企业,也只获得了不到10%的利润,也就是说,苹果公司虽然未参与产品实际生产制造的任何环节,但通过把控价值链条研发端与销售端的方式,获得接近50%的利润。[②]

根据经济学原理,产品利润将依据要素稀缺程度与劳动成本进行分配。但实际上,要素价格仅是决定利润分配机制的一个方面,以苹果为代表的超级跨国公司可以依靠结构性权力获取超额利润。据统计,2021年苹果公司在全球拥有多达200家供应商,这些供应商的存在不仅仅是为了满足苹果公司产品的产量,同时更是出于确保苹果公司对价值链把控能力的考虑。具体而言,苹果公司几乎不会在某一个零部件供应环节仅选取一家供应商负责生产,即使这家供应商的生产能力

---

① 《东亚生产网络视角下的中日产业链合作》,https://idei.nju.edu.cn/4b/c7/c26392a543687/page.htm。

② K. L. Kraemer, G. Linden and J. Dedrick, "Capturing Value in Global Networks: Apple's iPad and iPhone", Research Supported by Grants from the Alfred P. Sloan Foundation and the US National Science Foundation (CISE/IIS), 2011.

和产品质量足以满足生产需求。实际上，苹果往往会引入至少两家以上的供应商来供给同一个零部件，这主要源于两方面考虑：

第一，若只选取一家供应商，当出现诸如自然灾害等不可控外力影响时，苹果产品将面临彻底"断供"风险。因此，供应商分散化有助于提高苹果公司的全球供应链韧性，特别是通过跨地区的方式来配置供应商。

第二，如果某一部件的生产环节仅选取一家供应商参与，供应渠道的唯一性将提高该供应商在价值链中的议价能力。特别是当零部件生产环节具有较高的资产专用性特征时，供应商将有可能采取投机的方式来"倒逼"苹果公司涨价。换句话说，某一生产环节参与者的单一性将会提高相关供应商的权力，而供应商将依靠较高的议价权来调整价值链条中的财富分配机制，这将导致苹果公司对价值链条中财富分配安排的掌控力下降，即苹果公司在价值链中的结构性权力下降。因此，苹果公司会选取多家供应商参与到价值链分工中的同一生产环节，并鼓励它们展开竞争。在此过程中，苹果公司并未主动使用任何权力来胁迫供应商降价，但通过安排生产竞争机制的方式提高了自身的利润率。

间接使用结构性权力的核心在于：供应商看似具有主动权，即可以选择是否参与超级跨国公司主导的价值链分工（而不像主动行使结构性权力那样，可能被超级跨国公司直接拒绝）。但对于供应商来说，选择加入就需要遵守超级跨国公司设定的规则安排，而不选择加入则意味着失去了获取财富的机会。超级跨国公司庞大的销售市场与极为重要的核心技术对于供应商来说具有强大的吸引力，脱离超级跨国公司往往意味着失去销售市场或失去生产能力。这就导致供应商"主动"地服从超级跨国公司的生产安排，当然包括接受偏向超级跨国公司的利益分配机制。超级跨国公司则可以依靠这种结构性权力攫取尽可能多的超额收益,并向供应商支付尽可能接近于要素成本的价格。①

简单来说,超级跨国公司的不对称性权力源于其在全球价值链中分工地位与分工类型的垄断性,而普通跨国公司与供应商缺少价值链中结构性权力的主要原因在于其分工环节具有较高的可替代性。

(四) 结构性权力滥用将导致其具有自我削弱的特征

从本质上来说,任何一种结构性权力的形成和权力规模都有赖于两个因素。一是该结构或体系中参与主体的数量,即结构规模;二是权力拥有者在该结构中的不可替代程度。在上文中,我们重点讨论了不可替代性(高度垄断性)与结构性权力的关系。对于结构规模,参与的成员数量越多,整个结构对权力拥有者具有的依赖性就越强。然而,如果结构性权力拥有者对这种权力进行滥用,短期虽然可能获益,但长期却将导致结构性权力的下降甚至消失。

当超级跨国公司依靠对分配关系的主导权过度压榨供应商时,供应商因不满现状会更倾向于自力更生或寻找潜在伙伴,它们一旦找到能够摆脱现有结构的途径,将有更高概率选择离开既有价值链分工,这将导致参与主体数量的下降。

当超级跨国公司将一定规模的本土或海外企业排除在自身主导的价值链分工之外时,一方面可能导致既有价值链分工的市场规模下降(海外市场对分工排他性的不满),另一方面将刺激被排除在外的企业主动寻找或创造具有替代性的经济资源,一旦这些企业通过自主创新或其他方式成功研发出可替代性技术,那么超级跨国公司的结构性权力将大幅下降。

因此,对于超级跨国公司来说,适当的使用全球价值链中的结构性权力是必要的,对结构性权力的滥用将让这种权力在长期面临不可持续的风险。

---

① 关雪凌、张猛:《发达国家跨国公司是如何为国家利益服务的——跨国公司的政治经济学分析》,载《政治经济学评论》,2014年第3期,第37—56页。

(五) 结构性权力合理使用将使其具有自我强化的特征

如前文所言,价值链分工中的结构性权力源于对核心生产环节的技术知识把控或对核心销售环节的品牌价值把控,技术知识与品牌价值又源于强大的技术创新能力和市场开拓能力。在知识经济时代,科学技术成为社会生产力的核心组成部分,前沿性的技术研发与品牌管理运营往往需要庞大的研发投入。对于跨国公司来说,依靠价值链中的结构性权力可以主导财富分配机制,通过攫取超额利润的方式,为自身创造更高的财富收入。通过将这些收入再投入创新活动中,跨国公司又可以开发出下一代新技术,从而保持在生产、运输或销售资源方面的垄断优势。[①]

全球价值链分工格局的形成与发展,无疑进一步扩大了这种效应。对某种资源具有垄断优势的企业不再需要参与到不具有比较优势的价值创造环节,而是将这些环节外包给具有比较优势的供应商,从而让自身专业化于提供垄断性资源,并通过不断改进和完善,加强对垄断性资源的控制。同时,通过塑造有利于自身利益的财富分配机制,超级跨国公司可以不断获得用于技术研发的资金,而供应商只能在有利于超级跨国公司的规则安排下参与竞争,获得要素价格收益。以技术资源为例,美国高通公司在芯片设计环节具有强大的竞争力。高通依靠这种核心竞争力仅从事芯片设计工作,并通过专利授权的方式参与价值链分工。虽然市场上大量的通讯芯片来源于高通,但高通并未参与实际生产,而是通过对下游芯片制造商和芯片采购商授权"设计图纸"的方式获取专利费后,将资金投入新一代芯片的设计研发工作,进而保持在芯片设计环节的垄断优势与通讯芯片产业的结构性权力。一些观点甚至把高通称为一家拥有半数工程师(专注于芯片设计)与半数律师(专注于提高专利授权费和追讨与供应商侵犯知识产权行为

[①] 贾力军:《国际垄断资本主义下的技术创新》,北京:社会科学文献出版社,2015年版,第47—60页。

相关的罚款）的高科技公司。

总之，全球价值链中的结构性权力是指可以决定在全球价值链分工格局中生产什么、由谁生产、按照什么条件生产的权力，这种权力反映为对生产分工的统筹权与对财富分配的主导权。企业是产业中的核心主体，因此，对资源具有高度垄断性控制特征的超级跨国公司是全球价值链中结构性权力的创造者和直接拥有者。在全球范围内拥有某种垄断优势的超级跨国公司可以将这种核心竞争力转化为价值链分工中的结构性权力，主导价值链条中的生产与分配秩序。超级跨国公司既可以通过"说不"的方式主动行使结构性权力，也可以通过安排有利于自身的利益分配机制来间接行使结构性权力。超级跨国公司使用结构性权力的主要目的是获得财富增长并维持垄断地位。从规模上看，超级跨国公司既可以是大型跨国企业，也可以是专精特新"小巨人"企业，决定企业是否拥有结构性权力的关键是其是否在价值链中拥有"节点"般的主导地位。

第二节 民族国家的结构性权力及其对全球价值链的影响

本节主要对民族国家特别是美国的结构性权力进行研究。首先，对经济全球化时代背景下民族国家权力的表现特征进行梳理。在此基础上对冷战后美国的结构性权力特征进行总结。其次，对经济全球化时代背景下民族国家与跨国公司的利益关系进行分析。最后，对美国政府使用美国跨国公司结构性权力的方式及其对全球价值链发展进程的影响进行分析。

一、经济全球化时代民族国家的权力

（一）民族国家权力的流散

国家与市场之间的关系一直是国际政治经济学研究的核心议题。

国家的核心逻辑在于维护主权安全、提高国家竞争力，市场的核心逻辑在于高效地创造财富。在经济全球化的时代背景下，商品、服务、资本、人员的跨国流动不仅创造了更多财富，同时也导致深度参与经济全球化的民族国家让渡部分主权。

在21世纪初"超级全球化"（Hyperglobalization）①的潮流下，基于市场效率驱动的价值链分工在一定程度上削弱了国家在国际政治经济体系中的地位和影响力，同时，跨国公司、国际组织、非政府组织等一系列具有跨国属性、全球属性的新兴组织逐渐成为世界市场中的重要行为体。

经济全球化的快速发展造成了权力在全球范围内的流散，促使国家对权力实行再分配。而以全球价值链为代表的国际分工和生产格局让跨国公司特别是超级跨国公司成为权力再分配的最大受益者。

（二）民族国家依然是国际政治经济体系的主导者和塑造者

然而，同样需要承认的是，民族国家依然是目前国际政治经济体系中最重要的参与者，其掌握的权力虽然有所流散，但民族国家依然在塑造和维护制度环境方面拥有主导权，是国际政治经济体系中结构性权力的主要拥有者。

英国学者苏珊·斯特兰奇在讨论国家与市场之间的关系时曾指出："除非施展权力和拥有权威的人允许，否则市场不可能在政治经济功能方面发挥主导作用。"② 这一论点在经济全球化时代依然有效，在大国竞争背景下更为显著。虽然超级跨国公司可以凭借影响力制订一些商

---

① 美国经济学家丹尼·罗德瑞克曾提出"经济全球化"一词，并在此基础上提出了经济全球化的三元悖论。学界一般将20世纪90年代初至2008年这一经济全球化快速发展时期视作"超级全球化"时期。参见丹尼·罗德瑞克著，廖丽华译：《全球化的悖论》，北京：中国人民大学出版社，2011年版；丹尼·罗德瑞克著，卓贤译：《贸易的真相》，北京：中信出版集团，2018年版。

② 苏珊·斯特兰奇著，杨宇光等译：《国家与市场》，上海：上海人民出版社，2019年版，第25页。

业标准和规则,数字经济下的一些跨国公司甚至还对国家主权构成一定程度的冲击,①但这些商业规则的执行或具有挑战性行为的实施依然需要国家政府的支持或默许。换句话说,国家依然具有高于市场的权威性。当然,对于一些发展程度较低的国家来说,有限的政治能力可能无法抵御超级跨国公司的权力冲击。但本书的主要讨论背景为中美战略竞争,重点讨论对象为中国和美国,考虑到中美两国强大的国家实力,市场凌驾于国家之上的情况很难遇见。

"超级全球化"背景下的主流经济学理论认为,全球价值链的形成与发展是生产力水平提高导致的结果。具体来说,基于要素禀赋差异与比较优势原理,信息技术的发展促成了基于产品内分工模式的全球价值链体系。②但正如许多学者所强调的,包括国际分工在内的一系列国际经济活动并非发生于真空之中,而是时时刻刻发生在制度环境中。③在国际政治经济体系中具有权力优势的主导国是国际制度环境最重要的塑造者和维护者。

全球价值链作为一种国际分工格局,其形成和发展都有赖于政治层面塑造的制度环境。在新自由主义价值观的引导下,虽然国际组织的地位与影响力有所提升,但主权国家政府依然是国内或国际制度环境最重要的塑造者。全球价值链得以快速发展的一个重要原因是国际政治经济体系中主导国的默许和支持,全球价值链重构的核心原因也是主导国根据自身利益诉求有意改变制度环境,导致国际分工格局出现变迁。对于这一点,我们将在后文详细阐述。

---

① I. Bremmer, "The Technopolar Moment: How Digital Powers Will Reshape the Global Order", *Foreign Affairs*, 2021, p. 112.
② 理查德·鲍德温著,李志远、刘晓捷、罗长远译:《大合流:信息技术和新全球化》,上海:格致出版社、上海人民出版社,2020年版,第1—13页。
③ 简世勋著,于展译:《世界不是平的》,北京:中信出版集团,2019年版,第57—75页;史丹、余菁:《全球价值链重构与跨国公司战略分化——基于全球化转向的探讨》,载《经济管理》,2021年第2期,第5—22页。

(三) 美国结构性权力的表现特征

20世纪70年代至80年代，石油危机、布雷顿森林体系瓦解、美日产业竞争等事件的发生，导致国际政治学界对美国霸权是否衰亡这一问题进行了激烈讨论。在这场论战中，包括吉尔平、基欧汉等在内的美国学者从不同的研究视角提出"美国霸权衰亡论"，并对后霸权时代的国际合作机制进行了理论分析。作为国际政治经济学英国学派的代表人物，苏珊·斯特兰奇对"美国霸权衰亡论"提出质疑。她认为，美国虽然在经济领域的绝对实力有所下滑，但这并不代表美国失去了霸权。与此相反，美国政府在相互依存度不断提高的国际政治经济体系中的结构性权力有所提升，美国政府及同它相依为命的美国跨国公司利用结构性权力优势实现了对新型霸权的掌控。换句话说，美国的霸权从过去依靠联系性权力转化为依靠结构性权力，从而得以延续。

冷战结束后，美国在国际政治经济体系中的结构性权力不降反增。作为冷战后世界上唯一的超级大国，美国在21世纪初拥有其他国家以及任何超级跨国公司都无法比拟的结构性权力优势。中国学者张宇燕曾用"SHADE"这五个英文字母缩写描述美国在安全、生产、金融、知识结构内拥有的霸权。①

"S"是"Soldier"的缩写，用于指代以美国大兵为代表的美国军事实力。自冷战结束后，美国的军事能力与军事支出领先全球。布热津斯基曾提出，美国凭借强大的航母战斗群与遍布全世界的军事基地，成为人类历史上第一个在全球范围内实现海洋军事霸权的国家。②美国凭借自身强大的军事实力以及二战后主导的盟友体系实现了在安全结构中的权力优势。

"H"是"Hollywood"的缩写，用于指代美国强大的文化输出能

---

① 根据2019年9月中国社科院大学望京校区《百年未有之大变局》系列讲座内容整理。
② 兹比格纽·布热津斯基著，中国国际问题研究所译：《大棋局：美国的首要地位及其地缘战略》，上海：上海世纪出版集团，2007年版，第19—21页。

力。好莱坞电影因其制作画面精良、故事内容丰富等特点，成为美国数字产业中重要的出口产品。更为重要的是，好莱坞电影通常包含和宣传包括"美式自由、美式民主、美式个人英雄主义"等美国社会推崇的文化价值观，这使得电影不仅是一种贸易品，更是一种文化输出载体，通过宣扬美式价值观，提高美国在全球知识结构内的权力，有利于美国引导国际主流价值观。

"A"是"Apple"的缩写，指代美国强大的跨国公司及其拥有的技术创新能力。进入21世纪后，苹果公司在创造出了包括iMac、iPod、iPhone、iPad在内的一系列高科技产品，在吸引消费者的同时，极大地改变了人类社会的信息沟通模式（从传统手机到智能手机、从PC端到平板端）。苹果公司只是美国在跨国公司领域具有强大优势的一个缩影，跨国公司强大的技术创新与生产能力让其成为全球价值链中结构性权力的拥有者，而这种结构性权力又在很大程度上反映为美国在全球生产结构中的结构性权力，对此我们会在后文中做更详细的阐述。

"D"是"Dollar"的缩写，代表美国在国际货币体系中的霸权地位。二战结束后，美国凭借美元在布雷顿森林体系中的特殊地位，占据了国际货币体系的顶层位置。20世纪60年代，时任法国财政部长瓦勒里·季斯卡·德斯坦甚至将以美元为基础的国际金融体系称作美国的"超级特权"。[①] 在布雷顿森林体系崩溃后，美元的地位甚至不降反升。不再受黄金挂钩限制的美元，依然在国际贸易体系和国际信贷体系中占据霸权地位，同时，美国政府还可以依靠美元的结构性权力将通胀输出到全球消化，即使是2008年国际金融危机也难以撼动美元的货币霸权。国际货币体系的网络效应也让美元成为美国在金融结构中最重要的权力。

"E"是"Education"的缩写，以哈佛、耶鲁、斯坦福为代表的美

---

① 巴里·艾肯格林著,陈召强译:《嚣张的特权:美元的国际化之路及对中国的启示》,北京:中信出版集团,2019年版,第XVI页。

国常春藤大学常年在全球高等教育评选中名列前茅。发达的高等教育系统不仅为美国跨国公司提供了得天独厚的科研环境，而且还从全球范围内吸引顶尖的人才来到美国学习，通过留学或移民的方式为美国国家创新体系及美国跨国公司源源不断补充优质的人力资本。此外，美国大学发布的研究成果与好莱坞电影类似，具有鲜明的价值观输出效应，例如以"华盛顿共识"为代表的新自由主义思想就成为"超级全球化"的指导方针。但事实证明，"华盛顿共识"只是服务于美国利益的经济全球化模式，对于大多数发展中国家来说并不能算是真正意义上的"好制度"。[①] 因此，美国的高等教育系统同时提升了美国在生产和知识结构中的权力。

正是因为美国在安全、生产、金融和知识四个结构中都占据压倒性地位，这让美国成为国际政治经济体系中拥有最强大结构性权力的国家。而美国则依靠这种结构性权力，通过提供具有制度非中性属性的国际公共物品，塑造有利于自身利益的国际制度环境。

二、民族国家与跨国公司的利益关系

本书将首先对经济全球化时代背景下跨国公司的国籍性特征进行分析，然后通过逻辑演绎的方式构建一套基于结构性权力理论的研究框架，用于分析母国与超级跨国公司之间的利益趋同性与利益偏离性。

（一）经济全球化时代跨国公司的国籍属性

在跨国公司经营全球化快速发展以及在全球设立多总部的发展趋势下，一些学者提出跨国公司正在转型成为全球公司，言外之意是跨国公司的国籍属性正在消失。然而，这种论点只是强调了跨国公司的经营全球化属性，却忽视了其在财富分配与技术研发方面依然保留了较强的母国附属性。

[①] 张夏准著，卓贤译：《富国陷阱：发达国家为何踢开梯子？》，北京：社会科学文献出版社，2020年版，第95—98页。

早在 1975 年，吉尔平就以美国为例，论述了民族国家与跨国公司之间的特殊关系。吉尔平认为，国家代表权力，跨国公司代表财富。美国跨国公司在美国霸权的支持下，实现全球扩张，积累财富。而美国跨国公司的全球经营又为美国带来了财富收益，让美国在经济方面保持世界领先。① 苏珊·斯特兰奇则从结构性权力的角度论证了跨国公司与母国之间的特殊关系。她认为，随着生产日趋国际化，发达国家基于成本考虑会对战争选项保持谨慎，转而倾向于通过本国跨国公司的国际经营来攫取财富。吉尔平和苏珊·斯特兰奇虽然论述的角度不同，但他们都强调了跨国公司与母国之间具有的权力与利益关系。

在经济全球化进程中，母国与跨国公司之间的国籍性关系并未改变，但在全球价值链中呈现出了更加复杂的特征，具体来说，母国与跨国公司在生产国际化进程中存在利益趋同或偏离。当母国与跨国公司之间呈现利益趋同性或利益偏离性关系时，母国将采取不同的方式使用跨国公司在全球价值链中的结构性权力，从而实现母国的政治经济目的。

（二）母国与超级跨国公司的利益趋同性

超级跨国公司与母国之间可以呈现出利益趋同性，其具体表现为：母国政府与超级跨国公司共同追求绝对财富的增长。如图 5-1 所示，母国政府依靠其在国际政治经济体系中的结构性权力，通过提供有利于本国超级跨国公司经营、具有制度非中性特征的国际公共物品，间接使用本国超级跨国公司在全球价值链中的结构性权力，依靠超级跨国公司在财富分配方面的母国国籍性特征，使超级跨国公司在全球获利的同时实现本国财富的增长。

---

① 罗伯特·吉尔平著,杨宇光、杨炯译:《全球政治经济学:解读国际经济秩序》,上海:上海人民出版社,2006 年版,第 21 页。

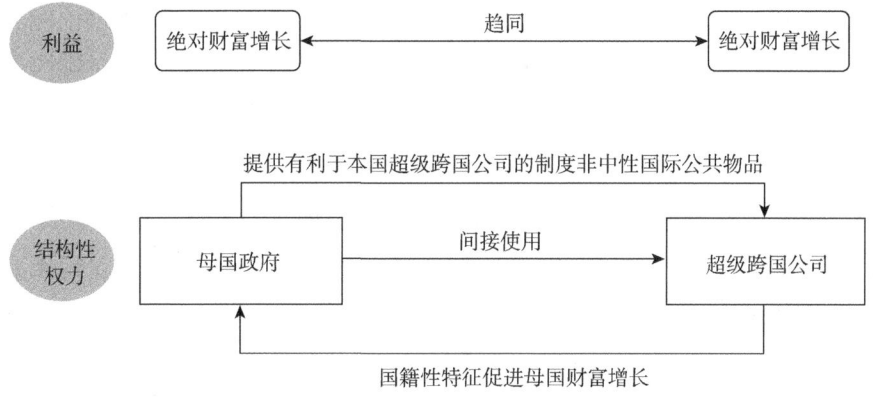

资料来源：作者自制。

图 5-1 母国与超级跨国公司的利益趋同性

在经济全球化的时代背景下，技术创新与财富增长日益成为各国竞争的核心领域。二战结束后，大国间爆发全面战争的成本因核武器的出现被提高到几乎不可接受的程度，国家间的竞争模式由过去的财富掠夺转为财富创造。[①] 在知识竞争时代，谁拥有更先进的技术、对先进技术占有更强的垄断优势，谁就拥有更强的财富创造能力。超级跨国公司既是财富的创造者，又是财富在全球分配的重要引导者。更重要的是，超级跨国公司出于政治、经济与文化方面的考虑，在技术储备与财富分配两方面对母国具有明显的倾向性，导致母国与超级跨国公司之间在一定条件下形成了利益趋同体。

在技术储备方面，超级跨国公司为了维持技术领先地位从而巩固在全球价值链中的结构性权力，对不同发展阶段的技术知识进行差异化处理。具体来说，跨国公司倾向于将最先进的技术知识保留在母国总部，将关键性的生产技术通过对外直接投资的方式转移给东道国子公司，而将成熟技术和外围技术转让给东道国供应商使用。对于这一点，国际经济学家弗农通过产品生命周期理论说明了发达国家跨国公

---

① 雷少华：《超越地缘政治——产业政策与大国竞争》，载《世界经济与政治》，2019 年第 5 期，第 131—154 页。

司的国际直接投资战略选择。① 中国学者李国学和张宇燕也从资产专用性和制度质量的视角提出,发达国家跨国公司出于限制技术外溢与保护知识产权的考虑,不愿意通过国际直接投资的方式让最先进的技术流入发展中国家。② 当跨国公司偏好于将最先进的技术保留在母国国内时,也从国家层面为母国的国际技术竞争提供了支持。因此,跨国公司的技术创新能力及母国对知识产权的保护力度决定了母国在技术竞争方面的国际地位。

在财富分配方面,中国学者关雪凌和张猛指出,跨国公司依靠价值链分工中的主导权操控全球财富分配,仅对参与的供应商支付要素成本,而将超额利润收归囊中。③ 更重要的是,跨国公司的资产所有权和管理权高度集中在母国居民手中,这使得跨国公司获取的超额利润大部分回流到了母国,让母国实现了财富增长。因此,塑造对本国超级跨国公司具有制度非中性特征的制度环境,不仅有利于本国跨国公司的经营发展,同时还将为本国带来整体财富增长。

(三) 母国与超级跨国公司的利益偏离性

母国与超级跨国公司可以呈现利益偏离性,其具体表现为:母国政府关注国家间相对收益,而超级跨国公司依然追求绝对财富的增长。造成二者利益偏离的原因可能是超级跨国公司在全球经营中造成的技术外溢与产业外迁现象,这将在促进东道国经济增长、生产力提升的同时对母国的国际竞争力与经济安全构成冲击。如图5-2所示,母国政府依靠其在国际政治经济体系中的结构性权力来提供对竞争国具有歧视性或排他性的国际公共物品,通过直接使用本国超级跨国公司在

---

① R. Vernon, "International Trade and International Investment in the Product Cycle", Quarterly Journal of Economics, Vol. 80, No. 2, 1966, pp. 190-207.
② 李国学、张宇燕:《资产专用性投资、全球生产网络与我国产业结构升级》,载《世界经济研究》,2010年第5期,第3—6页。
③ 关雪凌、张猛:《发达国家跨国公司是如何为国家利益服务的——跨国公司的政治经济学分析》,载《政治经济学评论》,2014年第3期,第37—56页。

全球价值链中的结构性权力来阻止技术外溢、促进产业回流，试图以此来维护本国在技术创新与财富分配主导权方面的领先地位。

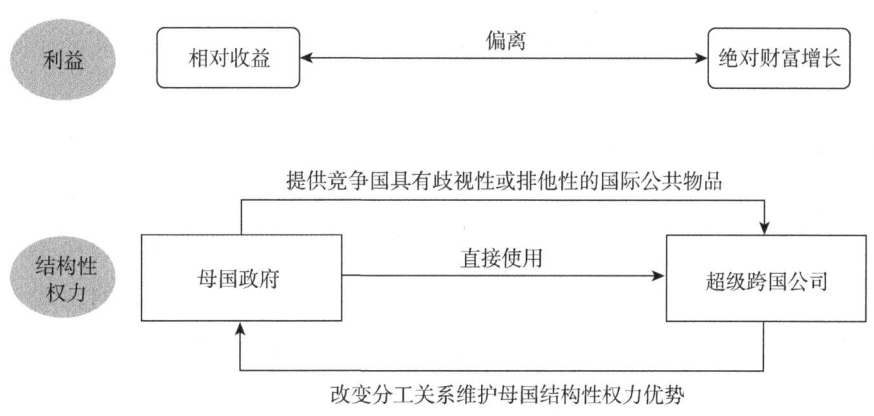

资料来源：作者自制。

图 5-2 母国与超级跨国公司的利益偏离性

产业竞争是现代大国竞争的前沿阵地，战略新兴产业是现代大国竞争的关键战役，超级跨国公司则是这场"没有硝烟的战争"中的"超级士兵"，具有切断敌人运输补给线，让敌方士兵丧失战斗力。但超级跨国公司与母国之间利益的趋同与偏离并存，决定了母国并未对自己的"超级士兵"具有绝对的掌控力，超级跨国公司追求财富的行为在某些情况下无意间助长了母国潜在竞争对手的竞争力。

瑞士学者鲍德温曾经用足球联赛的例子对全球价值链分工带来的变化进行了非常有趣的比喻。鲍德温将国际社会比作足球联赛，将国家比作不同球队，将球队教练比作企业。在价值链分工出现前，强队与弱队之间只能在球员层面进行转会交易。在全球价值链分工形成后，除了交易球员外，强队的教练还可以利用空闲时间执教弱队。在这一变化中，强队教练获得了额外的收入，但对于强队来说却不一定是好事，因为弱队有了强队教练的指导和训练，实力上的提升可能让联赛整体竞争力增强,甚至让一些原先的弱队对强队构成了挑战。① 这一比喻展现了经济全球化时代背景下,民族国家与跨国公司追求目标的偏离性。跨国公司的根本目标是实现企业财富最大化,而民族国家的目标则是维护国家安全,财富创造能力保持领先是实现这一目标的重要手段。

超级跨国公司在全球攫取财富时,虽然可以为母国在技术研发与财富分配方面带来更多利益,但超级跨国公司的全球化生产也可能为母国在全球生产结构层面带来一些弊端。一方面,超级跨国公司虽然会严格防止先进技术外漏,但依然会通过转移部分成熟技术的方式促进全球生产,这一过程造成了技术外溢。对于发展中国家来说,一些研究已经证明,超级跨国公司通过对外直接投资的方式可以为东道国带来一些原本无法获得的先进技术和生产设备,这促进了东道国的产业体系建设和东道国企业的产业升级,将有助于缩小发展中国家与发达国家在财富创造能力方面的差距。另一方面,超级跨国公司为了实现利润最大化,会将不同的生产环节配置在全球最具比较优势的地区,造成产业转移。价值链分工将导致国家的产业结构出现变化,而产业体系的外迁或内迁将引发以下问题:

第一,发展中国家相比于发达国家具有更低的劳动力成本,这导致超级跨国公司通常将中低端生产制造环节布局在发展中国家,造成发达国家在中低端制造业领域的产业空心化。如果发达国家政府不采取有效政策对缺乏劳动技能的中产阶级进行就业再培训,将导致本国缺乏高级劳动技能的居民出现大规模失业的现象。更重要的是,超级跨国公司的资本所有者通过全球经营攫取到更多财富,将导致一国内部贫富差距快速扩大,社会矛盾激增。

第二,随着全球价值链的形成与快速发展,国家在全球生产结构中的权力逐渐由"国家全产业链生产力"转向"跨国公司价值链控制

---

① 理查德·鲍德温著,李志远、刘晓捷、罗长远译:《大合流:信息技术和新全球化》,上海:格致出版社、上海人民出版社,2020年版,第6页。

力",这让以美国为代表的发达国家一度认为,中低端制造品的生产可以完全外包给劳动力成本低廉的发展中国家,本国居民可以依靠全球供应链享受到价格更低的日常用品,并通过主导全球价值链实现更高收入水平。然而,2020年新冠肺炎疫情暴发以及随之而来的疫情防控措施对全球供应链造成剧烈冲击,不仅导致以芯片为代表的复杂产品频繁出现"断供",而且迫使一些发达国家将以医疗器械为代表的平价必需品供应上升到国家安全层面。究其原因,跨国公司对市场效率的极致追求让一些国家彻底放弃发展不具有比较优势的产业,而自然灾害、全球公共卫生危机等不可抗力则让全球供应链面临停摆。对此,一方面,跨国公司聚焦于打造更具韧性的供应链管理模式,另一方面,发达国家则在积极塑造产业政策试图引导中低端产业链回流。

总之,跨国公司与民族国家虽然在技术研发与财富积累方面存在利益趋同性,但在产业竞争愈发激烈的背景下,跨国公司和母国的目标差异性将导致二者在一定情况下呈现利益偏离性。

三、美国政府对其跨国公司结构性权力的使用及其对全球价值链发展历程的影响

基于上文逻辑演绎构建的分析框架,本书将对全球价值链发展与重构过程中美国政府与美国超级跨国公司之间的不同关系进行案例分析,通过这套逻辑演绎框架验证全球价值链的发展与重构逻辑。

在全球价值链的发展历程中,美国政府作为国际政治经济体系中结构性权力的重要拥有者,以塑造制度环境的方式对全球价值链的发展与重构构成重要影响。美国政府通过塑造有利于美国国家利益的制度环境,间接或直接地使用美国超级跨国公司的结构性权力,通过引导或约束跨国公司的行为来推动全球价值链的发展。

在美国政治体系中,如果将美国跨国公司视作一个整体,那么它可以被理解为是一个偏好经济全球化与贸易自由化的强大利益集团。美国政府与利益集团之间及其对政策的影响机制,是政治经济学研究

中的一个重要研究议题，如果从理论发展角度梳理，可以归纳为"利益集团理论"①。利益集团理论的一个核心论点就是利益集团对政府决策具有重要影响。考虑到美国民主政治的特点，利益集团之间的博弈、利益集团对官僚精英的游说在美国政治体系中具有一定影响，对美国政府的决策也具有较大影响力。从现实来看，美国政府的决策受到跨国公司的游说，以及以跨国公司为代表的支持经济全球化的集团与支持贸易保护主义的本土利益集团之间的博弈影响。

需要指出的是，本书的研究内容主要是探讨美国政府如何通过塑造和改变国际制度环境、改变跨国公司的行为方式进而重构全球价值链，换句话说，美国政府的政策选择如何影响了全球价值链的发展与重构。考虑到利益集团理论的复杂性以及该理论并不是本书的重点研究内容，为了使本书对重点研究内容的理论解释更为简洁清晰，我们将美国政府与美国跨国公司视作两个独立的研究主体，考察二者间的利益关系。具体来说，我们将美国跨国公司视作一个支持经济全球化、贸易自由化的研究主体（暂忽略不同跨国公司间的不同利益），当美国政府塑造有利于经济全球化的制度环境时，将美国政府与美国跨国公司视作利益趋同关系；当美国政府采取具有选择性贸易保护主义政策措施时，将美国政府与美国跨国公司视作利益偏离关系。做这种假定的原因，不是本书对利益集团理论的否定或忽视，而是为了更清晰地论述本书关键论点，更明确地使用本书的研究框架。

基于以上假定，在20世纪90年代初至2017年，美国政府与美国跨国公司的关系主要体现为利益趋同性，美国政府通过塑造有利于经

---

① "利益集团理论"的出现最早可以追溯至1853年约翰·卡尔霍恩出版的《有关政府的专题研究》。1951年，戴维·杜鲁门在《统治的过程》一书中正式对"利益集团"这一概念进行了学术定义。自此之后，包括奥尔森在内的诸多政治经济学者将传统的政治学研究与制度经济学相结合，结合产权理论、博弈论等经济学理论与方法，提出了产权的利益集团理论，对以美国贸易政策为代表的政策决策机制进行了深入的研究。集团理论具有两个关键前提：第一，个人的政治利益通过利益集团得到体现；第二，国家利益是利益集团博弈的结果。参见张宇燕、高程：《美国行为的根源》，北京：中国社会科学出版社，2018年版，第122页。

济全球化的制度环境，推动美国跨国公司的全球经营，间接使用美国跨国公司的结构性权力实现绝对财富增长，促进全球价值链发展。自2018年以来，美国政府与美国跨国公司的关系主要表现为利益偏离性，美国政府通过采取具有选择性贸易保护主义的政策法令，限制美国跨国公司价值链分工的参与范围，直接使用美国跨国公司的结构性权力维护国家的相对收益，造成全球价值链重构。无论是全球价值链发展还是全球价值链重构，其过程都体现出美国政府在国际政治经济体系中的结构性权力高于美国超级跨国公司在全球价值链中的结构性权力，美国政府通过改变制度环境来调整跨国公司的行为模式，进而影响全球价值链的发展。图5-3显示了两种结构性权力之间的互动关系。

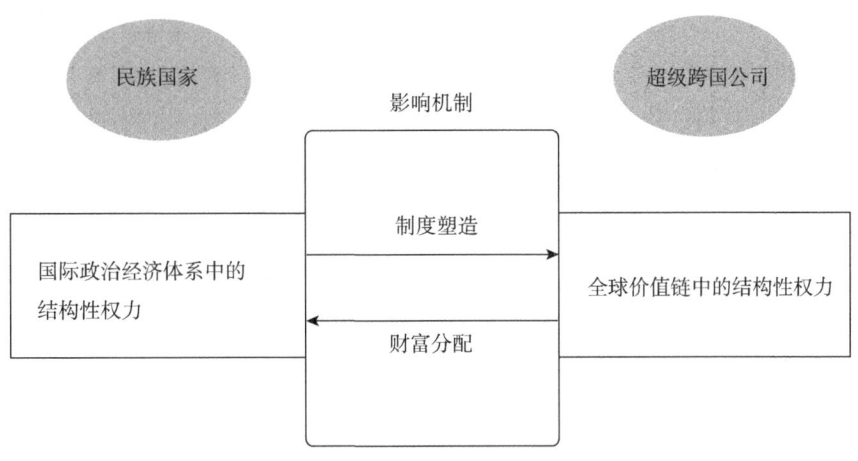

资料来源：作者自制。

图5-3 两种结构性权力之间的互动关系

除了民族国家依靠国际政治经济体系中的结构性权力来使用本国超级跨国公司在全球价值链中的结构性权力，进而引导全球价值链发展或重构之外，超级跨国公司使用其拥有的结构性权力也对全球价值链发展造成了影响，只不过跨国公司使用结构性权力对全球价值链的影响机制主要体现为追求绝对财富增长的经济逻辑，而民族国家使用结构性权力对全球价值链的影响机制则属于政治经济互动逻辑。特别是在中美战略竞争背景下，美国政府引导全球价值链重构优先体现了关注国家间相对收益的政治逻辑，这反映了"经济逻辑需要在政治逻辑支持或默许的情况下才能发挥作用"的国际政治经济学研究视角。

因此，考虑到本书的研究视角及研究重点，将不对超级跨国公司对结构性权力的应用及其对全球价值链造成的影响做过多论述，而是将研究重点放在民族国家视角上。

（一）全球价值链快速发展期美国政府对其跨国公司结构性权力的间接使用

在20世纪90年代初期，美国是国际政治经济体系中唯一的超级强国，单极世界体系的形成也让美国在国家层面缺少竞争对手，因此，美国政府将绝对财富的提升视作主要政治经济目标，通过塑造有利于生产国际化的国际制度与规则，为美国跨国公司的全球经营与结构性权力提升提供政策支持，并间接地利用美国跨国公司的结构性权力促进美国财富增长。其中，美国利用自身在规则制定方面的结构性权力提升国际知识产权保护水平，成为保护美国跨国公司全球利益、推进美国跨国公司全球经营、促进全球价值链发展的重要措施。图5-4显示了利益趋同时两者之间的关系。

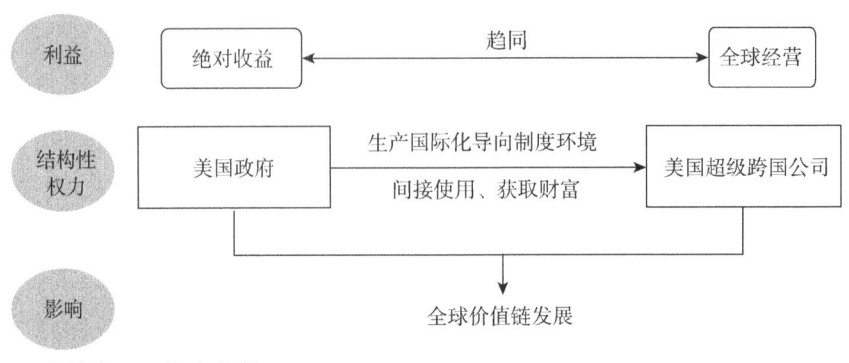

资料来源：作者自制。

图5-4 利益趋同时美国政府与美国跨国公司关系示意图

自20世纪80年代以来，美国政府一直致力于在全球推行知识产权的强保护政策，可以从国内立法、国际制度两个层面进行梳理。

在国内立法层面，美国政府以"特别301条款"和"337条款"为核心，构建了基于美国本土法律与国际贸易实践的知识产权保护标准。"301条款"也被称作"301调查"，是美国颁布的《1974年贸易法》中第301条的简称。"301条款"颁布的目的是对其他国家违背贸易协定、损害美国利益的行为进行贸易制裁，从而在国际贸易中保护美国企业。"特别301条款"源于《1988年综合贸易与竞争法》对"301条款"的增补内容，其聚焦知识产权保护领域，授予美国政府行使单边制裁的权力。这种权力允许美国政府对因没有充分保护知识产权导致美国利益在海外受到侵害的国家或地区进行贸易制裁。"337条款"是指《1988年综合贸易与竞争法》中修订的第1342条款，该条款允许美国政府对因不公平贸易（包括侵犯美国公司或个人的专利权、商标权、版权）受到利益伤害的美国本土产业实施行政救济。

从实施效果看，"特别301条款"聚焦海外市场的侵权问题，试图在与美国有经济往来的地区或国家，以美国本土知识产权标准来维护美国企业或个人的利益不受当地经济主体的侵害。"337条款"则聚焦美国本土市场的知识产权保护，试图阻止进口产品对美国本土的知识产权造成侵犯。从影响途径看，两个条款虽然都为美国本土法律，但因为美国经济制裁的强大威力，使得这两个法律具有强大的国际影响力，美国市场在全球市场中的规模在影响机制中发挥了重要的结构性权力作用。具体来说，如果某一国家触发了"337条款"，则意味着与侵权行为相关的当地行业或公司将无法把产品出口至美国市场。如果某一国家触犯了"特别301条款"，美国政府可以选择对该国的任何一个行业实施贸易制裁。从利益攸关度看，知识产权的重要持有者——美国超级跨国公司无疑是最大的利益攸关者。美国庞大的市场规模赋予了美国政府强大的经济制裁威力，这使得美国超级跨国公司可以在具有国际影响力的知识产权保护制度下提高对外直接投资规模，并将一些必要的专利技术转移至东道国使用，这从制度层面上对全球价值链的形成和发展起到重要的促进作用。

在国际制度层面，在美国的强烈推动及一些发达国家的支持下，《与贸易有关的知识产权协定》（TRIPs）在关贸总协定"乌拉圭回合"谈判中正式通过。在关贸总协定的"乌拉圭回合"谈判中，以美国为核心的发达国家通过施加压力，使 TRIPs 成为最终通过的一揽子协议的一部分，成为后来所有世界贸易组织成员都必须遵守和执行的协定。从影响力看，TRIPs 是目前涉及范围最广、制约力最强、保护程度最高的国际知识产权保护制度之一，在知识产权的国际保护中占据中心地位。从谈判过程看，美国是 TRIPs 协定最为重要的推动国。自 20 世纪 70 年代起，美国常年位居贸易赤字前列，美国政府认为，这主要是因为美国企业的知识产权并未得到有效保护。冷战结束后，为了能够快速、低成本地在全球市场推行知识产权保护制度，美国希望通过将知识产权保护相关制度植入多边贸易协定的方式实现这一目标。从影响机制看，TRIPs 虽然是世界贸易组织多边规则中的一部分，但具有典型的美国特征。从某种程度上讲，TRIPs 是仿照美国"特别 301 条款"制定的，是"特别 301 条款"的国际化、扩大化和系统化。① TRIPs 中关于知识产权的保护领域、保护措施等内容都与美国有关国内法一致，并完善了美国强烈倡议的商业秘密方面的保护标准。此外，美国过去在行使"特别 301 条款"时对于一些行业缺乏明确的衡量标准，TRIPs 的出现则为"特别 301 条款"补充了相对缺失的知识产权保护标准，同时让被告国由过去的双边谈判妥协转为多边协定承诺，用具有美国特色的多边规则执法掩盖美国政府的单边制裁行为。

本质上讲，国际知识产权制度保护的知识是一种典型的国际公共物品，知识因其无形性、可复制性和易传播性特征使其在自然状态下具有非排他性和非竞争性，一旦被创造出来，任何人都可以共享。但

---

① 刘斐莹：《从美国特别 301 条款到 TRIPS——WTO 框架下中美知识产权纠纷探析》，载《经济研究导刊》，2009 年第 17 期，第 117—118 页。

随着知识经济时代来临，知识的创造需要耗费越来越高的成本，而知识的可复制性与市场的有限性，使得知识如果不能被有效保护，将导致与知识创造行为相关的激励下降，导致创新投入下降、生产率增长放缓。因此，知识产权保护制度对于经济可持续增长来说是一种非常必要的规则制度。

但是从国际层面来讲，不同发展阶段、不同政治经济环境下的国家，对于知识产权保护的诉求程度存在不同。发达国家作为技术创新发生的中心区域，对知识产权保护具有较强烈的诉求，发达国家的企业和人是重要的利益攸关方。发展中国家因为经济发展落后、人力资本存量较低、创新能力较差，使其成为发达国家技术的依赖者、知识的主要进口方。发展中国家因为并非知识的主要创造者，导致缺乏对知识产权保护的激励，因此对知识产权保护制度利益攸关度较低。此外，即使对于美国来说，不同阶段对于知识产权也持不同态度。例如，美国在经济赶超阶段，甚至允许本国人为从国外引进的技术申请专利。在冷战时期，为了能够帮助日本快速实现经济复苏，以美国为首的欧美国家在1950—1970年通过向日本出售约25 777项技术，获得了57.3亿美元，而这些专利的研发费用却高达1800亿—2000亿美元。即使是在战后的西方霸权时期，美国对于知识产权也持模棱两可的态度，[①] 直到日本跨国公司通过引进和改良美国技术对美国跨国公司构成挑战后，美国才于20世纪80年代开始强调知识产权的重要性。[②]

从历史进程看，20世纪八九十年代美国对知识产权保护制度的强化，是一种提供国际公共物品的行为，但这种国际公共物品对于发达国家特别是美国来说，具有制度非中性。中国学者徐元基于霸权稳定

---

① 1967年7月，世界知识产权组织国际局通过了《世界知识产权组织公约》，这可以看作是现代知识产权保护的元年。但直到1980年，美国联邦最高法院对于查氏案的判决才正式认定知识产权的保护程序。

② 1985年，美国总统产业竞争力委员会向里根总统提交报告《全球竞争：新现实》，提出美国在全球拥有科技优势，应该在国内外加强对本国知识产权的保护；1988年通过的《贸易与综合竞争法》首次将贸易与本国知识产权挂钩，也是这一年美国才认可外国印刷制品的版权。

论对美国强化国际知识产权保护的行为进行了国际政治经济学视角分析，提出美国在全球推行知识产权保护制度的目的是减少国际公共物品（免费知识）的供给，延缓自身霸权衰落的一种政策反应。① 王晓先认为，"特别301条款"及后来的TRIPs是美国利用贸易政策推行其价值观念的一种手段，迫使与美国存在贸易往来的国家按照美国保护知识产权的理念和标准修订本国法律和贸易政策，从而保护美国企业与个人的海外经济利益。② 刘银良则提出，知识产权是维护美国技术产业商业优势的武器，知识产权壁垒是20世纪80年代后美国实现再度强盛的手段。③

总之，自20世纪80年代起，美国跨国公司在全球范围内的财富创造与美国国家利益相吻合。为了帮助美国跨国公司在全球市场扩张并实现利润最大化的目标，美国政府在国内立法与国际规则两个层面，利用本国在国际政治经济体系中的结构性权力，通过提供国际知识产权保护制度这种具有制度非中性的国际公共物品，以保护海外知识产权的方式，促进了国际直接投资并深化和细化了国际分工，同时在此过程中维护了美国跨国公司的结构性权力，扩大了美国的财富积累。贸易壁垒下降与知识产权保护的强化通过促进中间品贸易的方式推动了全球价值链分工体系的形成和发展。

（二）全球价值链重构期美国政府对其跨国公司结构性权力的直接使用

自2018年以来，中国经济的高速发展使美国将中国视作产业竞争与制度竞争的主要对手，导致大国竞争格局逐渐回归国际政治经济体系。为此，美国政府将维持与中国之间的相对收益优势视作主要政治

---

① 徐元：《美国知识产权强保护政策的国际政治经济学分析——基于霸权稳定论的视角》，载《宏观经济研究》，2014年第4期，第27—31页。
② 王晓先：《美国"337条款"与"特别301条款"的比较及应对》，载《广东工业大学学报（社会科学版）》，2010年第1期，第37—41页。
③ 刘银良：《美国专利制度演化掠影——1980年纪略》，载《北大法律评论》，2013年第2期，第219—242页。

经济目标，通过采取具有选择性贸易保护主义导向的政策措施和阻断中国企业参与美国技术主导的全球价值链的方式，防止技术外溢、维护技术霸权，通过直接利用美国跨国公司的结构性权力维护美国在财富与技术方面的领先优势。图 5-5 显示了利益偏离时两者之间的关系。

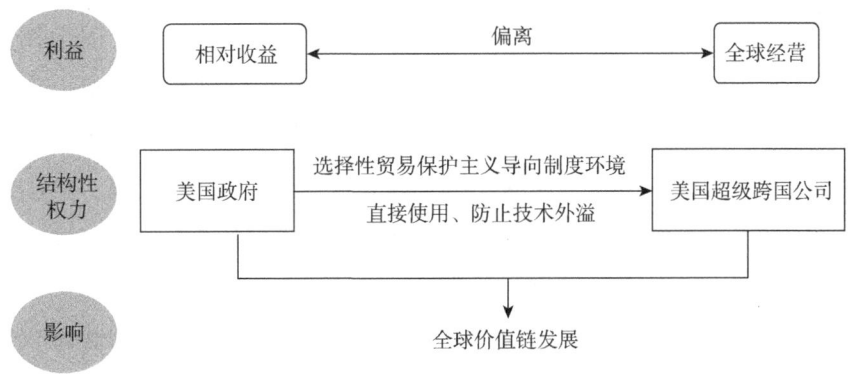

资料来源：作者自制。

图 5-5 利益偏离时美国政府与美国跨国公司关系示意图

自大国竞争时代开启后，美国特朗普政府与拜登政府先后通过发动贸易战、实施出口管制与科技制裁，以及构建新型集团式竞争格局的方式，试图遏制中国企业由全球价值链的中低端向中高端升级的演变趋势，并试图削弱中国日渐强大的全球生产地位。作为全世界最重要的两大经济体，美国针对中国的经济竞争战略致使全球价值链出现重构，关税壁垒、出口管制、集团式经贸协定与歧视性技术标准严重扰乱了全球价值链的正常运行机制。更重要的是，美国作为全球价值链的主导国，正在改变全球价值链的核心逻辑。美国正在由过去通过提供国际公共物品进而推动全球价值链按照市场效率逻辑快速发展的推动者，转为通过设置贸易壁垒和技术障碍、倡导对中国具有排他性的国际公共物品进而引导全球价值链按照国家安全与大国竞争逻辑进行收缩、分裂、重构的干扰者。

自中美建交至 2017 年，中美经贸关系一直被视作中美关系的"压舱石",无论两国之间在政治、文化、价值观等方面存在多少分歧,中美之间的经贸互补关系一直是两国搁置分歧、寻求合作的重要驱动力。2017年之后,美国政府对中国政界、产业界采取的一系列强硬措施让世界哗然,为以全球价值链为核心的经济全球化进程增添了诸多不确定性。

同时,中美贸易摩擦还带来美国跨国公司全球经营与结构性权力的不确定性。从国际直接投资与跨国公司内部贸易的视角分析,中美贸易摩擦严重干扰了美国在华投资跨国公司的正常经营,导致贸易成本提高、投资收入下降。如图5-6所示,在2000—2020年间,美国对华直接投资存量呈现逐年升高趋势,在2000—2017年之间,美国对华直接投资收入也大体展现为上升态势。然而,自2017年起,受中美贸易摩擦的影响,美国对华直接投资存量虽然在逐年增加,但对华直接投资收入则出现了连续三年的下滑。

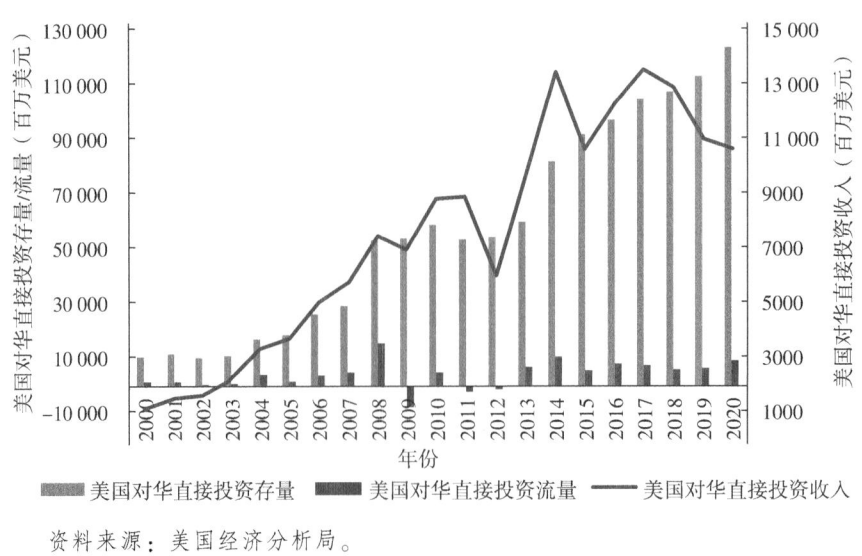

资料来源:美国经济分析局。

图5-6 2000—2020年美国对华直接投资及收益情况

以半导体产业为例,自中美贸易摩擦开始以来,美国政府将以华为为代表的诸多中国高科技企业列入出口管制名单并阻止诸多中国半导体企业参与使用美国技术主导的半导体价值链分工，试图通过直接使用美国超级跨国公司结构性权力应对中美半导体产业竞争，但这种做法在一定程度上损害了美国半导体领域超级跨国公司的经济利益。据波士顿咨询（BCG）调研，在中美贸易战爆发前的四个季度中，美国前25大半导体公司的收入涨幅中位数为10%，而在中美贸易战爆发后的一个季度中，这一数据陡然下降至1%。此外，在2019年美国政府将华为列入实体清单后的三个季度中，美国头部半导体企业的营收中位数出现4%—9%左右的降幅。据BCG预测，如果美国政府保持现行政策，那么五年内美国半导体企业将失去8%的全球市场份额并失去16%的全球市场收入，如果以2018年为基准，2023年美国半导体公司收入下降规模将达到360亿美元。如果完全阻止中国企业参与美国技术主导的半导体价值链分工，到2023年，美国半导体公司将可能丢失18%的全球市场份额并损失37%的全球市场收入。[①]

由此可见，在大国竞争背景下，当美国政府代表的国家利益与美国跨国公司的利益出现偏离时，美国政府可以通过使用制度环境的塑造力来直接使用美国跨国公司的结构性权力，尽管这种滥用可能导致美国跨国公司短期利益受损、长期面临结构性权力下降的风险，但美国跨国公司也不得不接受美国政府塑造和主导的制度环境。

第三节　本章小结

第一，跨国公司是全球价值链的重要参与主体。跨国公司对生产国际化进程中对某种关键性经济资源的垄断能力，是其获得全球价值链中结构性权力的核心源泉。对于那些对某种经济资源存在高度垄断特征的跨国公司，我们将其称作超级跨国公司。跨国公司可以直接或间接地使用全球价值链中的结构性权力，适度使用有利于权力的自我

---

① A. Varas and R. Varadarajan, *How Restrictions to Trade with China Could End US Leadership in Semiconductor*, Boston Consulting Group, 2020.

强化与财富增长，滥用则可能导致权力的自我削弱与不可持续的超额收益。在全球价值链中，超级跨国公司的价值链控制力正在取代以国家工业体系为核心的全产业链能力，成为全球生产体系中结构性权力的核心表现特征。

第二，民族国家是全球价值链发展依托的制度环境的塑造者，民族国家的结构性权力体现为国际政治经济体系中的规则主导力。在经济全球化时代，美国作为唯一的超级大国，在安全、生产、金融和知识四个方面都拥有强大的结构性权力。相比于跨国公司在全球价值链中的结构性权力，民族国家的结构性权力具有更高权威性，跨国公司的结构性权力需要在民族国家塑造的制度环境中发挥作用。

第三，在经济全球化时代，跨国公司与母国之间的利益关系趋于复杂化。跨国公司与母国的利益趋同体现在：跨国公司的全球经营是母国财富创造的重要源泉，通过获取超额利润为母国带来财富增长；跨国公司对资源的垄断优势是母国国家竞争力的重要来源，通过技术创新帮助母国提高全球生产体系内的结构性权力。跨国公司与母国的利益偏离体现在：跨国公司的全球经营将造成技术外溢与产业外迁现象，可能在促进东道国经济增长时对母国的经济安全与国际竞争力造成冲击。

第四，美国政府依靠国际政治经济体系中的结构性权力对国际制度环境的塑造是全球价值链发展与重构的重要基础。美国政府依靠制度塑造能力可以间接或直接使用美国跨国公司的结构性权力，这对全球价值链发展进程造成了不同影响。一方面，在单极化国际政治经济体系中，美国政府通过塑造有利于生产国际化发展的制度环境，间接使用了美国跨国公司的结构性权力，促进全球价值链发展；另一方面，在中美战略竞争背景下，美国政府通过颁布具有选择性贸易保护主义特征的政策法令，直接使用了美国超级跨国公司的结构性权力，导致全球价值链重构。

第五，民族国家对结构性权力的使用与超级跨国公司对结构性权力的使用均对全球价值链的发展构成重要影响。但考虑到本书是从国际政治经济学视角研究全球价值链重构问题，而超级跨国公司使用结构性权力对全球价值链的影响机制主要体现为纯粹的经济学逻辑，因此本书将民族国家依靠国际政治经济体系中的结构性权力来直接或间接地使用超级跨国公司的结构性权力视作全球价值链发展与重构的关键基础。

第六章 美国政府重构全球价值链的直接动因、手段与影响

在上一章中,我们对全球价值链重构的基础进行了研究,提出美国对具有生产国际化导向的制度环境的塑造是全球价值链形成与发展的基础。在中美战略竞争背景下,美国对制度环境的塑造由生产国际化导向转向选择性贸易保护主义导向,是全球价值链重构的基础。本章将在此基础上对美国政府重构全球价值链的直接动因、手段与影响进行深入研究。首先,本章将对美国政府政策转向的原因进行分析;其次,在选择性贸易保护主义制度环境下,美国政府从三个层面对国际制度环境进行了调整,它们分别成为美国政府基于结构性权力引导全球价值链重构的手段,这将是本章的研究重点;最后,在分析三种手段的基础上,进一步探讨这些手段对全球价值链造成的潜在影响。

第一节 美国政府重构全球价值链的直接动因

在美国政府采用选择性贸易保护主义的政策措施下,中国与美国之间的经贸摩擦导致市场交易机制出现扭曲、全球供应链发生重构,同时对过去20年经济全球化浪潮下"市场效率至上"的发展理念构成冲击。表面看来,中美经贸摩擦是由中美贸易失衡带来的,但本质上

是美国政府针对中国及中国跨国公司结构性权力的提升而采取遏制的对策。

一、对中美经贸摩擦的三种解释

对于美国为何向中国挑起一系列经贸摩擦，主要有以下三种观点：

第一，在中美贸易战爆发之初，"贸易失衡论"成为一种热门论点。这种观点认为，特朗普政府对中国发起经贸摩擦的根本原因是中美两国长期处于贸易失衡状态。支持这种观点的学者认为，特朗普自上台起代表了美国中产阶级的利益，强调"美国优先"和制造业回流等政治经济目标。一方面，中国对美国长期保持庞大的贸易顺差削弱了美国在经济实力方面的领先地位，让美国看上去处于弱势一方；另一方面，中国对美国的货物贸易顺差一定程度上是美国制造业外迁的结果，因此，美国政府挑起经贸摩擦的动因是降低美国贸易赤字规模并促进制造业回流，为美国中产阶级提供就业机会。实际上，早在2008年国际金融危机爆发时，就有部分学者将美国金融危机爆发的原因归于中美贸易失衡。[1]

第二，部分学者提出"60%定律"。简单来说，就是当世界上最大的两个经济体按市场汇率计算的国内生产总值之比达到3∶2时，两国关系往往会发生深刻变化。领先国出于维持领先地位的利益诉求，会采取各种手段打压后发国的经济增长。在历史上，苏联与日本都曾在国内生产总值方面达到美国的60%，而自此之后，美国都显著改变了政策倾向，使用各种手段阻止苏联或日本在经济实力上向美国的霸主地位发起挑战。[2]

第三，部分学者认为，美国向中国发动贸易战的根本原因是特朗普政府放弃了过去对中国一直采取的接触战略，这种观点主要受到美

---

[1] B. Bernanke, *The Global Saving Glut and the US Current Account Deficit* (No. 77), Board of Governors of the Federal Reserve System (US), 2005.

[2] 张宇燕：《理解百年未有之大变局》，载《国际经济评论》，2019年第5期，第9—19页。

国国际关系学界现实主义学者的青睐。

以上三种观点分别从国际贸易、经济体量与国际政治层面对美国挑起贸易摩擦的起因进行了解读，但大多局限于表面现象，并未从核心层面进行剖析。

第一，中美贸易失衡是全球价值链高速发展的产物，从本质上来讲，双边贸易顺差或逆差主要取决于一个国家与其贸易伙伴国在全球价值链中的分工角色与比较优势。美国作为技术领先国，其跨国公司在全球范围内输出资本、授权专利技术，通过全球生产获得丰厚利润。中国依靠廉价劳动力，成为美国跨国公司的主要投资地，在降低生产成本的同时，为美国本土市场提供了丰富的廉价产品。诸多研究已经表明，中美贸易战因为提升美国进口商品的价格实际上损害了美国中产阶级的利益。此外，"贸易失衡论"也并不能解释特朗普政府随后实施的出口管制与技术封锁政策，美国政府对中国企业的"断供"行为实际上进一步加剧了中美之间的贸易失衡状态。

第二，国内生产总值作为一项重要的宏观经济指标，对于一国的经济规模具有重要的衡量作用。然而，国内生产总值在衡量经济结构与经济发展质量方面存在一定缺陷，无法完整地体现一国的经济实力。[①] 在国际政治经济体系中，一国的经济规模固然有一定的影响力，但产业结构与经济发展质量更为重要。因此，后发国经济规模的增长只是在一定程度上反映了该国经济实力的提升，而"60%定律"更多的是代表一种结果而非原因。换句话说，后发国因经济结构变化导致国内生产总值指标出现增长，美国对后发国的制裁源于对该国经济结构变化带来的威胁，而非国内生产总值指标本身带来的威胁。

第三，自中国加入世界贸易组织以来，中国政府一直坚持改革开放方针，试图通过倡导更加包容的制度环境与世界经济进行深度融合。特别是在2008年国际金融危机爆发后，中国提供了诸如亚洲基础设施

[①] 林毅夫、J. Stiglitz：《林毅夫对话诺奖得主斯蒂格利茨：中美竞争的核心不在经济体量，而是创新创业活力与人民满意度》，北京大学国家发展研究院，2022年。

投资银行、"一带一路"倡议等具有包容性、创新性和代表性的国际公共物品，实际上符合美国倡导的开放的国际制度规则。因此，将中国的政治与价值观视作中美战略竞争的原因，更像是美国学者的一厢情愿，缺乏说服力。

二、美国对中国挑起经贸摩擦的直接动因是中国及其跨国公司结构性权力的提升

本文认为，美国对中国挑起经贸摩擦并试图改变既有全球价值链运行机制与发展理念的根本原因是中国及其跨国公司结构性权力在三个层面的提升。第一，在2008年国际金融危机发生后，中国经济发展战略逐步由"出口导向型"转向"国内国际双循环"，促使中国经济在全球生产体系中的结构性权力提升。这一方面体现在供给端，即全球价值链对中国产能的依赖度提升，另一方面体现在需求端，即中国消费市场规模的不断扩大正在影响全球价值链的生产区位与跨国公司的产品属性。第二，中国企业通过利用外资与自主创新相结合的发展战略逐步实现产业升级，促使中国跨国公司在全球价值链中的结构性权力逐渐提升并在一些产业中涌现出来自中国的超级跨国公司（例如通信领域的华为和中兴）。第三，中国经济实力与产业竞争力的提升也在技术标准、经贸规则等方面提高了中国对国际制度的塑造能力，即提升了中国在国际政治经济体系中的结构性权力。这三种因素共同导致美国及其超级跨国公司在不同层面的结构性权力优势趋于弱化。

具体来说，在全球价值链形成与高速发展阶段，中国作为刚刚融入世界市场的中低收入发展中国家，主要参与全球价值链中低端的国际分工。美国作为全球经济的中心，是资本与技术的主要输出国。在供给端，中国加工制造企业的生产需要依赖美国跨国公司提供的先进技术支持，导致中国在技术维度对美国具有高度依赖性。在需求端，中国采取的出口导向型发展战略高度依赖世界市场，而美国市场是世界市场的重要组成部分。因此，中国企业在需求端也对美国市场存在

高度依赖性。

表面上看，中国与美国形成高度相互依赖关系，但实质上，两国间的相互依赖关系并不对等，中国经济及中国企业对美国市场与美国技术具有更高的依赖程度。在国际金融危机爆发后，为了降低中国宏观经济受外部冲击的脆弱性，中国政府开始采取扩大内需的发展战略，逐渐提升中国市场的需求规模。

此外，中国企业在利用外资的基础上开展自主创新，在逐步实现产业升级的同时逐渐成为技术输出者。两方面的变化导致中国对美国的依赖度逐步降低，同时中国在全球生产结构中枢纽地位的提升导致包括美国在内的世界市场对中国经济的依赖度不降反增，可以说，中国市场与中国企业正在成为全球价值链的重要参与者与主要受益者。

从美国政府的利益视角分析，美国政府对具有生产国际性导向的制度环境的塑造，本质上是为了间接使用美国跨国公司的结构性权力，从而实现国家财富的提升。然而，随着中国及其跨国公司逐渐成为全球价值链中的主要受益者，美国政府发现原本对美国及其跨国公司具有制度非中性特征的国际制度正在变得对中国及其跨国公司更为有利。因此，为了阻止中国及其跨国公司结构性权力的进一步提升，美国政府试图基于既有结构性权力优势，采取选择性贸易保护主义导向的政策措施，通过主动使用美国超级跨国公司的结构性权力，对中国经济及其超级跨国公司进行市场扰乱与"规锁"。

三、中国及其跨国公司结构性权力提升的经济学量化分析

（一）核心变量

上文主要从定性分析与逻辑演绎的角度对全球价值链中的结构性权力及发展趋势进行了讨论，接下来本书将使用经济学的"投入－产出"量化分析方法，对全球价值链中中国结构性权力的变化进行分析。

基于经济学视角，本书将中国出口的国内增加值率这一变量当作核心分析变量。基于上文内容，全球价值链中结构性权力的最大特征表现为权力拥有者（超级跨国公司）通过主导全球价值链中收入分配安排获取更高的利润回报。换句话说，一家企业在全球价值链中创造的附加值越高，该企业的可替代性就越低，对生产环节的垄断性就越高，企业的结构性权力也就越大。如果将这一规律应用于宏观层面，可以理解为：在开放环境下，如果本土企业在全球价值链中创造的附加值比例越高，那么本国出口的国内增加值率将提升。因此，国内增加值率变化可以在一定程度上反映本国企业的结构性权力变化。

（二）研究方法

第一，构建由 G 个国家（地区）组成的 MRIO 模型[①]，即：

$$\begin{bmatrix} X_1 \\ X_2 \\ \vdots \\ X_G \end{bmatrix} = \begin{bmatrix} A_{11} & A_{12} & \cdots & A_{1G} \\ A_{21} & A_{22} & \cdots & A_{2G} \\ \vdots & \vdots & \ddots & \vdots \\ A_{G1} & A_{G2} & \cdots & A_{GG} \end{bmatrix} \begin{bmatrix} X_1 \\ X_2 \\ \vdots \\ X_G \end{bmatrix} + \begin{bmatrix} Y_{11} & Y_{12} & \cdots & Y_{1G} \\ Y_{21} & Y_{22} & \cdots & Y_{2G} \\ \vdots & \vdots & \ddots & \vdots \\ Y_{G1} & Y_{G2} & \cdots & Y_{GG} \end{bmatrix} \#(1)$$

其中，于任一国家 s 而言，X_s、A_{ss}、Y_{ss} 依次代表该国的总产出向量、直接消耗系数矩阵、本国生产并满足国内的最终需求。A_{sr}（$r \neq s$）表示国家 s 和国家 r 之间的中间需求系数矩阵。Y_{sr}（$r \neq s$）代表了由国家 s 生产并作为最终品出口至国家 r，满足国家 r 的最终需求。假设各国或地区包含 N 个行业，对应的 X、Y 均为 N 维列向量，A 为 N×N 的系数矩阵。

对式（1）进行整理可得到式（2）：

[①] 余丽丽、彭水军：《中国区域嵌入全球价值链的碳排放转移效应研究》，载《统计研究》，2018 年第 4 期，第 16—29 页。

$$\begin{bmatrix} X_1 \\ X_2 \\ \vdots \\ X_G \end{bmatrix} = \begin{bmatrix} I-A_{11} & -A_{12} & \cdots & -A_{1G} \\ -A_{21} & I-A_{22} & \cdots & -A_{2G} \\ \vdots & \vdots & \ddots & \vdots \\ -A_{G1} & -A_{G2} & \cdots & I-A_{GG} \end{bmatrix}^{-1} \begin{bmatrix} Y_{11} & Y_{12} & \cdots & Y_{1G} \\ Y_{21} & Y_{22} & \cdots & Y_{2G} \\ \vdots & \vdots & \ddots & \vdots \\ Y_{G1} & Y_{G2} & \cdots & Y_{GG} \end{bmatrix} \#(2)$$

进一步地,基于式(2)与式(3)可得到里昂惕夫逆矩阵:

$$\begin{bmatrix} B_{11} & B_{12} & \cdots & B_{1G} \\ B_{21} & B_{22} & \cdots & B_{2G} \\ \vdots & \vdots & \ddots & \vdots \\ B_{G1} & B_{G2} & \cdots & B_{GG} \end{bmatrix} = \begin{bmatrix} I-A_{11} & -A_{12} & \cdots & -A_{1G} \\ -A_{21} & I-A_{22} & \cdots & -A_{2G} \\ \vdots & \vdots & \ddots & \vdots \\ -A_{G1} & -A_{G2} & \cdots & I-A_{GG} \end{bmatrix}^{-1} \#(3)$$

第二,关于出口增加值分解,本书一方面基于 MRIO 模型采用出口分解法(KWW 法)[①],将一国总出口细分为九部分。表达式如下:

$$uE_{s*} = \left\{ V_s \sum_{r \neq s}^{G} B_{ss} Y_{sr} + V_s \sum_{r \neq s}^{G} B_{sr} Y_{rr} + V_s \sum_{r \neq s}^{G} \sum_{t \neq s, r}^{G} B_{sr} Y_{rt} \right\}$$

$$+ \left\{ V_s \sum_{r \neq s}^{G} B_{sr} Y_{rs} + V_s \sum_{r \neq s}^{G} B_{sr} A_{rs} (I-A_{ss})^{-1} Y_{ss} \right\}$$

$$+ V_s \sum_{r \neq s}^{G} B_{sr} A_{rs} (I-A_{ss})^{-1} E_{s*} \#(4)$$

$$+ \left\{ \sum_{t \neq s}^{G} \sum_{r \neq s}^{G} V_t B_{ts} Y_{sr} + \sum_{t \neq s}^{G} \sum_{r \neq s}^{G} V_t B_{ts} A_{sr} (I-A_{rr})^{-1} Y_{rr} \right\}$$

$$+ \sum_{t \neq s}^{G} V_t B_{ts} A_{sr} \sum_{r \neq s}^{G} (I-A_{rr})^{-1} E_{r*}$$

式(4)中,等号右侧依次排列为①—⑨项。其中,①—⑤项分别代表最终出口中的国内增加值、国内增加值隐含于中间出口被进口国所直接吸收、国内增加值隐含于中间出口被进口国用于向第三国出口、国内增加值通过最终进口品返回国内被吸收、国内增加值通过中间进

[①] R. Koopman, Z. Wang and S. J. Wei, "Tracing Value-Added and Double Counting in Gross Exports", *American Economic Review*, Vol. 104, No. 2, 2014, pp. 459–494.

口品返回国内被吸收,因此,①—⑤项之和定义为一国(地区)出口中的国内增加值;第⑥、第⑨项为纯粹重复计算;第⑦、第⑧项分别代表最终出口中国外增加值、中间出口中国外增加值。通过对出口进行分解并计算,可得出口的国内增加值率。

另一方面,本书基于对外经济贸易大学全球价值链研究院数据库(UIBE GVC Indicators)[①]中 ADB-MRIO 2021 (Jan)的 WWZ 分解,整理并计算国内增加值率。其中,WWZ 分解将总出口分解为 16 项,其①—⑧项之和对应 KWW 分解的①—⑤项之和,即均代表国内增加值。[②]

(三) 数据说明

本书利用 2021 年 11 月经合组织发布的 1995—2018 年投入产出数据(OECD-ICIO 2021),通过 KWW 法分解并计算中国出口的国内增加值率(DVAR_OECD)。其中,OECD-ICIO 2021 涵盖 66 个国家或地区[③],包括 38 个经合组织经济体与 28 个非经合组织经济体,涉及 45 个行业部门。本书首先采用上述 KWW 法分解该数据库,计算得到中国 1995—2018 年的年度国内增加值(DVA1),并利用数据库计算中国年度出口总值 $Exports$,从而最后得到 $DVAR\_OECD = DVA1/Exports$ 。

而且,本书基于 UIBE GVC Indicators 中 ADB-MRIO 2021 的 WWZ 分解结果,整理计算中国出口的国内增加值率(DVAR_ADB)。其中,ADB-MRIO 2021 包含 63 个国家或地区、35 个部门的 2000 年及 2007-2019 年数据。进一步地,计算国内增加值率所需的数据项,即被国外吸收的国内增加值、返回并被本国吸收的国内增加值(RDV)与一国总出口(Exports),在 UIBE 数据库中均已经依据国家-行业层面给出,

---

[①] UIBE GVC Indicators, http://rigvc.uibe.edu.cn/english/D_E/database_database/index.htm.

[②] Z. Wang, S. J. Wei and K. Zhu, *Quantifying International Production Sharing at the Bilateral and Sector Levels*, No. w19677, National Bureau of Economic Research, 2013.

[③] 世界其他经济体的数据统一归为"Rest of the World, ROW"类别。

本书将年度数据合并到国家层面，然后计算国内增加值率 $DVAR\_ADB = (DVA + RDV)/Exports$，考察中国国内增加值率随时间的演变。

（四）结果分析

分别利用 OECD-ICIO 2021 与 ADB-MRIO 2021 获得的中国国内增加值率如图 6-1 所示。

图 6-1 显示，无论是基于 OECD 数据库还是基于 ADB 数据库的测量方法，中国出口的国内增加值率在 2007—2019 年间呈现出逐渐上升的趋势。此外，基于 OECD 数据库的测算结果表明，中国出口的国内增加值率在 1995—2001 年间处于较高水平，而在 2001—2007 年间，该指标出现较大程度下滑。对于以上趋势的理解需要从以下三个维度分析：

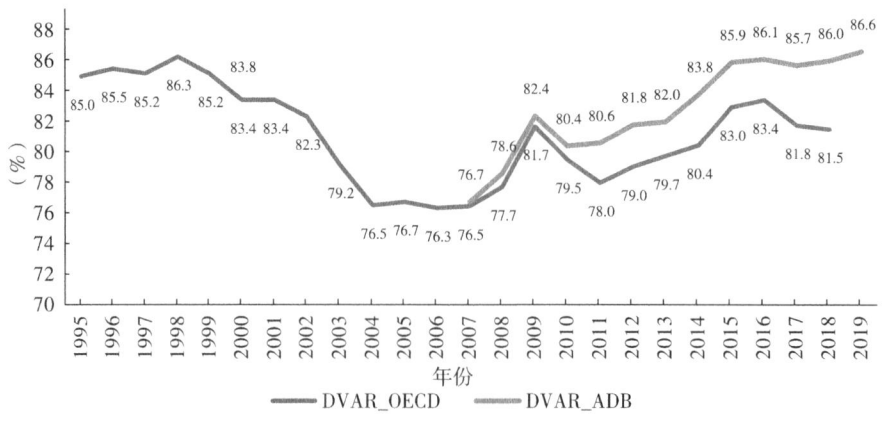

资料来源：作者自制。

图 6-1　1995—2019 年中国出口的国内增加值率变化情况

第一，2001—2007 年间，中国出口的国内增加值率下降反映了中国嵌入全球价值链并主要从事中低端加工组装环节的特征事实。在 2001 年中国正式加入世界贸易组织后，中国经济依靠充足而廉价的劳动力要素优势以及出口导向型国家发展战略快速嵌入全球价值链。但由于中国企业缺少先进技术，因此主要采取进口中高端中间品、负责加工组装并出口最终品的方式参与全球价值链分工。中高端中间品的附加值创造水平较高而组装环节的附加值创造水平较低，导致中国出口的国内增加值率在开放经济环境下相比于"入世"前的内循环模式出现较大程度下滑，这种下滑体现了中国企业从中低端价值链嵌入全球价值链的发展趋势。

第二，2008—2019年间，中国出口的国内增加值率上升反映了中国企业在全球价值链中逐步实现产业升级的动态发展。一方面，中国企业的产业升级体现在由中低端组装环节向中高端中间品制造环节攀升。中高端中间品的附加值创造规模高于中低端组装环节的附加值创造规模，导致中国企业在价值链分工中的附加值创造规模提升，促进了中国出口的国内增加值率提高。另一方面，中国企业的产业升级体现在，在承担中低端组装环节的基础上进一步包揽部分中高端中间品的制造。在全球价值链高速发展期，中国企业的技术水平有限，导致组装环节需要的中间品需要大量从国外进口。随着中国企业逐步实现产业升级，一些中间品改为由国内企业生产制造，导致中国企业负责的生产环节由组装进一步向上游延伸至中间品生产，更多环节的生产嵌入中国，导致中国出口的国内增加值率出现上升。此外，随着中国要素禀赋的变迁以及中美战略竞争的开启，中国劳动力成本提升以及中美贸易战造成的制度不确定性促使更多的跨国公司将劳动密集型产业从中国迁出至东南亚地区。中国企业对中低端价值链分工环节的参与度下降，也使得本土中间品制造在出口中的附加值比率提升。

第三，在1995—2001年间和2015—2019年间，虽然中国出口的国内增加值率均处于较高水平，但反映了截然不同的发展特征。首先，在1995—2001年间，中国尚未加入世界贸易组织，制度不匹配导致中国企业参与全球价值链的程度较低，即中国经济尚未嵌入全球生产体系。这导致中国出口的具有劳动密集型特征的产品大多由国内企业生产完成，对国外中间品的使用水平较低。换句话说，这一时期较高水平的中国出口的国内增加值率是由中国这一时期较高水平的"内循环"生产模式决定的。其次，在2015—2019年间，中国已经通过深度嵌入全球价值链的方式成为全球生产体系的重要组成部分，在生产过程中与世界市场高度接轨。在此背景下，更高的中国出口的国内附加值率体现了中国企业的产业升级趋势以及跨国公司将更多能够创造更高附加值规模的中间品生产环节迁入中国。因此，两个时期中国出口的国内增加值率虽然都处于较高水平，但背后反映的发展特征却迥然不同。

综上所述，通过对1995—2019年间中国出口国内增加值率的测算可以发现，中国企业在此阶段实现了产业升级，中国经济由游离在全球生产体系之外转变为全球价值链的核心产能地区。这两方面内容都体现了中国及其跨国公司在全球价值链中结构性权力的提升。

第二节　美国政府对需求型结构性权力的使用

针对中国经济在全球生产结构需求端与供给端结构性权力的提升，美国政府的选择性贸易保护主义政策导向具体表现为提高关税壁垒，试图依靠超大规模市场创造的需求型结构性权力，通过对中国发动贸易战重构全球价值链。

一、需求型结构性权力

（一）美国依靠超大规模市场构建需求型结构性权力

如图6-2所示，二战结束后，尤其是20世纪70年代以来，美国一直是全球消费需求的中心，美国市场需求在世界总需求中的占比虽然有所波动，但几乎一直保持在25%以上，这对国际分工格局的变迁与全球生产体系的形成具有重要影响力。

第六章 美国政府重构全球价值链的直接动因、手段与影响

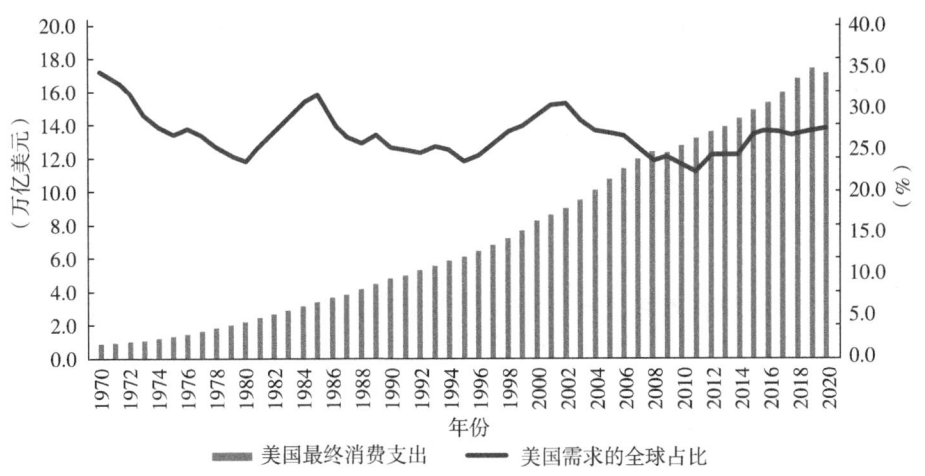

资料来源：世界银行《世界发展指标》数据库。

图 6-2　1970—2020 年美国最终消费支出规模走势

自 20 世纪 90 年代以互联网为核心的信息技术革命发生后，人类社会开始由工业文明步入信息时代，社会主要生产力开始由以化石能源为基础的重工业转向以电气、半导体为基础的电子信息产业。信息经济建立在技术快速迭代和超大规模市场消费的基础之上，规模经济与技术垄断之间的相互增强关系被发挥到极致。①

为了实现技术创新与产品迭代，一方面，企业需要投入更大金额的研发支出，导致初始固定投资规模愈发庞大、市场准入门槛不断提高。另一方面，当企业的技术创新与产品设计获得市场认可后，规模经济效应可以通过降低边际成本的方式帮助企业在占领市场的同时攫取利润。因此，在信息经济时代，规模庞大的消费市场成为企业实现财务盈利并不断改进技术的关键因素。

信息时代消费需求至关重要，使得拥有超大规模消费市场的经济体占有市场需求创造的需求型结构性权力。对于贸易伙伴国，具有需求型结构性权力的国家拥有规模庞大的出口市场，可以将本国产品销

---

① 李巍、李玙译：《解析美国对华为的"战争"——跨国供应链的政治经济学》，载《当代亚太》，2021 年第 1 期，第 4—45 页。

往该国市场获取财富;对于跨国公司,具有需求型结构性权力的国家是关键的产品销售市场,必须给予高度重视。

美国作为全球需求的中心,在信息时代的加持下,成为引导全球生产的核心市场。美国具有的需求型结构性权力也成为全球价值链发展的主导力量。

(二) 美国利用需求型结构性权力引导全球价值链发展与调整

在"消费国-生产国-资源国"这一全球价值链高速发展期的代表性运行机制中,美国作为消费国的中心,在全球生产体系中具有强大的需求型结构性权力,对促进价值链分工的深化与细化以及推动全球生产大循环的扩张具有主导作用。

一方面,作为全球消费需求中心,美国通过大量进口依托全球价值链生产出来的中间品或最终产品,引导全球生产大循环的运行与扩张。美国消费市场的旺盛需求也在1990—2008年间对全球价值链形成和快速发展具有重要驱动作用。具体来说,美国市场的旺盛消费需求为全球价值链的生产提供了需求端支撑,助力以中国为代表的出口导向型经济高速发展,而"世界工厂"对生产资源的旺盛需求又拉动了以俄罗斯、巴西为代表的资源出口型国家的经济增长。

另一方面,2008年国际金融危机爆发后,以美国为代表的欧美发达国家经济增速放缓,市场需求增速的下滑与停滞导致深度参与全球价值链的大多数新兴经济体也陷入经济停滞甚至衰退。美国消费市场的萎缩在一定程度上造成全球贸易增长减速与全球价值链发展停滞,对出口导向型经济体与资源出口型经济体造成需求端负面冲击。

因此,美国的市场规模在全球具有强大的结构性权力,无论是消费需求的兴起还是停滞,都通过全球价值链分工格局与全球贸易大循环机制对其他世界主要经济体构成重要影响。

中国自2001年加入世界贸易组织后,迅速成为全球生产体系中愈发重要的供给力量。中国依靠数量充足的高性价比劳动力与完善的配套基础设施，通过利用外资并依托出口导向型发展方式，逐渐成为世界最为重要的加工制造中心。完善的基础设施、丰富的高质量劳动力、符合经济全球化理念的出口导向型发展核心，共同构筑了中国在全球价值链分工格局中的"世界工厂"地位，为以美国为代表的发达国家消费市场提供供给侧支撑。中国作为"世界工厂"与美国作为"世界市场"在全球供需层面的互补关系，是全球价值链在21世纪初实现快速发展的重要驱动因素。

2008年国际金融危机发生后，受到以美国市场需求萎靡为代表的外部经济冲击，对出口市场具有较高依赖度的中国经济也受到较大影响，中国政府采取四万亿规模的财政刺激计划从而稳定住经济的增长趋势。国际金融危机也促使中国政府重新思考经济发展模式，出口导向型模式并非长久之计。

在经历了长达近十年的全球分工体系收缩与调整后，中国通过"深度嵌入国际分工+自主创新"的特色发展战略，不仅在供给端依靠技术创新逐步实现产业升级，降低对美国的技术依赖度，而且随着国民收入水平的持续提升（2020年人均收入成功跨过一万美元门槛），也努力降低对美国市场的出口依赖度。

中国在生产端与消费端的结构性变化，一方面降低了中国企业对美国市场与技术的依赖度，另一方面通过巩固全球生产制造枢纽地位与扩大本土市场规模的战略，一定程度上加大了美国跨国公司对中国产能与中国市场的依赖程度。更重要的是，中国市场规模扩大使中国经济对全球经济的依赖度降低，而中国产能的提升反而造成世界经济对中国经济的依赖度提升。为了减缓中国日益成为全球价值链枢纽国的趋势并提振美国制造业实力，美国特朗普政府自2018年起向中国发动贸易战。

二、美国将对华贸易战作为重构全球价值链的手段

如上文所言,需求型结构性权力赋予美国在全球生产体系中强大的结构性权力,美国政府可以通过使用这种权力改变国际贸易的结构、规模与流向,对全球价值链中的分工结构、贸易趋势等进行重构。

贸易战是国家间展开经济竞争与政治博弈的产物,国家间经济实力对比的变化、分工地位的变化以及政治诉求的变化,是导致贸易战发生的核心驱动因素。实际上,自2018年起,美国与多个主要贸易伙伴发生了经贸摩擦,特朗普政府试图以提高关税壁垒的方式胁迫贸易伙伴国重新进行贸易谈判,从而重塑双边或区域贸易机制,使其朝着有利于美国国家利益的方向变迁,从而兑现所谓的"美国优先"与"让美国再次伟大"等竞选诺言,这一系列经贸摩擦共同组成了美国主导的全球贸易战。①

中国作为全球货物贸易第一大国、全球第二大经济体以及美国的主要贸易伙伴,是美国挑起贸易纠纷的重点目标,这导致中美贸易战成为全球贸易战中最为重要的组成部分。考虑到国际贸易与国际分工之间的联动关系,中美贸易战也对全球价值链的重构产生重要影响。需要指出的是,本节讨论的中美贸易战主要聚焦美国政府通过使用关税壁垒的方式造成中美两国间经贸摩擦的一系列行为。对于出口限制、对外直接投资审查等措施,我们将在后文中进行讨论。

(一)中美贸易战的演变

回顾中美贸易战的变迁路径,大致可分为三个时期,分别为启动期、恶化期和僵持期。

第一,2017年8月至2018年3月,是中美贸易战的启动期。2017年8月18日,美国总统特朗普签署备忘录,指示美国贸易代表办公室

---

① 保建云:《大国博弈中的全球产业链分化重构》,载《人民论坛·学术前沿》,2018年第18期,第45—55页。

(United States Trade Representative，USTR)对中国开展"301调查"。2018年3月22日，特朗普政府宣布"301调查"结果，认为中国在技术转移、知识产权保护等方面采取了不公平贸易手段，并提出对不超过600亿美元的中国商品加征关税。对华贸易战在"301调查"的背景下逐渐启动。图6-3显示了中美贸易战启动期概况。

资料来源：彼德森国际经济研究所（PIIE）。

图6-3 中美贸易战启动期概况

第二，2018年4月至2019年12月，是中美贸易战的恶化期。2018年4月3日，特朗普政府威胁对包括1333种品类在内的500亿美元中国进口商品加征25%关税，其中超过85%的产品为中间品。次日，中国宣布同等规模的贸易反制措施。2018年6月15日，美国贸易代表公布了针对4月3日加征关税名单的修订版，中间品份额提升至95%。同日，中国政府更新了反制名单，其中加征关税的产品以农产品为主。2018年6月18日，特朗普政府要求美国贸易代表列出一份价值约2000亿美元的中国进口清单，并威胁对清单中产品加征10%的关税。2018年7月10日，美国贸易代表公布了2000亿美元的加征关税清单，其中中间品份额达到47%。随着第一轮500亿美元的制裁在2018年6月至8月间分两批次相继实施，特朗普政府于9月24日正式启动了针对2000亿美元中国进口商品的第二轮制裁计划，其中约50%为中间品。2019年2月，特朗普通过社交平台推特宣布暂缓将第二轮清单产品的加征关税由10%提升至25%的计划,但到了2019年5月,特朗普又突然取消了暂缓措施,第二轮2000亿美元商品的加征关税标准正式提高到25%。在2019年下半年,美方又曾威胁进一步提高对部分商品的征税额度,但最终没有正式实施。整体来看,美国对华平均关税在恶化期提升了接近五倍,而在反制措施下,中国对美国平均关税也提升至贸易战前水平的两倍以上。[①] 图6-4显示了中美贸易战恶化期概况。

恶化期(2018年4月—2019年12月)

2018年4月3日	2018年6月15日	2018年6月18日	2018年7月10日	2018年9月24日	2019年5月
特朗普政府威胁对包括1333种品类在内的500亿美元中国进口商品加征25%关税,其中超过85%的产品为中间品	对4月3日清单进行修订,中间品份额提升至95%	威胁对2000亿美元中国进口货物加征10%关税	公布第二轮加征关税计划及2000亿美元加征关税清单,中间品份额47%	正式对2000亿美元清单货物加征关税,中间品份额为50%	公布第二轮加征关税清单货物加征税率公布由10%提高至25%

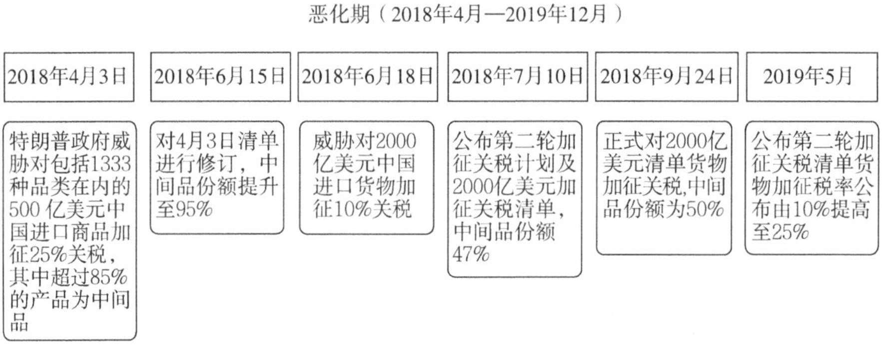

资料来源:彼德森国际经济研究所(PIIE)。

图6-4 中美贸易战恶化期概况

第三,2020年1月至今,是中美贸易战的僵持期。2020年1月15日,中美两国正式达成第一阶段经贸协议。中国承诺在2017年进口额的基础上加购价值约2000亿美元的美国商品,以农产品为主。2020年3月,新冠肺炎疫情的全球蔓延极大干扰了国际贸易的正常运行,导致中国在规定期内仅完成了约60%的协议份额。拜登政府上台后,美国贸易代表戴琪于2021年10月宣布将继续履行第一阶段谈判协议,并对部分受到负面影响的美国进口商实施有针对性的加征关税减免。图6-5显示了中美贸易战僵持期概况。

---

① 袁振邦、张群群:《贸易摩擦和新冠疫情双重冲击下全球价值链重构趋势与中国对策》,载《当代财经》,2021年第4期,第102—111页。

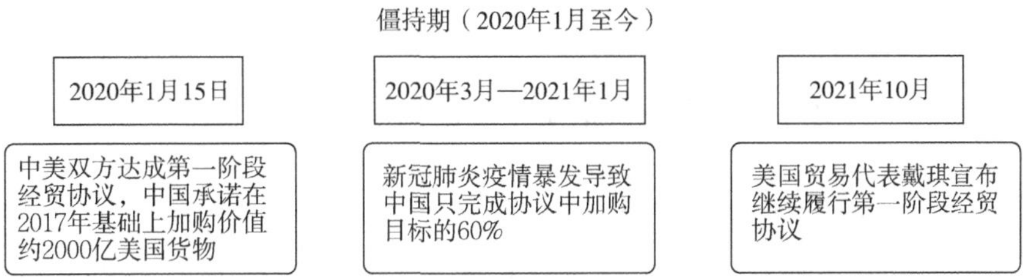

僵持期（2020年1月至今）

2020年1月15日	2020年3月—2021年1月	2021年10月
中美双方达成第一阶段经贸协议，中国承诺在2017年基础上加购价值约2000亿美国货物	新冠肺炎疫情暴发导致中国只完成协议中加购目标的60%	美国贸易代表戴琪宣布继续履行第一阶段经贸协议

资料来源：彼德森国际经济研究所（PIIE）。

图6-5　中美贸易战僵持期概况

（二）利用关税政策行使需求型结构性权力

从中美贸易战的作用机制看，最直接的影响莫过于中美两国之间关税水平出现大幅提升。其中，美国对中国进口商品征收的平均关税由2018年1月的3.1%提升至2020年1月的21%，中国对美国进口商品征收的平均关税由2018年1月的8%提升至2020年1月的21%。

从中美贸易战的动因看，经济学分析往往将中美贸易失衡与美国制造业转移视作直接原因。自21世纪初中国加入世界贸易组织后，中美两国在全球价值链分工格局中的特殊地位导致美国对中国的货物贸易逆差迅速扩大，中国常年位居美国贸易逆差伙伴国的头名。特朗普政府认为，是中国采取的重商主义政策造成了这种结果。更进一步讲，美国制造业外迁与就业岗位流失、国内贫富差距扩大以及中国制造业国际竞争力的快速提升，都是特朗普政府发动贸易战的理由。但事实上，无论是中美贸易失衡，还是美国实体产业岗位流失与中国制造业竞争力提升，都是全球价值链的必然产物甚至是代表性产物。

从国际政治经济学视角进行分析，贸易失衡与制造业流失只是美国政客对中国发动贸易战的借口与说辞，特朗普政府对中国发动贸易战的根本动因在于全球价值链分工格局正在从过去有利于扩大美国结构性权力的方向转为有助于提升中国在全球生产端与需求端结构性权力的趋势。为了扭转美国在全球生产结构中结构性权力领先地位逐渐弱化的态势，特朗普政府发动对华贸易战并试图通过重构国际分工格局的方式重塑美国在生产结构中的权力优势。

三、中美贸易战对全球价值链重构的影响

（一）贸易转移

贸易战首先通过贸易转移效应改变了全球价值链在中低端产业的布局结构。美国对中国商品加征关税，通过提高贸易成本的方式降低了中国商品在美国的竞争力。对于替代性较高的一些中低端产品来说，从中国进口成本的提高将促使美国进口商将原先从中国进口的相关产品转移到从包括越南、印度、墨西哥在内的其他更具价格优势的发展中国家进口，形成贸易转移。同时，临时性的关税壁垒与监管约束机制的不完善还可能导致贴标贸易或转口贸易的兴起。在中美贸易战期间，就曾出现中国钢铁出口到越南，在越南贴标"越南制造"或美国龙虾运送到加拿大，贴标"加拿大出口"的情况。如图6-6、图6-7所示，2019年，越南受惠于贸易移转，出口至美国贸易量实现29.1%的大幅增长。美国成为越南最大出口贸易伙伴（占比23%），而中国是越南最大进口贸易伙伴（占比29%）。

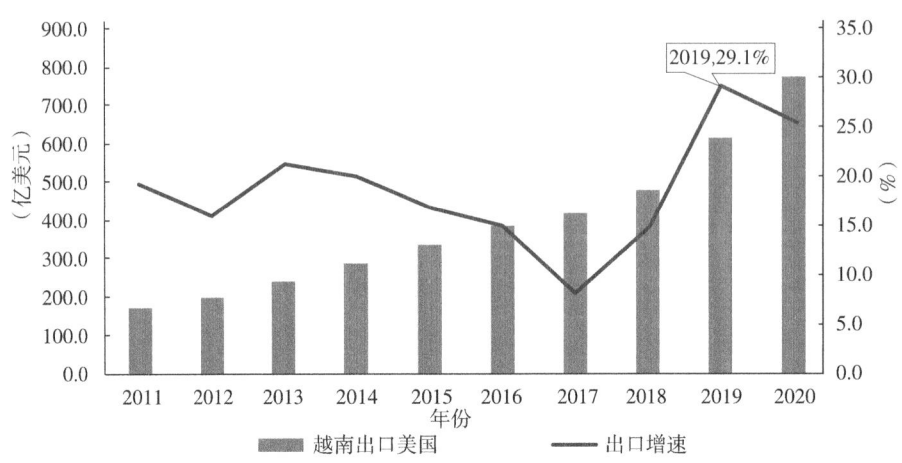

资料来源：海关统计数据在线查询平台。

图6-6　2011—2020年越南对美国出口贸易额走势

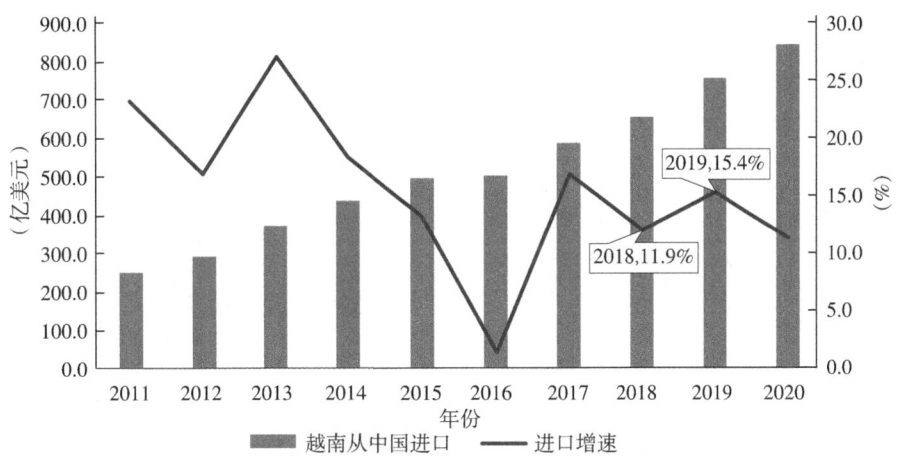

资料来源：海关统计数据在线查询平台。

图 6-7　2011—2020 年越南从中国进口贸易额走势

（二）投资转移与产业转移

中美贸易战还通过投资转移途径重构全球价值链。作为全球供应链的枢纽，自中国嵌入价值链分工起，中国企业就承担了大量的最终商品组装环节的生产工作。考虑到一些组装完成后出口到美国市场的产品将面临加征关税，一些投资规模较小或生产较为灵活的企业可以选择将组装制造环节的投资地由中国迁移至其他具有比较优势的国家，例如越南。如图 6-8、图 6-9 所示，在 2019 年，中国对越南直接投资额增幅高达 53.2%，相比 2018 年的 26.4% 实现了翻倍。而随着 2020 年中美贸易战放缓，中国对越南直接投资增幅也趋于缓和。可见，中美贸易摩擦造成的投资转移效应将在全球价值链的中低端布局方面产生影响。

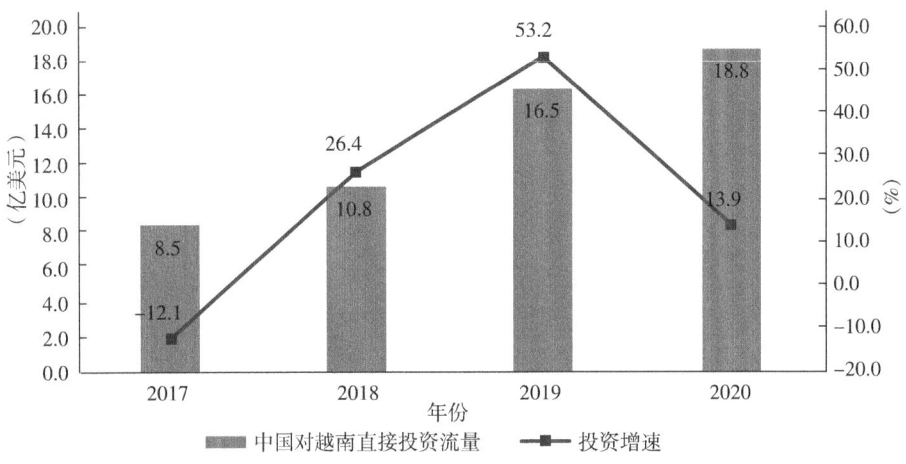

资料来源：联合国贸易与发展会议数据库、东盟数据库。

图 6-8　2017—2020 年中国对越南直接投资额走势

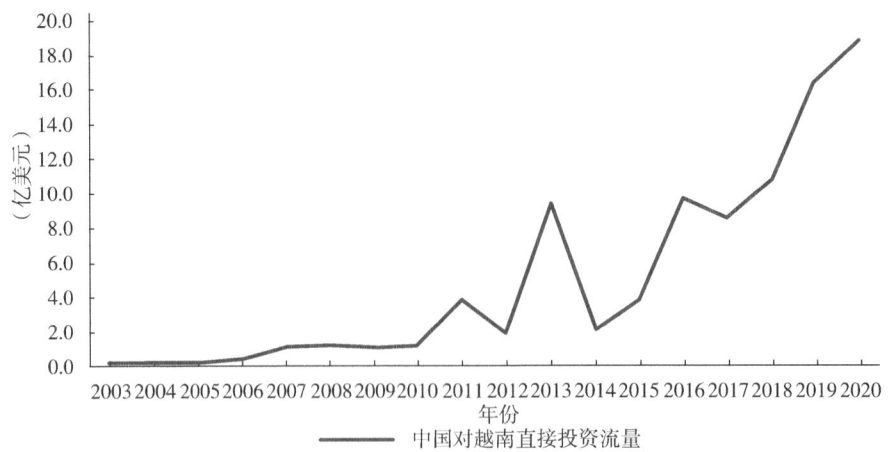

资料来源：联合国贸易与发展会议数据库、东盟数据库。

图 6-9　2003—2020 年中国对越南直接投资走势

在产业转移方面，贸易成本的提升在短期内可以造成投资转移，而投资转移则在长期形成产业转移。事实上，近年来随着中国劳动力成本的提升，包括三星、耐克在内的诸多跨国公司就将劳动密集型产业搬离中国，主要迁向东南亚国家。中美贸易摩擦的出现进一步加剧了这种趋势，导致全球中低端价值链由中国向东南亚地区转移。

(三) 影响机制

基于以上三种影响效应，美国政府试图以美国超大市场规模带来的全球需求端结构性权力为杠杆，撬动全球价值链重构的开关。通过提高中国产品进入美国市场的贸易成本，降低中国在全球生产端的竞争力，迫使跨国公司将投资与生产从中国转移至其他更具竞争力的地方。为了规避加征关税带来的额外成本，跨国公司可能考虑将部分生产环节搬回至本土或迁移至不受加征关税影响的区域协定成员国。而国内出口导向型企业也可能迫于关税压力将生产迁移至临近的区域协定成员国，造成产业外移。

总之，美国对华发动贸易战的根本目的是通过提高贸易成本的方式降低跨国公司与中国本土出口型企业在华的投资吸引力，从而挤压中国在全球生产中的产能份额。在对全球价值链的影响方面，考虑到中美两国的庞大体量与在生产端和需求端的结构性权力，全球价值链短期面临断裂的风险。从长期看，中美贸易战很可能导致中国在全球生产结构中的结构性权力弱化，跨国公司将有更大动力选择不受加征关税影响的第三国进行投资，依靠当地分别与中美两国签订的区域协定来进行生产与贸易。

贸易战作为一种国家间经济摩擦或经济冲突的表现形式，具有较为悠久的历史。早在第一次工业革命爆发后，逐步实现工业化的欧美国家就基于自身利益与对本土市场的保护频繁使用关税壁垒。在1929年经济大萧条发生后，以美国《斯穆特-霍利法案》(The Smoot-Hawley Tariff Act) 为代表的贸易保护主义政策更是导致国际经济体系陷入混乱，一定程度上为第二次世界大战的爆发埋下经济隐患。

从中美战略竞争的发展特征评判，中美贸易战是两国间爆发的第一场正面经济角逐。如果将大国间的经济竞争比作一场战争，那贸易战就是这场战争的大规模正面战场。在全球价值链分工格局下，关税壁垒不仅会对对手的出口企业造成负面影响，同时还会对本国不同经济主体造成不确定性影响。对于本国居民来说，关税壁垒的提高可能导致本国居民无法享受到性价比最高的商品，造成生活成本上涨。对于在中国投资的美国跨国公司来说，贸易壁垒将导致其从中国出口到美国的产品面临额外成本。对于需要依托从中国进口的中间品进行生产的美国当地企业来说，关税壁垒的提高将导致其的生产成本上升。因此，贸易战就像是一场陷入僵持的堑壕战，双方在僵局中均损失惨重，同时大面积的"关税火炮"轰炸还容易造成战场上的误伤。

第三节 美国政府对超级跨国公司结构性权力的使用

针对中国跨国公司在全球价值链中结构性权力的提升以及中国超级跨国公司的出现，美国政府的选择性贸易保护主义政策导向具体表现为对中国超级跨国公司进行技术"断供"，试图依靠美国超级跨国公司对关键性生产技术高度垄断创造的结构性权力，通过对中国高科技产业实施科技制裁的方式重构全球价值链。

一、美国政府的出口管制政策

在中美贸易战爆发后，美国政府一方面针对中国进口产品逐步扩大加征关税的范围并提高加征关税的幅度，另一方面则针对中国在高科技产业的超级跨国公司采取以出口管制为核心的技术"断供"措施和以进口限制为核心的市场禁入措施。两种措施分别从供给端和需求端造成了以高科技产业为代表的全球价值链与全球创新链出现重构。

其中，美国政府从供给端切断中国超级跨国公司的跨国供应链表面上看是依赖美国具有"长臂管辖"特征的本土法律体系。但实际上，在全球价值链中美国政府能够对中国超级跨国公司实施科技制裁，从根本上来说是以行政命令的方式使用了美国超级跨国公司在全球价值链中的结构性权力，利用美国超级跨国公司在全球价值链中的"节点"式地位和对关键性技术的垄断控制达成国家层面的政治经济目的。

第六章　美国政府重构全球价值链的直接动因、手段与影响

在中美战略竞争的背景下,美国政府对中国高新技术企业的科技制裁起源于2016年,正式开始于2018年并先后经历了三个发展阶段。

2016年3月至2018年7月是美国政府对中国高新技术企业采取科技制裁战略的试探阶段。2016年3月,美国商务部宣布中国中兴公司涉嫌违反美国的出口管制条例,决定对中兴通讯实施出口管制措施,这意味着中兴通讯将无法采购涉及美国技术的元器件与服务,后经双方政府调解,中兴公司才获得了美国商务部颁发的临时许可证,暂时消解了"断供"危机。2017年3月至2018年3月,中兴通讯按美国商务部要求先后上缴了罚款并对涉事员工采取了中国法律范围内的惩戒措施。2018年4月,美国商务部工业与安全局认为中兴通讯并未完成美国法律规定的相关惩戒措施,因此重新激活对中兴通讯的出口管制条例,禁止美国企业向中兴通讯出售零部件产品,禁令有效期为七年。在此后的三个月中,中美政府高层进行了多轮交涉,而中兴通讯在美国商务部的"封杀令"下业务濒临"休克"。① 2018年7月,在经过多方协商后,中兴通讯最终在向美国政府支付四亿美元保证金后被解除了相关出口禁令。虽然美国政府对中兴通讯的制裁告一段落,但这只是美国政府对中国高新技术产业发动更大规模科技制裁的"开胃菜"。图6-10显示了美国出口管制试探阶段概况。

2018年9月至2020年9月是美国政府对中国高新技术企业实施科技制裁战略的正式阶段。2018年9月至11月,美国商务部在国会的要求下,对与战略新兴技术有关的出口管制标准进行了重新修订,并最终出台《出口管制改革法》(Export Control Reform Act of 2018, ECRA),美国政府以国家安全的名义对重要技术的出口管制措施进行了法律强化,这为后续以国家安全之名对中国企业实施出口管制措施奠定了法律基础。2019年5月15日,特朗普政府正式将中国华为公司列入实体清单,对华为的出口管制与技术封锁自此开始。

---

① 《中兴殷一民:美禁令让公司休克 但决不放弃》,https://companies.caixin.com/2018-04-20/101237129.html。

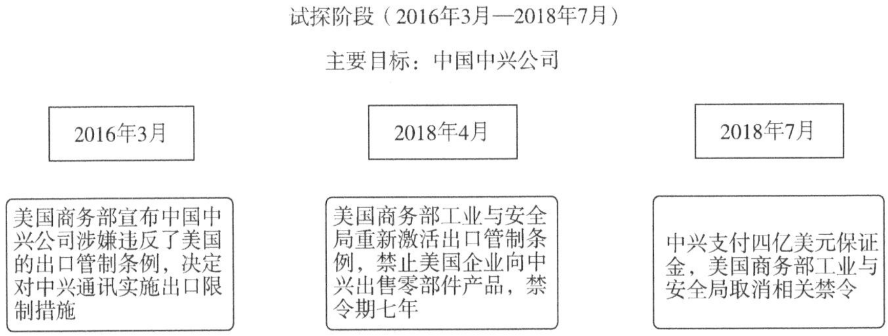

试探阶段（2016年3月—2018年7月）
主要目标：中国中兴公司

2016年3月：美国商务部宣布中国中兴公司涉嫌违反了美国的出口管制条例，决定对中兴通讯实施出口限制措施

2018年4月：美国商务部工业与安全局重新激活出口管制条例，禁止美国企业向中兴出售零部件产品，禁令期七年

2018年7月：中兴支付四亿美元保证金，美国商务部工业与安全局取消相关禁令

资料来源：作者整理。[①]

图6-10 美国出口管制试探阶段概况

2019年5月至2020年5月是美国政府对华为实施正式制裁的第一阶段，美国企业被禁止向华为出售芯片成品或提供软件支持与平台服务。2020年5月，美国政府升级制裁手段，禁令进入第二阶段。主要升级措施包括禁止美国电子设计自动化（EDA）软件供应商为华为自研芯片的相关生产工艺提供服务，同时禁止在生产中使用美国技术的芯片制造商为华为自研芯片提供代工服务。2020年8月17日，美国政府再次升级对华为的"断供"措施，禁止在生产中使用美国技术的芯片制造商向华为出售非华为自研芯片，彻底封锁了华为从全球供应链获取自研或非自研芯片的全部途径。2020年9月15日，美国政府宣布相关禁令全部正式生效。自此开始，包括高通、三星、台积电以及中芯国际在内的在生产环节中使用美国技术的全球主要芯片设计商或芯片代工商无法再向华为出售芯片或提供元器件与软件服务。

美国政府对中国华为公司的出口管制与技术封锁成为美国政府试图通过美国超级跨国公司的结构性权力遏制与"封杀"中国高新技术企业的标志性事件，也极大推动了中美两国在高科技产业的"脱钩"趋势，对全球价值链中高端产业分工格局造成显著影响。图6-11显示

---

① 李巍：《把"超级企业"找回来——理解大国战场的"新士兵"》，山东大学东北亚学院第十三期知识讲堂，2021年11月25日。

第六章 美国政府重构全球价值链的直接动因、手段与影响

了美国出口管制正式阶段概况。

图 6-11 美国出口管制正式阶段概况

2020年9月至今是美国对中国实施科技制裁战略的深化阶段。在对华为及其全球范围内的子公司进行极限施压与芯片"断供"后，美国政府进一步将更多的中国企业与实体纳入与出口管制措施相关的实体清单中。早在2020年6月初，美国政府就将除华为外的33家中国企业或主体列入实体清单，这些企业或主体主要涉及人工智能、网络安全、网络通信、面部识别等高新技术产业。2020年12月18日，特朗普政府以国家安全之名再次将59家中国企业或实体归入实体清单，这其中既包括以中芯国际为代表的芯片代工厂商，也包括中国船舶重工股份有限公司这样的中国国有企业，甚至还包括诸如北京理工大学、北京邮电大学在内的中国高等院校。此后，美国政府以分批次的方式不断将更多的中国高新技术企业与以科研工作为核心的实体列入出口管制实体清单。图 6-12 显示了美国出口管制深化阶段概况。

---

① 李巍:《把"超级企业"找回来——理解大国战场的"新士兵"》,山东大学东北亚学院第十三期知识讲堂,2021年11月25日。

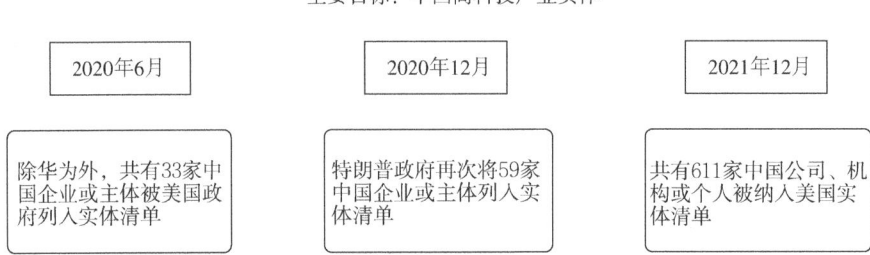

资料来源：作者整理。①

图6-12 美国出口管制深化阶段概况

二、技术"断供"作为全球价值链重构的手段

基于以上事实，考虑到美国政府对包括芯片、人工智能、网络安全在内的多个战略新兴产业领域中的中国企业或实体进行出口管制，同时将超过100家中国企业或实体列入实体清单，为了能够更详细地阐述美国政府是如何基于超级跨国公司的结构性权力对中国高科技产业实施技术"断供"来重构全球价值链，本部分将半导体产业与华为公司作为案例进行梳理与分析。

（一）将半导体产业与中国华为公司作为主要分析目标的原因

选取半导体产业与美国政府对中国华为公司断供作为案例，是因为半导体产业与华为公司的经营模式分别是全球价值链分工格局下形成的标志性战略新兴产业与典型的跨国公司商业模式。

首先，半导体产业通常被认为是全球化程度最高、对全球价值链分工格局依赖程度最深的产业。据数据统计，从原材料至芯片成品，半导体产业拥有超过80道生产工序，涉及技术密集型、资本密集型与劳动密集型生产环节。按照时序性进行排列，一条完整的半导体产业

---

① 李巍：《把"超级企业"找回来——理解大国战场的"新士兵"》，山东大学东北亚学院第十三期知识讲堂，2021年11月25日。

链分为三个主要生产环节，分别为具有技术密集型特征的芯片设计环节、具有资本密集型特征的芯片制造环节及具有劳动密集型特征的芯片封装测试环节。按照当前的半导体产业分工格局，美国企业在芯片设计领域具有比较优势，日本、韩国与中国台湾地区的企业在芯片制造领域具有比较优势，中国大陆、马来西亚地区的企业在芯片封测领域具有比较优势。因此，半导体产业因其较长的生产链条、复杂的制造技术及多元化的资源密集型特征，使产品具有典型的时序性、模块化、碎片式全球生产特征，是全球价值链的重要产物。

其次，中国华为公司是中国知名的高科技企业，其业务经营范围与商业模式具有强烈的经济全球化特征。如果用一家中国跨国企业来代表21世纪中国经济的高速增长与中国产业稳步升级的话，非华为公司莫属。

对华为公司的发展历史进行梳理，在业务类型方面，华为依靠信息与通信技术基础设施服务起家，并逐步开拓零售业务，实现对企业端通信基础设施业务与对零售端个人消费电子产品与信息平台服务的双重覆盖。在业务范围方面，华为早在1995年就启动国际化战略，经过20余年的国际化深耕，华为的业务范围不仅涉及全球170多个国家和地区，更是在21个国家成立38家子公司。在商业模式方面，华为公司是一家拥抱经济全球化的中国跨国公司。华为自成立后就秉持"自主创新+全球合作"的商业发展理念。一方面，华为长期将自主创新与技术研发视作企业核心竞争力，在第五代移动通信技术领域掌握拥有多达2000项世界专利，位居世界第一。另一方面，华为公司高度融入国际分工格局，2018年华为在全球采购芯片花费的资金接近1500亿元，占全球芯片销量的4.4%，是世界上最大的芯片采购商之一。即使是在特朗普政府对华为采取极限施压的背景下，华为创始人任正非依然多次强调坚持拥抱全球化的商业理念。

美国将华为公司视作核心制裁对象，根本目的是遏制华为在移动通信领域获得潜在的结构性权力。2019年，华为在5G技术领域取得了世界领先地位，通过掌握超过2000项5G世界专利并深度参与5G国际标准的制订，华为在新一代移动通信技术领域依靠垄断性技术优势掌握了结构性权力。更重要的是，5G作为一种通信基础设施，对其他信息产业特别是第四次工业革命中的诸多新兴产业具有重要的技术基础作用。例如，智能驾驶、远程医疗、工业物联网等新兴产业都有赖于5G通信技术提供的基础设施服务支持。换句话说，华为对新一代移动通信技术的垄断性优势，不仅将使其在通信设备的供应链条中具有结构性权力，而且还将在其他新兴领域的产业链中具有重要话语权。华为将依靠5G技术成为第四次工业革命中的关键节点，在第四次工业革命中的诸多价值链中拥有结构性权力。

对于美国政府来说，如果华为公司依靠5G技术成长为中国的超级跨国公司，那么美国不仅会因丧失技术主导权而失去主导财富分配的权力，同时还会在潜在的财富创造能力上遭遇中国的挑战，更不用说美国还将丧失长期对全球各国实施网络监控的技术霸权。因此，美国政府出于阻止中国潜在的超级跨国公司在通信领域获得结构性权力及维护美国在财富创造能力方面的相对优势，决定对华为采取极限施压政策。具体来讲，极限施压政策分为两大部分，一方面，美国联合其他军事同盟国家，以威胁国家安全为由，试图联合抵制华为产品，削弱华为在5G领域的市场需求，属于需求端制裁手段。另一方面，为了遏制华为在5G通信、芯片设计、电子终端生态系统方面构建结构性权力优势，美国政府通过使用美国超级跨国公司在半导体产业链分工中的结构性权力对华为实施精准打击，属于供给端制裁手段。本节将主要梳理分析供给端的极限施压政策。

（二）技术"断供"的影响机制

美国政府对华为进行供给端封锁，本质上是依靠半导体产业中美国超级跨国公司凭借技术垄断优势构筑的结构性权力，依托全球价值链分工格局切断华为依赖的跨国供应链体系。2019年，美国学者指出，经济全球化的高速发展导致国家间、企业间形成了诸多基于全球经济网络的相互依赖关系。[①] 大多数相互依赖关系中的主体地位并非对等，一些位于网络关键节点的主体拥有强大的不对称性权力，国家政府可以通过将这些不对称的相互依赖关系"武器化"来实现政治经济目的。在全球价值链中，超级跨国公司因为在技术或其他经济资源上占据垄断地位使其成为价值链的节点参与者，拥有价值链中的结构性权力。如果超级跨国公司的母国政府想要遏制其他国家企业的发展，则可以将全球价值链中的结构性权力"武器化"，通过技术封锁或供应链切割的方式阻断目标企业获得关键技术或重要零部件的渠道。

在全球半导体产业链中，芯片设计环节具有较高的结构性权力，仅有少数几家公司参与，其中以美国企业居多。芯片制造环节具有一定的结构性权力，制造中使用的原材料与生产设备仅由美国和日本等国的少数企业掌控。芯片封测环节的结构性权力最低，这一环节具有较多企业参与竞争，意味着存在较多的替代性选择。

如果按照参与途径分类，半导体产业中的生产设备与软件服务具有极高的准入壁垒，高度的技术垄断性也导致少数参与者拥有半导体产业链中的结构性权力。例如，在芯片设计方面，主要的参与企业为高通、英伟达、英特尔、三星电子、SK 海力士等企业。现代化的芯片设计需要依靠专业性极强的 EDA 软件，目前仅有楷登电子（Cadence）、新思科技（Synopsys）和明导国际（Mentor Graphics）三家美国企业拥有提供此项服务的能力。虽然一些新兴企业正在逐步进入相关市场，但从目前的竞争力对比看，其他企业与这三家企业存在跨维度的实力差距。华为海思虽然已经迈入芯片设计领域，但与上述世界领先芯片设计商一样，设计过程高度依赖三家 EDA 厂商提供的软件服务，图 6-13 展现了半导体产业供应链的运转过程。

[①] H. Farrell and A. L. Newman, "Weaponized Interdependence: How Global Economic Networks Shape State Coercion", *International Security*, Vol. 44, 2019, pp. 42-79.

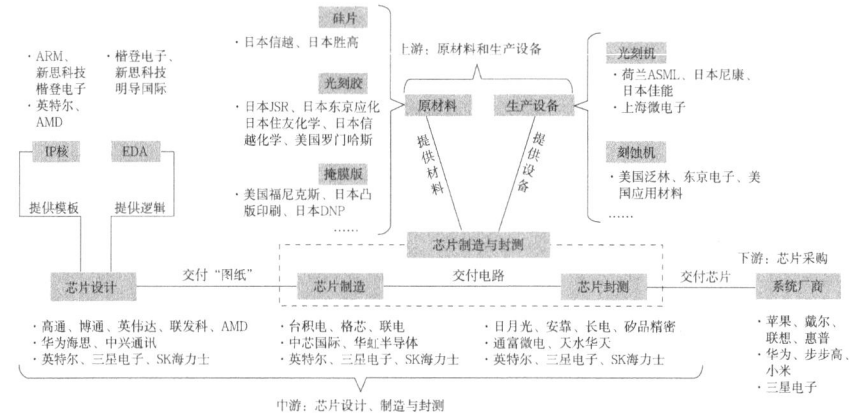

资料来源：李巍、李玙译：《解析美国对华为的"战争"——跨国供应链的政治经济学》，载《当代亚太》，2021年第1期，第4—45页。

图6-13 半导体产业供应链示意图

再比如，在芯片制造环节，主要参与者为台积电、三星电子、英特尔等企业。对于制程在14纳米以下的高端新品来说，制造过程难以摆脱对荷兰阿斯麦尔公司研发制造的极紫外光刻机的依赖。据统计，单台极紫外光刻机的售价接近10亿美元，目前任何5纳米及以下制程的高端芯片制造都无法脱离极紫外光刻技术。阿斯麦尔公司虽然注册地为荷兰，但美国资本在股权比例中占据绝对主导地位，美国实质上掌控着阿斯麦尔公司的决策权。因此，虽然半导体产业链具有全球化、多元化、复杂化的特征，但几家美国企业依靠在生产设备与服务软件方面占据高度技术垄断地位成为全球半导体产业链的核心节点，进而拥有了强大的结构性权力。

美国政府通过对其技术出口进行管制，将这几家在半导体产业中的美国超级跨国公司的结构性权力"武器化"，用以"断供"华为。具体来说，考虑到半导体产业链的国际化布局，美国政府难以对全球各国企业逐一发号施令，但可以通过管控美国技术的授权与使用来规范全球几乎各大半导体企业，因为每家企业在生产中使用的元器件或软件都或多或少必须使用几家美国企业提供的设备与服务。如果这些企业不服从美国政府的制裁令,那么也将面临被美国政府"断供"的威胁。

例如,2021年,拜登政府出台了美国供应链安全政策,要求全球主要芯片代工厂提供过去三年内详细的半导体产品供应清单。包括三星和台积电在内的主要芯片制造商都曾对此表示抗议,认为这有悖于企业遵守的客户保密协议。但最终,清单内所有的芯片企业都在截止日期前服从了美国政府的要求。值得一提的是,美国供应链安全政策以美国供应链安全为名,试图通过提高主要企业的供应链透明度来增强在消费电子、汽车等领域中的半导体供应链韧性。但实际上美国政府的真实意图还是聚焦尖端芯片产品。汽车产业通常使用的28纳米车规级芯片就并未在政策要求范围内,体现了美国的根本意图并非解决消费电子或汽车产业的"缺芯"问题,而是通过获取主要客户名单更有针对性地对中国高科技企业进行芯片出口管制。此外,美国政府将要求的时限设定为过去三年,而三年前也正值美国政府开始对包括华为在内的中国高科技企业进行出口管制与列入实体清单的启动期,从时间点上也反映了美国供应链安全政策的真实图谋。[1]

三、技术"断供"对全球价值链重构的影响

美国政府依靠美国超级跨国公司在半导体产业链中形成的结构性权力对华为公司实施了制裁,这也在一定程度上导致了全球半导体产业链出现重构。

(一) 短期影响

从短期看,技术"断供"造成全球半导体产业链供需关系出现扭曲与失调。早在美国政府对中国中兴公司实施制裁期间,华为公司就预判到了潜在的风险,从而开始加大订单采购量,以备后患。在2020年9月全面制裁生效前,华为公司又抓紧最后的时机加大芯片采购力

---

[1] 谭笑间:《美国以芯片安全为名大搞"供应链情治"》,载《世界知识》,2021年第23期,第62—63页。

度，希望能够最大限度地增加芯片库存。

美国政府对华为的芯片管制与华为扩大库存的举措也在短期内扰乱了全球半导体产业链的运转周期。特别是在新冠肺炎疫情的影响下，不同地区的生产中断造成了严重的"芯片荒"。在此过程中，华为对库存的囤积加剧了"芯片荒"的紧张程度。同时，一些与华为具有相似背景的企业同样担忧政治风险对供应链安全的冲击，导致诸多企业纷纷囤货自保，进一步放大了"牛鞭效应"。

（二）中长期影响

从中长期看，美国政府的出口管制策略将对美国和中国半导体产业企业的战略选择产生重要影响，改变半导体价值链及其他高科技产业价值链中中国企业高度依赖美国技术的现状。

一方面，美国政府对以华为为代表的中国高新技术企业制裁的本意是遏制中国企业的产业升级，阻止潜在的中国超级跨国公司掌握全球价值链中的结构性权力，但美国政府的制裁也有可能对同样依赖全球价值链的美国超级跨国公司造成负面影响，降低相关企业的财富创造能力。据 BCG 预测，如果美国政府保持现行政策，那么五年内美国半导体企业将失去8%的全球市场份额和16%的全球市场收入，如果以2018年为基准，2023年美国半导体公司收入下降规模将达到360亿美元。如果完全阻止中国企业参与美国技术主导的半导体价值链分工，到2023年，美国半导体公司将可能丢失18%的全球市场份额和37%的全球市场收入。[①]

另一方面，如果美国政府的出口管制政策无法彻底掐断中国半导体产业的成长路径，那么全球价值链中的结构性权力对比与供需关系将出现重大变化。

---

① Antanl Varas and Raj Varadarajan, "How Restrictions to Trade with China Could End US Leadership in Semiconductor", https://media-publications.bcg.com/flash/2020-03-07-How-Restrictions-to-Trade-with-China-Could-End-US-Semiconductor-Leadership.pdf.

第六章 美国政府重构全球价值链的直接动因、手段与影响

技术管制政策导致的高昂交易成本将改变中国高科技产业公司的发展战略。以华为为例，自2018年美国对华为实施技术出口管制与进口市场禁入的政策后，华为公司对自身全球化发展战略进行了适当调整。过去，华为公司高度依赖全球供应链，并充分利用经济全球化带来的红利实现技术研发水平的提升与生产效率的提高。即使是在美国政府实施出口管制措施后，华为创始人任正非还曾表示，要坚持开放发展战略，充分利用全球不同供应商生产的先进中间品与强大的技术服务。

但是，技术"断供"导致华为从全球不同地区特别是从美国采购中高端中间品或技术服务的交易成本显著提升。根据产权理论，当某一产品在外部市场的交易成本过高时，企业倾向于将其内部化生产。对于华为来说，使用美国的技术交易成本过高，那么可能的替代选项就是培育中国本土的替代技术。

2019年，华为公司成立了全资子公司——哈勃投资，打破了过去"不投供应商"的原则。经过近三年的发展，哈勃投资已经对包括芯片设计、EDA、封装测试、半导体材料和设备等半导体关键生产环节的近40家中国供应商进行了投资，并且其中已经有五家企业完成了科创板首次公开募股。① 在获取财务回报之余，华为公司更看重的是培养一批不受美国技术限制的中国半导体供应商，并通过战略投资的方式帮助华为打破美国政府利用母国超级跨国公司的结构性权力实施的技术"断供"。此外，华为公司还于2020年末发布了智能手机操作系统——鸿蒙，这不仅在安卓系统"断供"的背景下挽救了"华为系"智能手机，而且还打破了美国苹果公司和美国谷歌公司对手机操作系统的垄断格局，为全球智能手机品牌提供了更多替代性选择，降低了美国超级跨国公司在此环节的强大结构性权力。

当然，华为公司固然重要，但也只是全球价值链与中美战略竞争

---

① 《华为投的第五家IPO，小赚20多亿》，https://baijiahao.baidu.com/s?id=1721714765930066502&wfr=spider&for=pc。

中的一部分。放眼更广阔的局面，除了华为公司之外，一些具备一定竞争力的中国芯片企业与高度依赖芯片产品的高新技术产业都遭到了美国的出口管制，在失去芯片供应来源后，越来越多中国企业已经将提升自主研发能力与构建中国技术主导的半导体产业链视作核心发展战略。按照 BCG 的预测，在中美科技长期隔绝的情况下，中国的半导体自给率将从 2018 年的 14% 提升至 45% 左右，可以满足国内大部分半导体需求。同时，美国半导体产业将会失去 18% 的全球市场份额，而中国的市场份额则会提升至 30%，取代美国占据全球半导体产业领先地位。[1] 美国半导体协会（SIA）和 BCG 的联合报告更是预测，中国大陆将在未来十年成为全球最大的半导体制造基地。[2]

在国家层面，中国政府为了支持国产半导体产业的发展成立了国家集成电路产业投资基金（以下简称"大基金"），截至目前已经完成两期募资。从最近一期的募资工作看，大基金规模突破 2000 亿元，同时可以撬动约 6000 亿元社会资金。这些资金将用于支持在半导体设备与材料、封装技术、EDA 等关键半导体生产环节发力的中国龙头企业，试图帮助相关领域的中国尖端企业打破美国超级跨国公司的技术壁垒，实现自主技术的突破。

在中美战略竞争长期化与新冠肺炎疫情常态化的趋势下，欧美国家纷纷出台产业政策。例如，美国拜登政府于 2021 年 3 月 31 日公布了一项规模达 2.3 万亿美元的基础设施计划，其中 500 亿美元将用于在美国本土建设芯片代工厂并补贴芯片研发。欧盟也颁布了《欧洲芯片法》（European Chips Act），旨在提高欧盟地区在芯片设计、制造和封测环节的自主性，目标是在 2030 年将欧洲半导体的全球生产份额提

---

[1] Antanl Varas and Raj Varadarajan, "How Restrictions to Trade with China Could End US Leadership in Semiconductor", https://media-publications.bcg.com/flash/2020-03-07-How-Restrictions-to-Trade-with-China-Could-End-US-Semiconductor-Leadership.pdf.

[2] Antonio Varas, Raj Varadarajan, Ramiro Palma, et, al. "Strengthening the Global Semiconductor Supply Chain in an Uncertain Era", https://www.bcg.com/publications/2021/strengthening-the-global-semiconductor-supply-chain.

高至20%。从中长期看，全球半导体产业的价值链分工程度可能有所下降，在大国竞争与新冠肺炎疫情不确定性的双重因素叠加下，各国愈发强调本国半导体供应链安全，试图通过全产业链布局的方式确保维护国家安全的"最低可行产能"。此外，跨国公司为了避免政治干扰与对冲疫情风险，将更大可能秉持"不把鸡蛋放在同一个篮子里"的原则，在多地区进行分散化布局。未来，半导体产业链很可能弱化当前的全球价值链分工模式，转为围绕关键市场的区域价值链布局模式。

总之，如果中国被制裁企业能够在短期内免于被美国政府"绞杀"的厄运，同时在中长期内制定有利于自主技术研发的发展战略，那么在中国政府的产业政策支持下，中国半导体产业链不仅可以降低对美国技术的高依赖度，而且还可以实现与美国技术的平行发展，甚至为全球半导体产业带来更多替代性技术，这将进一步改变中国和美国在半导体产业中的结构性权力对比。

（三）技术"断供"对全球价值链重构的影响机制

在信息时代，大国竞争的核心由过去的军备竞赛转为财富创造能力的比拼。在全球价值链中，财富的创造需要国家间的协调与分工，谁在分工体系中掌握主动权，谁就拥有更强大的财富创造力。更重要的是，全球分工体系的主导者还可以在提升自身财富创造能力的同时，削弱甚至切断其他主体创造财富的能力。因此，在全球价值链中拥有结构性权力的超级跨国公司已经成为产业控制力的核心拥有者，他们的决策不仅可以提升财富的绝对创造能力，而且还可以改变财富创造的相对能力与相对收益。

战略新兴产业与高新技术产业既是信息时代中创造财富的核心源泉，同时也对未来各国潜在的财富竞争力具有重要意义。因此，高新技术产业竞争已经成为大国竞争战场上最为关键的焦点战役，而参与这场战役的是各国企业组成的"士兵军团"。对于大多数普通供应商或普通跨国公司来说，他们并没有改变战场格局、决定战役胜负的能力，可以被视作普通"士兵"。而具有垄断性优势、在全球价值链中拥有结构性权力的超级跨国公司是这场战争中的"超级士兵""特种部队"。他们依靠在全球价值链中的"节点"性地位，既可以对敌方大规模部队的供应链、补给链进行封锁，也可以对敌方的"超级士兵"进行定点清除。

值得一提的是，母国与"超级士兵"之间并非是绝对的命令与服从关系，超级跨国公司可以通过与敌方企业的合作获得更大收益，同时免于自身受到敌方政府的报复性伤害。但对于母国来说，"猎杀"敌方关键性企业从而削弱敌方创造财富的能力是根本目的，为此，母国政府可以通过命令与威胁的方式，在牺牲本国超级跨国公司一定经济利益的条件下，实现母国政治经济诉求。从这一点也可以再次印证，超级跨国公司虽然是全球价值链中结构性权力的直接拥有者，但这种权力相比于国家基于市场规模构建的需求型结构性权力还不足以抗衡，民族国家掌握的结构性权力相对于超级跨国公司掌握的结构性权力依然具有更高层级性。

从当前美国政府对中国高新技术企业的"断供"行为分析，美国政府对超级跨国公司结构性权力的使用将深刻改变过去的全球价值链结构。中国企业与美国企业在高新技术产业方面的分工与合作将趋于弱化，如果这种状态长期存在，那么中国企业与美国企业很有可能在新兴战略产业领域形成两套处于平行关系的创新链体系与价值链分工格局。

如果说贸易战是中美战略竞争的起点与正面战场，那么两国在高科技产业与新兴战略产业方面的竞争才是这场大国经济战争的焦点战役。在第四次工业革命提速的关键期，各国在新兴战略产业方面的竞争力对未来引导国际政治经济体系的话语权归属具有关键性影响，对未来决定国家核心竞争力的财富创造能力具有决定性影响。获得领先地位的国家将引领财富创造并主导全球财富增长，处于落后地位的国家将被迫跟随领先国制定的技术标准、服从领先国主导的财富分配安排、接受领先国超级跨国公司的市场主导地位。

因此,哪个国家的企业能在新兴战略产业中占据领先甚至垄断地位,哪个国家就将获得引导未来国际政治经济体系发展的主动权。各国进行产业竞争的途径并非仅限于以关税壁垒为代表的国家市场权力,还可以通过各国拥有的超级跨国公司来争夺技术标准、产品市场、消费偏好等方面的制高点。在这场没有硝烟的产业竞争中,超级跨国公司成为母国竞争的核心战力与关键棋子。

第四节 美国政府对国际政治经济体系中结构性权力的使用

针对中国在国际政治经济体系中结构性权力的提升或者说中国在国际经贸规则与产业技术标准等领域的制度塑造能力提升,美国政府的选择性贸易保护主义政策导向具体表现为提供对中国经济与中国企业具有排他性或歧视性的国际俱乐部产品。

这种国际俱乐部产品一方面呈现出"小院高墙"[①]模式,试图将中国排除在美国政府主导构建的新型集团联盟之外,使全球价值链"去中国化";另一方面呈现出"规锁"模式,美国政府试图通过引导构建新型国际机制并将中国拉入其中,对中国的经济发展与产业分工进行规范和锁定,弱化全球价值链中中国的结构性权力、降低世界经济

---

① "小院高墙"战略最早出自军事领域,这里的"小院高墙"是指由美国人洛兰德·拉斯凯和萨姆·萨克斯于 2018 年 10 月提出的美国政府应对中国竞争的新战略。两位作者针对时任美国总统特朗普采取的与中国"脱钩"(decoupling)政策进行了批判,认为这将有损美国在高科技产业的利益。对此,他们提出应当根据国家安全划定出"小院"范畴,对该领域内的产业进行"去中国化",而对其他领域保持开放,以此维持美国在技术研发等方面的领先优势与长期利益。参见:Lorand Laskai and Samm Sacks, "The Right Way to Protect America's Innovation Advantage", *Foreign Affairs*, 2018。针对"小院高墙"战略,包括谢淑丽(Susan Shirk)在内的美国学者也曾表示该政策将在应对中国挑战时有效保护美国高科技产业的发展利益,参见: "Meeting the China Challenge: A New American Strategy for Technology Competition", https://asiasociety.org/sites/default/files/inline-files/report_meeting-the-china-challenge_2020.pdf。本书中,我们将使用"小院高墙"来表述美国政府对中国采取的"精准脱钩"行为,即在有针对性的部分领域通过提供对中国具有强烈排他性的国际俱乐部产品,实施"去中国化"战略。

对中国的依赖。从使用途径看,美国政府试图从国家安全、技术标准、贸易投资、民主价值四个维度构建新型制度联盟或新型规则体系,通过提供对中国具有歧视性或排他性的国际俱乐部产品,削弱中国及其跨国公司在全球生产体系中的结构性权力。

一、国家安全维度的手段

在国家安全维度,美国政府通过渲染中国企业与中国产品对国家安全的威胁来促使欧美发达国家及部分发展中国家对中国企业与中国产品采取市场禁入措施,最典型的案例是美国联手西方盟友与亚太地区部分贸易伙伴国对华为公司的产品进行市场抵制。

(一) 基于国家安全构建排华企业联盟

美国政府对华为出口市场的"绞杀"大致可分为三个层面。第一,美国政府"以身作则",在美国本土市场对华为产品进行封锁。早在4G时代,美国政府就频繁指控华为电信设备存在后门漏洞,严重危害美国国家安全。受此影响,包括AT&T、Sprint在内的美国电信运营商被迫与华为"划清界限",导致华为原本签订的4G合约被迫终止。[①] 随着5G时代的到来,华为依靠自主创新在市场技术方面取得了垄断性优势,位居行业第一。美国政府再次从舆论层面反复渲染华为对美国国家安全的严重威胁,同时从法律层面开始封锁华为的美国市场。2019年5月15日,特朗普签署行政令,禁止美国企业与涉嫌危害美国安全的企业做交易。2020年3月12日,美国《安全可信电信网络法》(Secure and Trusted Communications Networks Act)正式生效,禁止美国企业采购涉嫌危害美国国家安全的企业提供的设备与服务。2020年6月30日,美国联邦通信委员会明确将华为列入"威胁美国国家安全"黑名单,禁止华为在美国市场销售电信设备与服务。

[①] 李巍、李玙译:《解析美国对华为的"战争"——跨国供应链的政治经济学》,载《当代亚太》,2021年第1期,第4—45页。

第二，美国政府通过双边或多边外交场合，渲染华为产品对国家安全的危害，以劝阻或施压的方式推动其他国家制裁华为产品。美国时任总统特朗普亲口承认曾多次劝说或威胁包括英国、意大利在内的西方国家停止使用华为产品。美国时任国务卿蓬佩奥也曾在出访中多次提及华为产品存在安全风险，劝说其他国家不要购买华为的设备或服务。美国众议院议长佩洛西也曾在 2020 年的慕尼黑安全会议上提及华为产品的安全风险，警告欧洲国家不要与华为做生意。此外，美国还曾多次在西方核心情报交换机制——"五眼联盟"中提及华为带来的安全隐患，并多次威胁其他四个成员国如不停止使用华为产品将中止相关情报合作。

第三，美国政府积极联合其他国家构建对中国具有排他性的产业标准联盟。首先，美国曾在 2019 年的 5G 安全准则会议上组建排斥华为的产业联盟，包括韩国、日本、欧盟、北约在内的 32 个国家和地区及组织一致商定 5G 标准，从而在标准层面对华为实施排挤。其次，美国试图与更多国家和地区构建"去中国化"的信息通信技术 ICT 产业联盟。具体来说，2020 年 8 月，美国宣布将扩大美国版"清洁网络计划"至世界其他地区，试图吸纳更多的国家组成国际联盟，共同构筑对包括华为在内的中国 ICT 企业的产业封锁线。

（二）历史上美国基于国家安全对华技术封锁

回顾历史，美国以国家安全为名构建封锁中国的产业联盟并非新鲜事物，此前最经典的代表要属《瓦森纳协定》。《瓦森纳协定》表面上是一个建立在自愿基础上的集团性出口控制机制，成立于 1995 年 9 月，共拥有 42 个成员国，其中大多为发达工业化国家。虽然该协定名为成员国的自愿出口限制机制，但其实际由美国主导，而中国则是该协定的制裁对象之一。例如，2004 年，中国与捷克就进口六台"无源雷达设备"达成协议，然而最终却因为美国的反对导致捷克使用《瓦森纳协定》的相关条款终止了交易。此外，美国还曾频频使用相关协议禁止向中国出口含有最前沿技术的半导体制造设备,导致中国半导体企业只能采购落后西方2—3代的半导体生产设备。当然,在《瓦森纳协定》诞生时中国还属于主要技术进口国,因此美国主要使用该条款来限制中国取得西方国家的先进技术。随着近年来中国企业逐渐成为信息产业的领先者,美国的制裁措施也从过去的出口管制扩大至市场禁入的范畴。

二、技术标准维度的手段

在技术标准维度,美国政府试图通过将中国科学家或企业家排除在技术标准制定流程之外的方式,阻止中国政府及中国企业参与国际标准的制定。

(一) 知识、技术与标准

知识、技术与标准可以理解为是一种层层递进的关系。

首先,科学家是知识最重要的贡献者,通过对基础科学的研究与试验,发现自然规律,从而获取新的知识,即0到1的过程。例如,美国教授约翰·古迪纳夫在97岁高龄依靠在能源材料方面的贡献获得诺贝尔化学奖。很多人将古迪纳夫称作锂离子电池的奠基人但并非发明者,是因为古迪纳夫只是发现钴酸锂、锰酸锂和磷酸铁锂可以用作正极材料的知识。

其次,技术往往是企业家获取利润的源泉,在知识的基础上,企业家通过应用与改进,将实验室中的科研成果转化为商业化技术,实现知识从研究领域向商业应用领域的转化,即1到n的过程。技术专利与知识产权往往是企业获取利润并对价值链实现掌控的重要保障,专利权的存在也让技术相比知识具有更强的排他性与盈利性。例如,全世界科研界都承认古迪纳夫是磷酸铁锂正极材料的发现者,但关于磷酸铁锂电池的专利权却是一场旷日持久的法律战。

最后,标准是商业化技术的使用规范,如果说技术决定了一家企业的盈利能力，那么标准则决定了这种技术及企业的盈利范围与利润上限。随着技术商业化的日渐成熟，国家往往需要制定相关标准来约束技术的使用，从而保障社会公平与社会安全。当某家企业的技术符合一国的产业标准时，意味着这种技术可以在全国范围内使用，企业可以在全国市场获取专利授权费。当一种技术在世界范围内符合国际标准时，则意味着一家企业的专利授权可以扩展到世界市场。对于科学家来说，世界上存在最好的技术。但对于政策制定者来说，世界上没有最好的技术，只有最合适的技术。纵观人类历史，标准如同规则一样具有制度非中性的特征，标准的制定者往往是标准的受益者。扩展到国际层面，市场规模与产业竞争力决定了一国在标准制定方面的能力，而对标准的制定又提高了领先国与领先企业攫取财富与权力的能力。例如，欧洲国家组建欧盟的一个重要结果，就是欧盟组成了一个拥有4.8亿人口的庞大消费市场，而欧盟也依托市场规模积极塑造市场标准，并从中获利。一方面，欧盟根据欧洲企业的竞争力特点制定相应的市场标准，任何国际企业若想进入欧洲市场，就必须按照欧盟标准与欧洲企业在欧洲市场展开竞争。另一方面，欧盟也将欧洲标准向世界市场推销，顺便把欧洲企业的优势带出国门。欧盟标准的输出有利于保障欧洲企业的国际竞争力，本质上是欧盟利用国家权力为欧盟企业向世界市场拓展的制度安排。

知识、技术、标准代表了研发创新的不同发展阶段，可以说，知识是财富创造的基础，技术是财富创造的平台，标准则是财富创造的上限。因此，如果哪个国家掌握了科学家、掌握了对标准制定的主导权，那么这个国家就可以通过提倡有利于本国企业的国际标准来提高本国企业在世界市场的财富创造能力。

（二）围绕国际标准展开的制度竞争

自融入全球价值链以来，中国逐渐从国际标准的服从者转变为国际标准的倡导者，这离不开中国企业竞争力的提升与中国市场规模的扩大。特别是在第四次工业革命中，中国在包括 5G 通信、人工智能、自动驾驶、无人机、新能源汽车等领域涌现出一批极具竞争力的新兴企业，伴以中国庞大的消费市场，中国企业与中国政府在国际标准议题中的话语权不断得到提升。为了遏制中国在国际标准制定方面的能力提升，美国也试图通过倡导"去中国化"的手段，削弱中国在国际标准设定中的话语权。

2021 年 11 月，美国国家标准与技术研究院（NIST）受美国政府的委托，调查"中华人民共和国在制定新兴技术国际标准方面的政策和影响"，以便政府决策"美国如何采取措施减轻中华人民共和国的影响并加强美国公共和私营部门参与国际标准制定机构"。在调查中，NIST 特别强调了"中国标准 2035"，认为这是以"中国制造 2025"为基础，实现中国政府和中国企业在新兴产业的全球技术标准领导权。但实际上，中国国家标准化管理委员会早在 2015 年就对中国标准"走出去"进行了说明。一方面，对于一些中国企业具有优势的特色领域，中国会在国际标准化组织需要的时候作出贡献，积极参与国际标准制定。另一方面，中国会与其他国家签署标准互认协议，本质上是实现双方的标准互认，促进市场标准的统一，从而降低市场准入壁垒。

为了阻止中国在国际标准方面提升主导权，美国以包括国家安全在内的各种理由，试图拉拢其他国家与美国共同制定国际标准。然而，正如前文所述，国际标准的制定需要前沿企业与拥有大规模市场的国家共同参与。以 5G 为例，华为公司拥有超过 2000 项相关专利，位居世界第一。但美国为了将中国企业排除在世界市场之外，不惜联合其他 32 个国家共同制定 5G 标准，从而排斥华为。未来，随着更多中国企业跻身创新前列，美国政府很可能会拉拢更多盟友在相关产业通过在标准制定层面"去中国化"的方式排斥中国企业。

三、贸易投资维度的手段

在贸易投资维度，美国政府试图通过使用具有强烈歧视性的投资审查机制与具有强烈排他性的"毒丸条款"对中国与世界主要经济体之间的经贸关系进行封锁与重构。自1995年乌拉圭回合谈判结束后，以世界贸易组织为核心的国际贸易与投资多边主义协调机制就陷入停滞，发展缓慢。为了能够在较低的关税水平下进一步推动经济全球化发展，包括美国、中国、欧盟、日本在内的主要经济体纷纷选择大力推动双边经贸关系与区域贸易协定。考虑到潜在伙伴国具有更相似的发展阶段或更匹配的互补关系，区域贸易协定作为一种具有排他性的国际公共物品的确在一定程度上推动了区域投资与贸易的发展。然而，本书想要说明的变化不同于区域贸易协定，具体来说，美国提倡的一些新型理念或合作机制对中国具有强烈的歧视性与排他性。

（一）投资审查机制

美国政府加强了对外国直接投资的审查力度，并将这一改变推广到同盟国家。美国外国投资委员会成立于1975年，成立之初的目的是为美国总统提供与外国并购项目相关的政策建议。在2018年以前，美国政府先后于1988年和2007年加强了CFIUS的审查权力。2018年，特朗普政府通过《外国投资审查风险现代化法案》（FIRMMA），赋予CFIUS更广泛的权力。强化后的美国外国投资委员会可以对外资收购美国公司的计划进行更加严厉的审查，并针对相关交易出具国家安全评估报告。强化CFIUS审查权力的根本动因是赋予美国政府更大权力来保护本国关键技术，阻止其他国家的企业借由收购或投资途径获取相关美国企业通过科技研发创造的前沿性知识与关键性技术。虽然该法并未特意指明针对某一国家，但基于中美战略竞争背景与美国对中国高新技术企业的科技封锁战略，加强CFIUS的审查权力无疑是重点针对中国企业对美国超级跨国公司的跨境并购与战略投资行为。在美国政府的推动与劝说下，欧洲国家也普遍开始强化本地区的外国投资审查机制。

(二)"毒丸条款"与排他机制

美国政府正在试图将新型区域贸易与投资协定"武器化",通过一些特殊条款将中国排除在美国参与的国际经贸协定之外。

早在 2015 年,奥巴马政府就曾提议建设跨太平洋伙伴关系协定(TPP),试图在排除中国的基础上构建新型亚太区域经贸秩序。TPP 也被称作"经济北约",其书面宗旨是构建更高水平的区域投资与贸易协定,共包括美国、日本、新西兰、新加坡在内的 12 个成员国,成员国经济总量达到全球经济总量的 40%。作为亚太地区乃至全世界最为重要经济体之一的中国并未受邀参与该协定的协商,体现了美国对中国的对立情绪。一方面,奥巴马政府希望以此来刺激中国作出更加符合美国价值观的改革措施,从而满足相关要求。另一方面,奥巴马政府可能原本就未计划允许中国参与 TPP,以此通过重塑亚太经贸格局的方式削弱中国在全球生产中的结构性权力,依靠美国超大市场规模赋予的需求型结构性权力来引导构建削弱中国地位的亚太生产体系。但无论如何,TPP 在提出时并未明确拒绝中国参与的可能性,最终也随着 2017 年特朗普政府的上台而搁浅。

自中美战略竞争开始后,一方面,针对中国的"非市场经济地位",美国通过签订"毒丸条款"的方式阻止贸易伙伴国与中国开展贸易。在 2001 年中国加入世界贸易组织之际,考虑到中国作为发展中国家的身份,在美、日、欧等国的要求下,中国被列为"非市场经济地位"成员国。"非市场经济地位"条款允许其他成员以任意"替代国"的生产成本为标准,对条款中的国家进行反倾销或反补贴调查。在此后 15 年中,中国因"非市场经济地位"条款,饱受反倾销诉讼之苦。截至 2016 年,中国连续 21 年成为全球遭遇反倾销调查最多的国家,连续十年成为全球遭遇反补贴调查最多的国家。《中国加入世界贸易组织议定书》规定,"非市场经济地位"条款属于日落条款,在中国加入世界贸易组织满 15 年后自动终止。然而,在 2016 年年底,美国、日本、欧盟以本土法令为依据，先后拒绝承认中国的"市场经济地位"。更重要的是，在2020年7月正式生效的《美墨加协定》中，美国试图将中国"非市场经济地位"的负面效应进一步延伸至区域贸易协定中。在《美墨加协定》第32章第10条名为《与非市场经济国家的自由贸易协定》条款规定，美、墨、加三国中的任何一国如果与某一"非市场经济国家"签署自由贸易协定，则其他成员国有权在六个月后退出《美墨加协定》，并以新的双边贸易协定作为替代。由此可见，《美墨加协定》中的"毒丸条款"对"非市场经济国家"具有显著的排他性，而美国设置此条款的最主要目标无疑是中国，该条款可以被视作结合世界贸易组织"非市场经济地位"条款针对中国设计的组合拳。此外，美国时任商务部长罗斯在接受采访时将《美墨加协定》称作"21世纪贸易协定的新范本"，而将其中的《与非市场经济国家的自由贸易协定》称作"可被复制的毒丸"。如果美国将此条款复制到其他新建立的双边或区域贸易协定中，将导致这些贸易伙伴国无法再与中国签署自由贸易协定。因此，"毒丸条款"是一种对中国具有强烈排他性的国际俱乐部产品。

另一方面，美国试图通过与欧洲建立新型贸易与技术协调机制，对中国进行贸易层面的科技封锁。2021年9月29日，美国和欧盟举行了贸易和技术理事会（TTC）成立以来的首次会议。在诸多会议成果中，美国与欧盟针对第三国强化投资审查、出口管制等措施的一致态度值得关注。时任美国商务部长雷蒙多（Gina Raimondo）明确表示，美国政府的关键目的是通过加强与欧盟在技术与贸易领域的合作，在包括半导体在内的高科技产业领域阻止中国实现技术领先。[①] 虽然欧盟对此观点表示不认同，但美国政府试图通过构建新型区域经贸协定实现"联合抗华"的战略意图已经非常明显。

---

① 张薇薇:《美欧贸易和技术理事会首次会议:共识难掩分歧》，载《世界知识》，2021年第21期，第36—37页。

四、国际制度竞争对全球价值链重构的影响

中美国际制度竞争的核心体现为美国试图通过提供对中国具有强烈歧视性或排他性的国际公共物品来重塑国际制度环境，维护美国在新型国际制度中的制度非中性优势，同时削弱中国在全球生产体系中的结构性权力，以"去中国化"、对中国进行"规锁"的方式，将中国排除在美国主导的国际政治经济体系之外或剥夺中国在这一体系中的话语权。具体来说，在一些美国仍然拥有一定优势或主动权的领域，例如高科技产业、技术标准制定，美国政府试图采取"小院高墙"战略，联合其他盟友对中国实施"精准脱钩"。在美国缺少主动权或中国具有结构性权力优势的领域，例如纺织业、中低端制造，美国政府在无法实现完全"去中国化"的条件下将采取"规锁"战略，通过联合其他盟友设立新的投资贸易协定，约束中国政府的战略选择、规范中国企业的行为方式，从而降低中国及其跨国公司在全球生产体系中的结构性权力。

无论是以国家安全为由还是以民主价值观为借口，美国政府的根本目的都是试图在国际层面拉拢盟友，依靠知识结构内的威胁、劝说与利诱，削弱中国及其跨国公司在全球生产体系中的结构性权力。美国政府从贸易规则、投资壁垒与技术标准制定层面对中国进行"脱钩"，将严重干扰和威胁全球价值链的正常运转，导致全球价值链发生重构。无论是新兴战略产业还是中低端制造业，美国拉拢盟友与中国"脱钩"将导致贸易成本提高、投资不确定性提升以及全球市场割裂。造成这些结果的动因并非市场因素，而是美国为了维护自身及其超级跨国公司的结构性权力优势，对中国及其超级跨国公司进行打压与制裁。美国试图通过将全球价值链割裂的方式，切断中国企业的跨国供应链、挤压中国企业的海外市场、打击中国作为全球生产枢纽的重要地位、压缩中国本土市场的需求规模，进而降低中国在国际制度层面的主导力。

如果说贸易战是双方的主战场、新兴战略产业与技术封锁是双方的焦点战役与关键交锋，那么美国试图通过构建产业联盟或经济集团与中国抗衡的战略则将改变双方未来的战力对比。整体来看，美国政府试图基于国家安全、技术标准、贸易投资与民主价值四个维度，通过组建联盟的方式，对中国经济与中国企业进行产业"脱钩"。自全球价值链形成以来，美国主导的多边经贸机制是全球价值链快速发展的重要驱动因素。虽然包括TRIPs在内的诸多国际规则对美国具有制度非中性的特征，但从适用范围来看，这些国际公共物品具有较大的开放性与包容性，只要潜在成员满足相关规定，即可申请加入。中国通过加入世界贸易组织，也成功加入全球生产与分工体系中，并成为全球价值链中非常重要的生产枢纽。然而，随着中美战略竞争的开启，美国在国际公共物品的供给模式上作出改变。为了应对中国及中国超级跨国公司结构性权力的提升，美国政府开始提供更多具有歧视性和排他性的国际公共物品，试图将中国及其超级跨国公司从美国主导的新型国际政治经济体系中剥离，达到"去中国化"的效果，或在新型国际制度中对中国经济发展与规则话语权进行"规锁"。全球价值链的发展源于国际制度对发达国家与发展中国家的包容性，"去中国化"式的国际俱乐部产品将导致全球价值链发生重构。

第五节　本章小结

第一，中国及其企业是全球价值链的主要受益者。中国及其跨国公司结构性权力的提升导致美国政府对国际制度的主导权优势和美国跨国公司对全球价值链中分配关系主导权优势的弱化，是美国政府主导全球价值链重构的根本原因。中国及其跨国公司结构性权力提升主要表现在三个方面：中国经济在全球生产结构的需求端和供给端结构性权力的提升、中国跨国公司在全球价值链中结构性权力的提升及中国超级跨国公司数量的增长。中国在国际政治经济体系中的结构性权力提升促使中国在国际经贸规则、产业技术标准领域的制度塑造能力提升。

第二，针对中国经济在全球生产结构中结构性权力的提升，美国政府主导全球价值链重构的具体手段表现为发动对华贸易战，依靠美国超大规模市场创造的需求型结构性权力，通过提高关税壁垒的方式扭曲全球价值链，造成贸易转移、投资转移等影响。中美贸易战是中美战略竞争的正面主战场。

第三，针对中国跨国公司结构性权力的提升及中国超级跨国公司数量的增长，美国政府主导全球价值链重构的具体手段表现为对中国高科技产业实施技术"断供"，通过直接使用美国超级跨国公司对关键性技术垄断控制创造的结构性权力，将中国超级跨国公司排除在美国技术主导的全球价值链之外，造成全球价值链结构分化、美国跨国公司全球利润下滑、中国本土价值链加速构筑等影响。高科技产业是中美战略竞争的前沿阵地，超级跨国公司是战场上的"超级士兵"，技术"断供"是"超级士兵"的"特种兵器"。

第四，针对中国在国际政治经济体系中的结构性权力提升导致中国在国际经贸规则、产业技术标准领域的制度塑造能力提升，美国政府主导全球价值链重构的具体手段表现为基于国家安全、技术标准、贸易投资、民主价值四个维度提供对中国具有排他性的国际俱乐部产品，造成全球价值链中"去中国化"的影响。中美制度竞争事关未来战场分化，决定未来双方的战力对比。

第七章 国际分工格局的历史变迁及其对全球价值链重构的启示

全球价值链自20世纪90年代以来成为全球生产体系的核心组成部分,从本质上讲,国际分工格局的演化是全球价值链形成、发展与变迁的基础。理解国际分工格局的演化特征、路径与规律,对分析全球价值链的重构过程具有重要意义。本章将对历史上两次具有比较意义的国际分工格局重构案例进行分析,通过与本次国际分工格局变迁对比,提炼、总结对全球价值链重构的启示。

第一节 大不列颠帝国内分工体系的历史变迁

在16世纪中叶至18世纪中叶的大约200年间,大不列颠帝国通过开拓殖民地并有目的地构建一套有利于宗主国英格兰的帝国管理体系,发展出人类近现代历史上第一个具有较高系统性与政治经济目的性的国际分工体系,这一体系通常被政治经济学家称作"宗主国-殖民地"帝国分工体系。然而,一系列本土政治经济事件对帝国内分工体系的稳定性造成破坏,导致北美殖民地宣布独立。宗主国英格兰对帝国内分工体系结构性权力的丧失与政治经济利益的调整最终导致大不列颠帝国内分工体系的瓦解与英格兰单边自由主义的兴起。

一、大不列颠帝国内分工体系发展特征

(一) 以"国家安全"为核心

从发展理念维度分析,大不列颠帝国内分工体系将"国家安全"视作贸易交换机制的优先目标,希望打造一套可以完全实现帝国内部自给自足的贸易和支付体系。在如今的经济全球化时代,经济学家往往将市场效率当作国际贸易的决定性因素,强调要素禀赋差异与比较优势是推动国际贸易体系与分工格局发展的核心驱动因素。但在16世纪中叶,宗主国英格兰构建帝国内分工体系的核心动因并非追求市场效率,而是主要为了确保宗主国在原材料供应端不受制于其他竞争国,在贵金属的货币流通中减少贵金属由帝国内向竞争国外流。

将"国家安全"视作构建帝国分工体系的核心目标,与当时的国际政治经济环境具有紧密联系。在当时,包括西班牙、葡萄牙、荷兰、法国在内的欧洲列强都是大不列颠帝国的主要竞争对手,帝国间发生小范围的军事摩擦与大规模的全面战争也是常有之事,如果本国军事武器与生活必需品的生产需要依赖从其他帝国及其殖民地进口的原材料,那么在战争期间将会遭遇生产危机。因此,大不列颠帝国内分工体系的核心目的是通过开拓具有不同自然要素禀赋的殖民地,降低对帝国外地区原材料供应的依赖程度,最终实现帝国内部的全产业链循环,构建一个完全自给自足的帝国分工体系。[①]

(二) 不平等的交换机制与财富增长

在确保国家安全的基础上,大不列颠帝国内分工体系的第二个目标是打造一套可持续发展的帝国内交换机制,确保宗主国利益至上。宗主国为殖民地设定的主要目标并非发展而是专业化生产具有比较优

---

① 迈克尔·赫德森著,丁为民、张同龙等译:《国际贸易与金融经济学:国际经济中有关分化与趋同问题的理论史》,北京:中央编译出版社,2014年版,第31—33页。

势的特色产品,服务于宗主国的政治经济利益。

宗主国与殖民地之间具有显著的分工差异,分工体系呈现鲜明的层级式特征。宗主国主要从事工业制成品生产,殖民地主要从事原材料生产与供给。在大不列颠帝国中,包括新英格兰地区、纽芬兰地区、南大西洋沿海地区、不列颠西印度地区和不列颠印度地区在内的五大殖民地区域只允许生产当地具有比较优势的原材料产品,禁止生产与宗主国之间具有竞争关系的产品。此外,由于在工业革命发生前人类社会的生产力水平普遍较低,殖民地在专业化生产与出口本地具有比较优势的原材料产品的同时,还要负责粮食与家居必需品方面的自给自足,以免给宗主国带来"贫困的依赖"[1]。宗主国则垄断帝国内的工业制成品生产,并将这些产品出口到殖民地,辅助殖民地的开采与挖掘工作。

大不列颠帝国内分工体系中的贸易与支付机制是该体系的精髓,同时也是宗主国财富增长的重要源泉。帝国内贸易机制可大体分为两个类型:第一种是殖民地将当地生产的原材料产品出口至宗主国,宗主国则用本地生产的工业制成品进行交换。第二种是殖民地将一些剩余产品出口至帝国外地区,并将换取来的贵金属支付给宗主国用于换取必需的工业制成品。

理解宗主国财富增长的原理需要从三个方面进行梳理。第一,表面上看,宗主国与殖民地之间是一种公平的等价交换,但实际上,宗主国依靠自身庞大的市场规模,牢牢掌控着殖民地出口的大宗商品价格水平,这导致宗主国可以以成本价向殖民地购买原材料,同时要求殖民地为宗主国生产的工业制成品支付超额利润。在第一种贸易机制中,殖民地需要花费更多的原材料来购买工业制成品,在第二种贸易机制中,殖民地需要向宗主国支付更多的贵金属。宗主国与殖民地之间不对等的权力地位与交换关系,也导致帝国内分工体系的财富分配

---

[1] 迈克尔·赫德森著,丁为民、张同龙等译:《国际贸易与金融经济学:国际经济中有关分化与趋同问题的理论史》,北京:中央编译出版社,2014年版,第31—33页。

机制向宗主国倾斜,以贵金属为代表的财富源源不断地流入宗主国,而殖民地只能换取用于维持再生产的工业制成品。

第二,自给自足的贸易与支付体系加固了宗主国在帝国内分工体系中的权力,提高了宗主国的国际竞争力。早在大不列颠帝国之前,西班牙与葡萄牙殖民者作为西方"地理大发现"浪潮的引领者,通过武力攫取、军事征服或强行纳贡的方式,从南美地区殖民地获取大量贵金属。然而,西班牙在劫掠与奴役美洲本土居民的过程中并未构建一套可持续性创造财富的贸易体系,只是通过将劫掠来的贵金属支付给潜在竞争国的方式换取所需原材料与制成品。一方面,这导致西班牙的财富大量流入竞争国;另一方面,当殖民地的贵金属被挖掘一空时,西班牙无法再获得更多财富。结果,西班牙劫掠来的黄金大量流入荷兰,使得荷兰于17世纪成功崛起,而西班牙陷入衰落。

相比早期的西班牙王国,大不列颠帝国可被称作一个成熟老练的帝国。一方面,大不列颠帝国通过构建自给自足的帝国内分工体系,使宗主国拥有的贵金属主要在帝国体系内流通,因为宗主国主要从殖民地购买原材料产品,而殖民地也主要向宗主国购买必要的工业制成品。另一方面,殖民地开采的贵金属或向帝国外地区出口原材料换取的贵金属将不断涌入帝国内分工体系,使得体系内的财富规模不断提升。基于不对等的交换机制,贵金属又将源源不断流入宗主国,提高宗主国的财富积累。[1]

更重要的是,帝国分工体系与自给自足的贸易与支付机制强化了宗主国在安全、生产、金融等领域的结构性权力。宗主国依靠大量的贵金属财富组建强大的海军舰队,一方面确保了帝国分工体系的顺利运行,防止敌对国与竞争国的破坏和骚扰行为。另一方面,帝国内的军事霸权也迫使殖民地屈服于宗主国建立的制度规则与分工安排,巩固了帝国分工体系的稳定性。宗主国军事霸权的庇护、宗主国信贷的

---

[1] George Louis Beer, *The Commercial Policy of England Toward the American Colonies*, New York: Peter Smith, 1948, p. 43.

支持等加深了殖民地对宗主国的依赖程度,进而加强了帝国内部的稳定。

第三,对工业制成品的生产垄断是宗主国在帝国内分工体系中结构性权力的核心源泉。宗主国禁止殖民地生产宗主国专业化生产的工业制成品,使得宗主国的出口产品在帝国分工体系内具有高度垄断性。对于大多数殖民地来说,需要通过出口原材料到宗主国的方式来换取生产必需的工业制成品,这导致殖民地在需求端与供给端都对宗主国产生高度依赖。对于部分具有帝国外出口市场的殖民地来说,宗主国往往会禁止这些殖民地用贵金属购买帝国外地区生产的工业制成品,因为这会造成帝国内贵金属的外流,削弱帝国的政治经济实力。因此,对工业制成品的垄断性生产地位不仅使宗主国从帝国内的不对等贸易交换机制中获益,而且还加剧了殖民地对宗主国的依赖程度,巩固了帝国分工体系的根基。

(三) 帝国内分工体系的基本结构

从结构特征维度分析,大不列颠帝国试图通过构建五大殖民地地区的方式确立自给自足的贸易体系,形成以"宗主国-殖民地"为结构,具有"中心-外围"特征的分工体系。如图7-1所示,对当时英格兰所需的主要原材料进行梳理,可以分为四大类别。

第一类主要包括航海补给品、沥青、钾和铁,世界主要产地为瑞典、波兰、俄罗斯、德国等国。根据英国历史学家乔治·刘易斯·比尔的评价,这类原材料对大不列颠帝国的国家安全与经济增长具有至关重要的影响。如果爆发战争导致大不列颠帝国无法获取相关产品,将使其海军舰队失去作战能力,其商船队无法进行航海贸易。[①]

第二类主要包括葡萄酒、橄榄、葡萄干等亚热带地区的农产品和奢侈品,世界主要产地为地中海沿岸国家。这类产品对国家安全的影

---

① George Louis Beer, *The Old Colonial System*: 1660-1754, Vol. I, New York: The Macmillan Company, 1912, pp. 37-38.

响较小，主要服务于英格兰本土居民的生活需求。

第三类主要为鲱鱼，世界主要产地为荷兰的鲱鱼渔场。在当时，各国政治家普遍认为鲱鱼渔场为荷兰的繁荣奠定了基础，因此对于鲱鱼的供给格外重视。

第四类主要为香料、硝石、丝绸、宝石等东方奢侈品，主要产地为荷兰的东印度地区（今印尼群岛）。这些产品对改善英格兰军民生活质量具有重要作用，但这些原材料在历史上曾先后被葡萄牙人和荷兰人控制，导致大不列颠帝国需要花费高昂的成本从这些潜在竞争国采购。

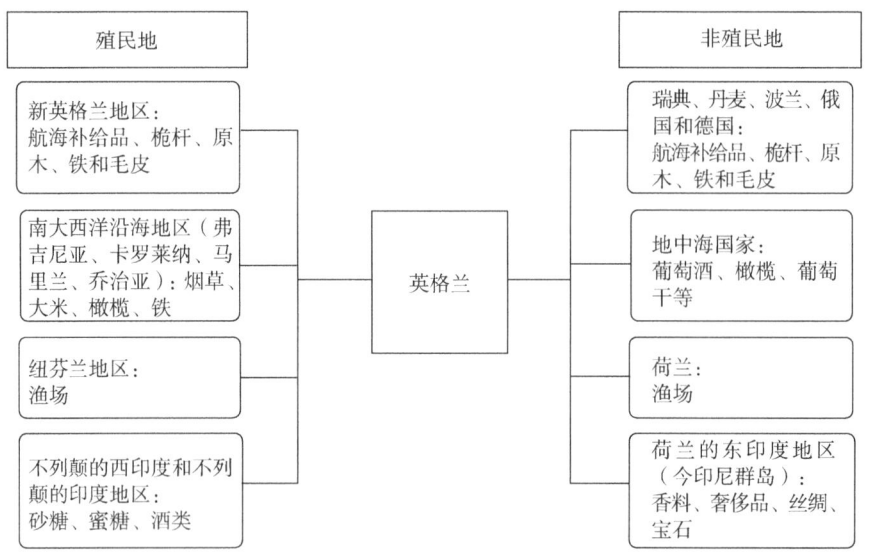

资料来源：作者整理。①

图7-1　大不列颠帝国内贸易体系与外贸体系

在当时，这些原材料的生产往往需要依赖特定的自然环境，主要产地也均是依靠先天自然条件确立的资源禀赋成为主要出口地区。为了能够替代这四大类产品的帝国外进口渠道，大不列颠帝国根据自然

---

① 迈克尔·赫德森著，丁为民、张同龙等译：《国际贸易与金融经济学：国际经济中有关分化与趋同问题的理论史》，北京：中央编译出版社，2014年版，第31—33页。

条件的差异，先后打造了五大殖民地地区。其中，新英格兰地区与波罗的海地区自然条件相似，成为第一类产品的主要替代地区；纽芬兰地区依靠渔业方面的自然禀赋，成为大不列颠帝国的渔场与海员的培训基地；南大西洋沿海地区依靠与地中海相似的气候，成为烟草、大米、橄榄和铁的主要产地；不列颠的西印度与印度地区则成为东方奢侈品的主要替代地区。

可以发现，大不列颠分工体系的建造严格遵循了以国家安全为宗旨、实现自给自足的发展理念。通过构建差异化的殖民地，对大不列颠帝国需要进口的原材料产品进行了帝国内生产替代，这导致帝国分工体系内成为一个自给自足的贸易循环体系。在当时的国际体系中，无论是西班牙、葡萄牙，还是荷兰和法国，都无法完全构建一套自给自足的殖民地分工体系。例如，法国因为缺少具有相关自然禀赋的殖民地而需要长期通过支付贵金属的方式从新英格兰地区购买粮食、木材和家畜等产品，这也在一定程度上为新英格兰地区后续的独立提供了原始的资本积累。

总之，大不列颠帝国内分工体系的自给自足特征与不对等的交换机制，使得大不列颠帝国成功崛起，即使是在第一次工业革命尚未爆发的年代，精妙的帝国内政治经济体系与生产分配安排帮助大不列颠帝国实力攀升至世界领先地位。而帝国内部宗主国凭借制成品生产的垄断地位与财富分配的中心地位，使英格兰成为当时全球最富有的地区。

二、大不列颠帝国内分工体系的瓦解

在大不列颠帝国内分工体系中，宗主国依靠庞大的市场规模与对工业制成品生产的垄断地位掌控着整个体系的结构性权力。该体系的运转得益于大不列颠帝国市场对殖民地专业化生产的原材料的庞大需求以及殖民地对宗主国生产的工业制成品的高度依赖。在16世纪中叶至17世纪中叶的100年间，大不列颠帝国内分工体系实现了结构扩张及财富积累。然而,17世纪中叶宗主国内部的一次政治经济事件,导致帝国内分工体系开始出现裂痕,并随着18世纪中叶新英格兰地区的独立而最终崩溃。

英格兰对谷物进口关税的提高,导致宗主国与新英格兰地区的贸易依赖关系出现裂痕。在16世纪中叶至17世纪中叶期间,英格兰地区因人口增长、农业歉收等因素的影响,谷物价格居高不下。为了应对国内粮食短缺的潜在威胁,一方面英国王室通过《谷物法》对英格兰谷物出口进行了严格的限制,另一方面新英格兰地区对英格兰地区的谷物出口成为北美殖民地与宗主国之间重要的贸易品。然而,在1660年查理二世复位后,英格兰地主阶级掌握了政治主导权,并促使政府制定更有利于英格兰本土地主阶级的经济政策。1670年,查理二世通过了《谷物法》,首次规定了英格兰本土地区的谷物进口关税,此后英格兰地主阶级更是通过谷物法先后阻止多种农产品的进口。[①] 这意味着北美殖民地专业化生产的农产品失去了帝国内最重要的出口市场,而与宗主国贸易量的萎缩也导致新英格兰地区失去了购买宗主国生产的工业制造品的主要手段,只能通过帝国外的出口市场来换取有限的贵金属并用于支付工业制成品。此后,英格兰更是明确规定禁止新英格兰地区用传统的贸易品换取英国的工业制造品。表面上看,《谷物法》是宗主国内部的一次经济政策转向,但这实际上破坏了帝国分工体系的长期稳定,迫使新英格兰地区开始自己制造必需的工业制成品。

在随后的半个世纪中,北美殖民地开始逐渐发展本地的工业制造体系,并于18世纪初引发了宗主国的担忧。1719年,英国议会出台相关法律,禁止任何殖民地建造生产铸铁或加工生铁的高炉,并明确指出在殖民地建设工厂将促使它们脱离大不列颠的帝国体系。此后,每当殖民地的企业宣布进入新的生产领域,帝国法律对殖民地的生产

---

① 迈克尔·赫德森著,丁为民、张同龙等译:《国际贸易与金融经济学:国际经济中有关分化与趋同问题的理论史》,北京:中央编译出版社,2014年版,第38页。

禁令就会变得更加严厉，对殖民地的生产管制就变得愈发苛刻。有趣的是，随着管制措施的愈发严格，宗主国实际上已没有能力实施管制并就违法行为作出有效制裁。到了后期，管制更多的像是一种意识形态而非具体的管制措施。①

新英格兰地区在工业制造品方面生产能力的获得与提升，从两个层面对大不列颠帝国内分工体系造成了冲击与重构。一方面，宗主国阻止殖民地发展工业能力具有财富创造能力方面的考虑。当新英格兰地区开始自主生产工业制成品后，殖民地居民将不会用出口获得的收入来支付宗主国生产的工业品，这将导致宗主国获取贵金属财富的能力下降。另一方面，随着新英格兰地区的工业能力逐步提升，殖民地不仅将削弱对宗主国的依附程度，而且还将与宗主国在出口市场方面展开竞争。英国赛德怀茨伯爵就曾注意到新英格兰地区的工业品开始销往不列颠西印度地区，这无疑将对宗主国工业品的出口市场与帝国内分工体系的"中心-外围"层级关系形成冲击。② 为了能够阻止新英格兰地区工业制成品竞争力的提升，宗主国不仅下达了生产禁令，而且还在帝国内部禁止殖民地之间开展与工业品相关的贸易活动，例如，英格兰曾禁止殖民地的商船停靠沿海口岸，试图通过在贸易渠道方面掌控垄断权的方式来重构帝国内的贸易结构。

随着新英格兰地区与宗主国之间在贸易关系与收入分配层面的矛盾不断激化，新英格兰地区于1775年发动独立战争，并最终获得独立。自此之后，英格兰开始逐渐放弃自给自足式的帝国内分工体系，以不列颠为中心的分工体系开始发生转变。造成分工体系发生重构的原因主要有两方面：第一，在经历了长达两个世纪的帝国体系发展后，英格兰地区的工业水平已经遥遥领先世界其他地区，而在此期间工业

---

① Witt Bowden, *The Industrial History of the United States*, New York: Adelphi Company, 1930, p. 99.

② George Lovis Beer, *The Old Colonial System*: 1660–1754, Vol. II, New York: The Macmillan Company, 1912, p. 234.

体系的扩张与财富的积累也为大不列颠帝国成为第一次工业革命的领导者奠定了重要的经济基础。工业生产技术的领先使英格兰不必依托高昂的帝国关税壁垒来创造工业品市场，而是可以通过推动关税壁垒下降的方式，依靠产品成本与质量优势开拓全球市场，这也成为大不列颠帝国由自给自足的帝国贸易体系转向单边自由贸易体制的开端。第二，随着大不列颠帝国殖民区域的扩大，英格兰需要花费更多的贵金属来购买与维护庞大的海军舰队，从而防范敌国的入侵与帝国内的反叛。对新英格兰地区的镇压失败，也让英格兰意识到以庞大的军事开销来维持帝国分工体系开始变得得不偿失。英格兰完全可以打开市场，缩减军事规模，依靠工业实力的领先在全球市场获得更多财富。

因此，帝国内殖民地对宗主国依赖关系的瓦解及宗主国对帝国分工体系的庞大开支，导致大不列颠帝国内分工体系最终瓦解。在世界市场的庞大需求与本土领先工业体系的影响下，不列颠开始实施单边自由贸易体制，并试图以此来鼓励更多国家开放国门，从而为英格兰工业品提供更广阔的市场，因为这种体制相比于帝国内分工体系而言，更有利于当时英格兰的政治经济利益。

第二节　美日贸易摩擦与美日分工格局变迁

二战结束后，美军对日本实施军事管制，并将"防止日本重新威胁美国"作为军事管制的终极目标。① 然而，美苏冷战的启动让日本成为资本主义世界在东亚地区的重要地缘战略支点。为了能够将日本打造为资本主义世界的战略性支点，美国将原先的目标调整为"帮助日本建设安定富强的国家"，并制订"道奇计划"对日本的产业重建工作进行经济援助，美日双方的政治经济关系也自此出现历史性转折。②

---

① 鹫尾友春著,孙律译:《日美博弈战》,北京:中国友谊出版公司,2021年版,第50页。
② 巴里·艾肯格林著,陈召强译:《嚣张的特权:美元的国际化之路及对中国的启示》,北京:中信出版集团,2019年版,第60页。

1955年至1995年间,日本依靠美国的经济与技术援助、基于政企协调的产业政策及出口导向型发展战略,逐渐成为资本主义阵营中的头部经济体。日本的经济崛起与国际竞争力的提高也导致美国的市场需求与美国在资本主义阵营生产结构中的结构性权力不断遭遇挑战。为了巩固美国经济实力的领先优势,更重要的是稳固美国在生产结构中的结构性权力,美国依靠结构性权力优势频繁对日本施压,通过制定多样化的政策来限制日本产业竞争力的提升,进而扭转美国在西方阵营国际分工体系中愈发不利的局面。

一、美日贸易摩擦的历史变迁

在1955年至1995年的40年间,日本与美国在包括纺织产业、钢铁产业、汽车产业、电信产业和半导体产业等诸多产业领域发生经贸摩擦,这些纠纷领域覆盖轻工业、重工业与信息产业,体现了不同时期美国对日本产业竞争力的差异化态度与需求。根据历史脉络与发展特征,可以将美日贸易摩擦大致分为三个时期,分别为:启动阶段(1955—1970年)、爆发阶段(1971—1985年)与恶化阶段(1986—1995年)。

(一)启动阶段

在启动阶段,美日贸易摩擦聚焦于纺织产业。早在二战爆发前,日本就已成为纺织业的佼佼者,于1935年超越英国成为全球纺织品第一出口国。由于纺织业不会在军事层面构成威胁,日本纺织业并未在战争期间与战争结束后遭遇严重冲击,得以延续发展。1957年,日本超过英国并夺回全球纺织品的头号出口国地位。在1951—1956年短短五年间,日本纺织品占美国市场份额由17.4%迅速扩大至60%以上,导致美国轻工业行业向美国政府寻求保护。[1] 为了保护本土纺织产业,

---

[1] 陈倩:《美日贸易摩擦的演进过程、经验教训及对我国的启示》,载《金融与经济》,2019年第3期,第12—22页。

更重要的是获取轻工业行业的选票支持,尼克松政府以归还冲绳作为谈判筹码,迫使日本政府要求日本纺织业对美国实施自愿出口限制。自此之后,日本纺织品对美出口额再未提升,美日纺织品摩擦告一段落。

(二) 爆发阶段

在爆发阶段,美日贸易摩擦由轻工业转至以钢铁、汽车为代表的重工业。早在二战结束时,美军拆除了日本本土的钢铁工业基础设施,其目的是通过限制日本钢铁产业的发展来阻止日本提升军事实力,从而确保日本不对美国构成威胁。但随着冷战的开始,美国政府由阻止日本钢铁业发展转为通过提供技术与投资的方式,支持日本钢铁产业的重建与发展。到了1954年,日本的钢铁产量已足以支持美军在朝鲜战争中的军事需求,成为美军在东亚的重要战略保障。然而,美国技术与日本产业政策的支持导致日本钢铁产业的发展超出了美国政府的预期,日本粗钢年产量由1951年的650万吨猛增至1970年的9332万吨。在1960—1978年间,日本钢铁年产量的平均增速达到9.7%,日本也于1963年成为全球钢铁出口规模最大的国家。到了20世纪70年代,日本钢铁在美国市场的占比已经超过一半,这引发了美国的严重担忧。[①]

在经济安全的考虑与利益集团的游说下,日本被迫接受美国提出的自愿出口限制与对美最低出口价格管控等贸易管制政策。在汽车产业领域,20世纪70年代爆发的两次石油危机,导致日本与美国在汽车产业的竞争力出现显著变化。汽车产业一直是美国工业的骄傲,石油危机的发生导致美国企业生产的高油耗汽车的市场竞争力下滑,而日本企业依靠精益求精生产体系制造的节能汽车更让美国消费者青睐。在此背景下,20世纪80年代初,日本汽车产量突破1100万辆,成功

---

① 鹫尾友春著,孙律译:《日美博弈战》,北京:中国友谊出版公司,2021年版,第54页。

超越美国成为全球第一大汽车制造国,而美国汽车企业则遭遇销量与盈利危机。① 为了保障美国本土的就业规模并维护美国车企的市场份额,美国政府要求日本车企实行出口管制措施,日本车企迫于压力则加大了对美国市场的国际直接投资,希望通过本土化生产的方式缓和美国政府对日本汽车的打压。

（三）恶化阶段

在恶化阶段,美日贸易摩擦的焦点由重工业转向信息产业,其中电信产业与半导体产业的纠纷最为激烈。在电信产业,美国企业具有行业领先优势,为了能够进一步拓展全球市场,美国要求日本在通信器材、电信服务等领域开放市场,以允许美国企业进入日本市场,这最终促成了美日电信业贸易摩擦协定。② 半导体产业的争端可谓是美日贸易摩擦的焦点,也最具代表性。自 1947 年美国科学家沃尔特·布拉顿等人发明晶体管以来,美国企业就一直是半导体产业的开创者与领先者。在 20 世纪 70 年代初,以德州仪器、摩托罗拉和仙童半导体为代表的美国公司一直占据着全球半导体供应商的头排,而日本半导体企业则难以进入前十的行列。然而,依靠"政企一家"的产业政策,日本企业在存储芯片领域成功实现突破,并逐渐取得行业领先地位。在 20 世纪 80 年代中期,日本电气股份有限公司（NEC）、东芝、日立成为全球排名前三的半导体生产商,此外,日本生产商在当时的前十名中占据了六席。美国企业在半导体产业的衰落与日本企业在半导体产业的崛起形成了鲜明对比,导致美国政府开始采取限制日本半导体产业发展的政策。在 1985—1995 年间,美国政府先后通过"301 调查"、出台《半导体芯片保护法》以及达成《日美半导体协议》的方

---

① 鹫尾友春著,孙律译:《日美博弈战》,北京:中国友谊出版公司,2021 年版,第 105 页。
② 在 1981—1995 年之间,美国与日本就电信业贸易纠纷先后签订了三份相关协定,分别为:《美日政府采购器材协定》（1981—1983）、《新美日政府采购器材协定》（1984—1987）和《美日移动电话协定》（1994—1995）。参见陈倩:《美日贸易摩擦的演进过程、经验教训及对我国的启示》,载《金融与经济》,2019 年第 3 期,第 12—22 页。

式,试图在挤压日本芯片产品需求的同时提升美国芯片产品在日本市场的销售份额。

在1995年之后,美国以减少贸易赤字为名,先后与日本签订了《日美结构问题协议》和《日美综合经济协议》,其涉及的实际谈判目标超过了贸易失衡的范围,将促进日本市场化改革等内容也包含其中。随着日本国内房地产泡沫的破裂,日本逐渐失去了挑战美国领先地位的产业竞争力,美日贸易摩擦也就此告一段落。

二、美日分工格局变迁

(一)美日产业实力对比变化

美日经贸摩擦的起源在于日本经济在二战后不断实现产业升级,导致日本企业与美国企业在诸多产业领域展开竞争。以半导体产业为例,在20世纪60年代至80年代,日本企业与美国企业处于一种高度互补的关系,美国在技术创新与市场规模方面均占据主导权,而日本则需要依附于美国的技术授权与产品市场。在技术发展方面,虽然日本于1960年成为全球晶体管最大产量国,但美国企业在杰克·基尔比的带领下已经步入集成电路时代,导致日本企业与美国企业在半导体产业存在发展代际差距。日本企业在诸如收音机的电子产品生产中也大量购买美国中间品并使用美国技术。例如,1956年,美国飞歌公司董事长就对日本晶体管产量的提升表示毫不担心,他认为,日本的产量越高就意味着支付给美国企业的专利费越多,而美国企业则可以通过使用这些资金进行下一代技术研发。而集成电路实现量产技术后,基尔比与德州仪器也将相关专利有偿授予日本企业使用。在市场规模方面,1970年,全球半导体市场规模约为8700亿日元,而到了1980年,市场规模突破3.5亿日元。在1980年,日本市场约占全球市场的25%,美国市场在全球市场占比则超过50%,德州仪器、摩托罗拉和仙童半导体三家美国企业牢牢占据全球前三大半导体生产商的宝座。

自 1985 年起，日本企业在存储芯片方面的突破严重冲击了美国企业的技术领先地位与市场领先地位，导致日本与美国在半导体产业的关系由互补型转为竞争型。在技术发展方面，日本企业的动态随机存取存储（DRAM）技术成功超越美国企业，在质量与成本的把控方面均处于领先地位。更重要的是，日本企业普遍采取全产业链布局，在"研发－制造－封测"环节均处于自主可控的状态。反观美国企业，虽然早早进入半导体产业，但在光刻机制造上却被日本尼康公司实现关键生产环节的技术垄断，而这也成为后来美国半导体产业投资荷兰阿斯麦尔公司并在光刻机领域最终取得垄断权的关键原因。在市场规模方面，1986 年，日本的半导体产品几乎占据了全球市场一半的份额，是全球最大的半导体生产国。在全球存储芯片市场中，日本产品的销量超过一半，而美国只占约 37%。日本企业牢牢占据全球半导体生产商前三的位置，在前十名生产商中有六家为日本企业。①

这一系列关键实力对比的转折导致原先处于领先地位的美国企业反而处于下风，日本企业从过去的技术购买者与市场依附者逐渐转变为技术授权方与市场主导方。正是日本与美国在产业竞争中由互补关系向竞争关系的转换，导致了美国政府寻求通过超越市场的政治谈判与相关管制政策来阻止日本获得领先优势。

（二）美日贸易战本质——国际分工中的结构性权力

对于美日贸易摩擦发生的本质原因，需要从两方面理解。第一，美国产业竞争力的弱化与国内政治因素的确是美国采取措施试图扭转美日分工格局的原因。例如，在纺织产业中，日本产品在美国市场的迅速扩张导致了美国本土制造商的衰落，而美国纺织产业又在政治选举中具有较为重要的选票数量，因此，肯尼迪政府与尼克松政府的确迫于利益集团的游说压力，促使日本纺织业自愿实施出口限制。此外，

---

① 以上数据和详情参见：刘芮、李墨天：《日本半导体究竟是怎么输的？》，https://stream-capital.com/article/370。

汽车贸易摩擦导致美国本土就业面临危机，日本企业通过对美国直接投资的方式也增加了美国汽车行业的就业岗位，缓解了日本企业对美国就业构成的冲击。第二，虽然国内政治与利益集团是部分原因，但美国对日本产业进行压制的根本动因在于日本削弱了美国在资本主义阵营生产结构中的结构性权力。

在20世纪80年代，半导体产业是第三次工业革命的基础与核心领域，掌握对该领域的主导权不仅意味着主导财富分配结构，而且还意味着在国际政治经济体系中拥有结构性权力优势。例如，在美苏冷战中，核武器及发射核武器的弹道导弹是两国间相互制约的重要军事力量，而弹道导弹的发射精准度依赖于基于芯片的制导技术，因此，美苏都试图通过发展半导体产业来获得军事领先优势。半导体技术的军民两用性也使得美国对于该领域的产业竞争优势尤为看重。日本在20世纪80年代中期对美国的赶超，使得美国将逐渐丧失依靠半导体产业领先带来的结构性优势，而日本企业与产业基础正逐渐成为资本主义阵营与社会主义阵营在军事与经济方面抗衡的重要力量。

1989年，索尼公司联合创始人盛田昭夫和日本国会议员石原慎太郎曾经出版了一本让美国人深感忧虑的著作——《日本可以说"不"》，其中的观点表明了日本人对获得结构性权力的优越感，而这无疑让美国政府感到忧虑。两位作者提出了这样一种观点：日本的经济实力能够改变整个世界的权力平衡。日本作为一个现代工业化国家的成功崛起，让包括美国和苏联在内的任何一个国家都无法强迫日本做任何事情，而这本书的题目也在颇具"挑衅"意味的语境下直截了当地表达了这一观点。[1]

书中对当时日本领先世界的半导体产业为例进行了更详尽的描述。书中明确指出，如果不使用日本制造的半导体，弹道导弹就无法精确瞄准；如果日本不把半导体卖给美国，而是卖给苏联，日本便有可能

---

[1] 克莱德·普雷斯托维茨著，于杰、冯佳、张健译：《美日博弈》，北京：中信出版集团，2021年版，第1页。

改变世界的权力平衡。即使是以今天的视角阅读此书，依然可以被这样令人震惊的表述所震撼，更感受到当时日本商界和政界或许被快速崛起的经济实力冲昏了头脑。但抛开冷战的价值观导向与日本政商界的自信不谈，这段话实际上在无意之中表达了日本在生产结构中结构性权力的扩大，而正是结构性权力的变化加剧了美国对日本经济崛起的担忧，并试图通过一系列政治手段打压日本结构性权力。

正如前文所言，相比于具有强制性与胁迫性色彩的联系性权力，结构性权力的最大特点在于可以不用对其他参与者施加压力，仅通过改变自身行为就能达到目的。以日本20世纪80年代的半导体产业为例，日本可以通过决定是将半导体产品销售给美国还是苏联对全球权力平衡施加影响，日本本身不具备任何对苏联或美国施加联系性权力的能力，但却可以通过结构性权力的方式让美国感到担忧。换句话说，当时的日本在半导体产业中具有决定如何生产以及如何销售的结构性权力，而这正是西方世界体系主导国美国所不能接受的。

此外，更让美国政府感到愤怒的是，日本在利用美国提供的安全结构的基础上，试图在生产结构中实现结构性权力的领先。克莱德·普雷斯托维茨是20世纪80年代美国贸易谈判代表，《日本经济新闻》将他称为"造成美日经贸关系紧张的罪魁祸首"。在回忆录中，普雷斯托维茨曾描述了一段关于日本20世纪80年代新一代战机研发工作的内容。在20世纪80年代初，为了使日本更好地应对冷战威胁，美国试图向日本出售最为先进的F-16战机，以替换日本过于老旧的F-1战机。然而，日本政府对此项目带来的经济意义更为关注，提出了FSX战机计划。具体来说，日本政府提出美国军机并未达到日本标明的64个参数需求，导致日本不愿意购买F-16，而是计划自主开发新机型。虽然美国相关部门根据日本的要求进行了多次调整，但日本始终不同意有关采购计划，执意自主开发新机型。普雷斯托维茨指出，日本的本意并非提高军事防御力，因为日本相信美国提供的军事保护足以应付冷战的威胁。日本新战机计划的真正目的，是希望以此来发展日本在航空业的技术研发能力与产业基础设施,并与美国展开竞争。①

总之,美日贸易摩擦以国际产业竞争与本土利益集团博弈为开端,其本质是对生产结构中的结构性权力进行争夺。对于美国来说,日本经济崛起有助于从地缘政治上与苏联抗衡,但如果日本的产业竞争力开始对美国在资本主义阵营生产结构乃至安全结构中的结构性权力形成挑战,则是不可接受的。因此,美国试图以政治谈判的方式,利用自身在资本主义阵营中的结构性权力优势打压日本的产业升级,尝试扭转对日本更为有利的分工格局。

第三节 历史对比及启示

基于以上内容,本节将通过历史比较的方法,探讨全球价值链重构与上述两个国际分工格局变迁案例的相似之处,并在此基础上提出相关启示。

一、大不列颠帝国内分工体系变迁与全球价值链重构对比

大不列颠帝国内分工体系与全球价值链分工体系虽然在国际政治经济环境、科学技术发展水平、国际分工类型与国际贸易参与主体等方面都存在显著差异,但从国际分工体系结构与财富分配机制、主导国与新兴国之间的竞争关系及国际分工体系的变迁机制等维度分析,依然具有诸多的参考与比较意义。

第一,构建具有不对称相互依赖关系的国际分工体系符合主导国的政治经济利益。在大不列颠帝国内分工体系中,英格兰地区依靠对工业品制造的垄断地位成为帝国内分工体系的中心供给节点。殖民地需要通过出口原材料的方式与宗主国进行交换,才能获取生产所需的

---

① 克莱德·普雷斯托维茨著,于杰、冯佳、张健译:《美日博弈》,北京:中信出版集团,2021年版,第7—47页。

工业制成品。宗主国则依靠垄断地位创造的帝国分工体系内结构性权力主导财富分配机制，使财富流入英格兰地区，而殖民地仅能获得维持生产的工业品。此外，英格兰地区还是帝国内的中心市场，各殖民地虽然也在生产具有地方特色的差异化原材料产品，但如果以此为筹码要挟宗主国，不仅会失去重要的出口市场，甚至会遭遇宗主国的军事打击。在全球价值链分工格局中，美国凭借其超级跨国公司对某些生产技术的垄断地位，成为全球贸易大循环的主导国，美国超级跨国公司则成为全球价值链分工格局中的核心生产节点。发展中国家需要依靠美国超级跨国公司授权的先进技术参与全球价值链引导的碎片化生产，导致发展中国家企业对美国超级跨国公司具有较高的技术依赖程度。美国超级跨国公司与美国政府依靠技术的垄断性主导构建有利于美国超级跨国公司全球财富分配机制，超级跨国公司可以通过全球生产获取超额利润，而缺少权力的供应商或跨国公司只能获得近乎要素价格的收入。此外，美国还是全球价值链高速发展阶段的世界中心市场，美国市场带来的消费型权力让全球企业都需要遵守和服从美国政府确立的规章制度，因为不服从将意味着失去美国市场甚至失去使用美国技术的供应链体系。可以看到，无论是大不列颠帝国内分工体系中的工业制造品还是全球价值链分工格局中的先进技术，都是凭借市场垄断地位为拥有者创造了结构性权力，而这种权力可以帮助拥有者构建有利于自身利益的财富分配机制，并要求其他缺少权力的参与者服从相应的制度安排。

第二，当新兴国对主导国的依赖程度下降并对主导国的垄断性地位构成挑战时，会造成主导国的不满并通过使用结构性权力来降低新兴国的潜在威胁。在大不列颠帝国内分工体系中，英国国内的《谷物法》导致新英格兰地区开始自主生产工业品，而工业品制造一直是英格兰的专属权利。为了阻止新英格兰地区的工业品生产，英格兰依靠宗主国地位带来的结构性权力明令禁止殖民地自主生产工业品。当法律禁令无法起效时，英格兰则进一步威胁将新英格兰地区剔出大不列颠帝国内分工体系，以脱离宗主国市场为威胁，阻止新英格兰地区的工业品生产。在全球价值链中，2008年国际金融危机带来的外部市场冲击促使中国政府作出经济发展的战略调整，由出口导向战略为主逐渐转向开拓本土市场，同时更加强调技术的自主创新以实现产业升级。一方面，中国企业在技术创新方面实力的提升对美国超级跨国公司的技术垄断地位构成挑战。另一方面，中国消费市场规模的扩大削弱了美国过去作为世界市场中心的节点地位。更重要的是，在新冠肺炎疫情对全球供应链造成严重冲击的背景下，中国依靠稳定的产能增强了世界市场对中国工厂的供给依赖程度，提高了中国在全球生产端的结构性权力。为了阻止中国及中国超级跨国公司的结构性权力提升，美国政府通过贸易战挤压中国的出口市场份额，使用美国超级跨国公司的结构性权力对中国企业的全球供应链进行打压。可以看到，无论是英格兰还是美国，当新兴国逐渐摆脱对自身的依赖并逐步提升在既有体系中的结构性权力时，主导国都会试图使用既有分工体系中的结构性权力优势对新兴国进行打压，希望以此挫败新兴国对自身结构性权力构成的挑战。

第三，当既有分工体系不再有利于主导国的政治经济利益时，主导国会引导分工体系进行重构，并使其朝着有利于自身利益的方向发展。在大不列颠帝国内分工体系中，当新英格兰地区实现独立后，英格兰意识到继续维持自给自足式的帝国内分工体系将不再符合大不列颠帝国的政治经济利益，围绕工业体系展开竞争将更有利于英格兰的经济利益，因此转而推行单边自由贸易体制，希望通过知识结构中对自由贸易制度的推广促使其他国家和地区开放国门，从而形成新的有利于英格兰的国际分工体系。在全球价值链中，当认为既有价值链分工格局更有利于中国经济及中国企业时，美国政府试图通过提供对中国具有歧视性或排他性的国际俱乐部产品来重构国际分工格局，希望通过"精准脱钩"或"去中国化"的方式将中国剔出或"规锁"在未来美国主导的国际分工格局。

二、美日贸易摩擦与全球价值链重构的对比

美日贸易摩擦导致的分工重构与全球价值链重构在产业特征、重构方式等方面均具有相似之处。

(一) 产业特征

在产业特征方面，美日摩擦与中美贸易战的焦点领域均为半导体产业，不同的是美日摩擦是就半导体产业的领导权展开争夺，而中美摩擦则是美国依托半导体产业的优势对中国高科技企业进行技术封锁。但相同的是，无论是 20 世纪 80 年代的美日摩擦还是如今的中美贸易战，美国作为主导国的根本目标是通过干扰既有国际分工格局来阻止新兴国在战略新兴产业对美国的结构性权力构成挑战。在美日摩擦中，日本企业实际上已经获得了在技术创新与市场规模方面对美国的领先，导致美国被迫使用非市场行为对日本半导体产业进行遏制。在中美贸易战中，中国华为公司同样在 5G 领域取得了全球领先，美国则因无法允许新兴国及其企业取得生产结构中的结构性权力而发起出口管制与技术制裁。此外，美国与日本在 20 世纪 60 年代曾在半导体产业形成了高度互补的关系，同样，中国与美国在 21 世纪初也在经济结构上实现高度互补。随着互补关系因新兴国的产业升级而转为竞争关系，主导国对待新兴国及国际分工格局的态度也随即发生转变。无论是美日摩擦还是中美贸易战，其本质都是主导国为了阻止新兴国获取结构性权力优势而试图重塑国际分工格局。

(二) 重构方式

在重构方式方面，美国都是基于自身的结构性权力优势，试图以此为杠杆来阻止日本或中国实现超越。具体来说，美国对日本的遏制主要基于美日同盟关系。例如，美国曾以冲绳回归日本作为筹码，与日本就纺织品贸易协定展开谈判，利用安全结构中的权力优势来迫使

日本接受美国的谈判条件。美国对中国的"脱钩"则是基于自身超大规模市场带来的消费性权力与美国超级跨国公司在全球价值链中创造的技术垄断式结构性权力。本质上来说，在以上两次国际分工格局重构中，主导国都是使用了自身依然拥有的结构性权力优势来遏制新兴国在结构性权力上的增长趋势。

三、启示

回顾近代人类国际政治经济发展史，自西方所谓的"地理大发现"开始，人类各文明、各地区、各国家之间的国际分工格局与分工模式就处于动态变化之中。

一方面，科技进步引发社会生产力水平大幅提高导致各地区要素禀赋与比较优势出现改变是引发国际分工格局出现动态变化的重要因素。例如，第一次工业革命与第二次工业革命深刻改变了当时的国际分工格局与分工模式，工业革命中的领先国依靠发达的生产力成功占据国际分工体系中金字塔尖的主导地位。美国在独立前只是大不列颠帝国内分工体系内的北美殖民地，主要依托自然禀赋出口原材料产品。但经过大规模市场开拓与科学技术创新后，成功跻身第二次工业革命主导国行列，实现国际分工地位与类型的重大转变。

另一方面，国际政治经济环境的变化与大国实力对比的改变也是引发国际分工格局出现变化的重要因素。例如，20世纪90年代冷战结束让美国成为当时世界上唯一的超级强国，驱使美国加速实现全球市场的深度融合，而这成为全球价值链形成与快速发展的关键驱动力。此外，作为第一次工业革命的领导国与最大受益国，英国为了能够在全球范围内获取更多财富，于19世纪60年代建立单边自由贸易体制，并依靠军事强权打开亚非拉地区国家的国门，扩大英国主导的国际分工体系。可以说，生产力与生产关系的变化共同促进了国际分工格局的变化。

从市场效率来分析，国际分工的深化和细化将促进全球生产效率的提高,有助于人类总福利水平的提高。然而,自《威斯特伐利亚和约》签订后,民族国家迄今为止依然是国际政治经济体系中的核心参与者,除了人类总福利外,出于政治目的与经济发展的考虑,民族国家政府更为关注本国福利水平的变化及与其他国家福利水平的比较。按照经济学原理分析,国际分工格局的形成与变迁以各国要素禀赋构成与比较优势为基础,各国生产率水平的变化与要素禀赋的变迁将导致国际分工格局出现改变。

但事实上,无论是帝国内分工体系、美日贸易摩擦还是当前的全球价值链重构,主导国都试图通过塑造有利于自身政治经济利益的制度环境来扭曲或调整基于市场导向的国际分工格局发展。这背后的关键因素,就在于国际分工格局体现了不同国家在全球生产结构中的结构性权力,而生产结构中的结构性权力决定了不同国家之间在国际分工体系中的财富分配关系。

2000年,美国学者拉尔夫·戈莫里和威廉·鲍莫尔在经济全球化的高速发展期就对此进行了深入探讨。他们认为,现代国际分工格局中的比较优势是通过国家战略进行塑造的,而各国根据自身利益往往希望跻身那些具有高垄断性特征的战略性产业,从而获得更多的财富收入。在这种产业竞争的趋势中,主导国可以依靠自身在国际政治经济体系中的结构性权力来塑造有利于自身的国际制度,从而在国际分工格局中参与具有高垄断性特征的产业。但当新兴国依靠本国产业竞争力开始与主导国产生竞争时,主导国就会利用结构性权力来遏制新兴国的崛起,维护自身在生产结构中的结构性权力优势并主导全球财富分配。[①]

正如美国国际政治经济学家丹尼尔·德茨纳所言,虽然"武器化的相互依存"在学界是一个新提出的概念,但是利用相互依存关系来

---

① 拉尔夫·戈莫里、威廉·鲍莫尔著,文爽、乔羽译:《全球贸易和国家利益冲突》,北京:中信出版集团,2018年版,第3—14页。

获取政治经济利益对于民族国家来说已经具有非常悠久的历史。[①] 在大不列颠帝国内分工体系中，宗主国英格兰依靠殖民地对帝国市场的依赖，通过垄断工业品生产来获取不平等的财富收益；在美日贸易摩擦中，美国利用日本在安全结构、金融结构中对美国的高度依赖，对日本在半导体产业中的分工地位进行调整，维护美国企业在半导体产业中的领先优势与结构性权力；在全球价值链重构中，美国则利用国家层面超大市场规模、企业层面的技术垄断能力和国际层面的制度主导权来遏制中国经济和中国超级跨国公司结构性权力的提升，从而确保美国及其超级跨国公司在全球财富分配方面的主导权。

虽然在三个时期中，主导国的结构性权力特征与使用途径并不相同，但它们都反映了这样一种规律：当主导国在既有国际分工格局中的结构性权力下降时，它会利用尚存的结构性权力优势主动调整国际分工格局，使其重新朝有利于自身政治经济利益的方向变迁。

第四节　本章小结

本章主要通过采用历史比较研究方法，通过梳理与总结大不列颠帝国内分工体系和美日国际分工体系的发展特征与变迁过程，与当前正在经历的国际分工格局变迁进行比较并提炼对全球价值链重构的启示。通过研究发现，以上三次国际分工格局的变迁与重构都与主导国与新兴国之间生产结构性权力对比出现变化有关。

第一，在大不列颠帝国内分工体系中，对制成品生产的垄断式生产是宗主国掌控生产结构中结构性权力的核心途径，当北美殖民地开始自主生产制成品时，宗主国的结构性权力受到影响，导致宗主国倾向于重新塑造有利于自身政治经济利益的新型分工体系。

[①] Daniel W. Drezner, Henry Farrell and Abra Ham L. Newman, *The Uses and Abuses of Weaponized Interdependence*, Washington D.C.: Brookings Institution Press, 2021, p.6.

第二，在美日经贸摩擦案例中，日本作为新兴国相继在纺织业、汽车业、电信业、半导体产业等领域对美国的相关产业构成竞争与冲击。其中，半导体产业事关国家安全与经济繁荣，是美国在第三次工业革命中保持结构性优势的支柱产业，日本对美国半导体产业的冲击导致美国政府试图采取政治手段来重塑半导体产业的分工格局，使其再次朝有利于美国半导体产业的方向演进。

第三，在全球价值链重构中，中国超级跨国公司在高科技产业对美国超级跨国公司逐渐构成竞争，中国的市场规模也开始逐渐与美国的超大市场规模看齐。为了能够巩固美国经济及美国超级跨国公司在全球生产结构中的主导权，美国政府采取政治手段改变全球价值链的既有模式。

在以上三个案例中，虽然生产结构中的结构性权力在不同时代具有不同的表现形式，但国际分工体系的变化均体现了主导国试图防范新兴国对其生产结构性权力的领先优势构成冲击，当国际分工体系开始逐渐转向有利于新兴国的政治经济利益时，试图通过政治手段引导国际分工体系发生重构，使其重新朝有利于主导国的方向重构。

第八章 全球价值链重构对中国的挑战与中国应对

上一章通过历史对比总结了历史上国际分工格局变迁对全球价值链重构的启示。基于以上内容,本章将对中国如何应对全球价值链重构从而确保中国经济实现可持续高质量发展提供政策建议。本章将从四个维度切入进行研究,分别为基于需求层面的制度型开放、基于供给层面的产业链布局、基于创新层面的国家创新体系及基于发展开放层面的经济全球化展望。

第一节 全球价值链重构对中国的挑战

一、"去中国化"与"锁规"

从既有的趋势判断,全球价值链重构对中国构成的最大挑战是全球分工的"去中国化"。中美战略竞争是导致全球价值链发生重构的核心因素,而美国的根本目的是试图通过"去中国化"的方式,削弱中国经济与中国超级跨国公司在全球生产结构与全球价值链中不断提升的结构性权力,从而维护和加强美国经济及美国超级跨国公司在结构性权力方面的领先地位。换句话说,美国政府希望通过重塑制度环境的方式，将中国剔出或"规锁"在美国主导构建的新型全球生产结构，从而实现对结构性权力的把控。

从引导全球价值链发生重构的手段分析，美国政府试图以贸易战的形式通过增加贸易壁垒的方式，提高中国出口产品的贸易成本和制度层面的不确定性，迫使各国企业从中国迁出，从而挤压中国在全球供给侧的市场需求。其次，无论是美国政府对中国企业设立的市场准入限制还是技术出口限制，其本质都是将中国企业排除在美国主导的世界市场或美国超级跨国公司主导的全球供应链之外，造成中国企业与世界主要市场或关键性技术"脱钩"。通过实施具有强烈排他性的相关政策将中国的产能从需求端与供给端进行双重封锁。此外，美国主导构建的对中国具有排他性的国际制度规则试图从制度环境层面实施"去中国化"，通过使用诸如"毒丸条款"等协议规则的方式来孤立中国经济。

在新冠肺炎疫情发生后，受到供应链中断的影响，美国拜登政府一方面通过推出一系列产业政策引导美国企业回迁本土从而重塑美国本土制造业，另一方面则通过"再挂钩"的方式缓和中美经贸摩擦，缓解美国本土制造业产能不足造成的供给压力。但需要指出的是，拜登政府选择"再挂钩"的领域主要聚焦于中低端价值链的产品组装环节，其主要目的是在短期内缓解美国供应链压力。从长期来看，美国政府仍在试图通过构建新型区域经贸协定和推动民主联盟的方式寻找可以替代中国的发展中国家。一旦发现，美国政府也将通过国际制度塑造的方式引导美国跨国公司将中低端价值链由中国转移至其他潜在生产国。对于那些暂时无法脱离中国经济或中国产能的领域，美国政府也试图通过提供对美国具有制度非中性的国际公共物品的方式，在与中国"挂钩"的同时，对中国经济发展实施"规锁"[①]。更值得关注的是，拜登政府延续甚至强化了前任政府在高科技领域与中国的"脱

[①] 张宇燕、冯维江：《从"接触"到"规锁"：美国对华战略意图及中美博弈的四种前景》，载《清华金融评论》，2018年第7期，第24—25页。

钩"战略。正如北京大学国际战略研究院的报告所指出的,在战略竞争背景下的中美关系主旋律是"竞争为主,合作为辅",美国政界对于与中国"脱钩"的界线尚无定论,但在包括人工智能、航空航天技术、芯片及半导体设备等高科技领域与中国实施"脱钩"已基本成为共识。

综上,在短期内,美国的全面"去中国化"与中美"完全脱钩"难以实现。但从长期来看,美国政府对中国发起的"精准脱钩"与"规锁"很可能会通过重构全球价值链的方式在中高端价值链层面遏制中国高科技产业的发展,在中低端价值链层面削弱世界对中国经济的依赖度。

二、"低端锁定"与"高端断供"

全球价值链重构将对中国企业的产业升级进程形成挑战。在全球价值链的高速发展期,中国政府依靠"以市场换技术"和出口导向型战略,通过大量利用外资的方式协助中国企业引进、消化和吸收较为先进的生产技术。已有研究表明,嵌入价值链能够帮助企业通过关系网络、"干中学"及本土化改良等途径实现产业升级,由中低端价值链向中高端价值链攀升。在全球价值链重构趋势下,从长期来看,技术"断供"虽然可以提高中国企业的自主创新动力,但从中短期来看,中国企业接触和学习国外先进技术的难度将显著提高。

对关键性技术实现垄断性控制,是超级跨国公司获得全球价值链中结构性权力的重要源泉,对技术的垄断性控制往往源于超级跨国公司率先掌握了相关知识。因此,科学技术不仅是第一生产力,而且还是主导生产与分配关系的重要驱动力。美国政府主导的出口限制与技术封锁导致中国高新技术企业依托全球供应链进行发展的难度不断提升,"断供"风险不断扩大,这将导致中国企业的产业升级路径面临"低端锁定"与"高端断供"的双重风险。如果中国产业长期遭遇来自全球价值链低端与高端的封锁,将导致中国产业发展陷入停滞,产生收入增长停滞、掉入中等收入陷阱等风险。

三、"超级全球化"与贸易保护主义

全球价值链重构表面上看是国际分工格局的一次转变，但从更深的层面判断，实际上是经济全球化在经过20年高速发展后的一次重要转变。在以美国为代表的西方国家因国内经济矛盾和政治原因引发经济保护主义与民粹主义的阶段性背景下，中国成为当今世界高举经济全球化大旗的领导者。中国能否吸取过去20年经济全球化中的经验教训，引导经济全球化向着更加包容、和谐、公平的方向发展，成为未来全球化能否可持续发展的决定性因素。

自20世纪90年代至国际金融危机期间的经济全球化被一些学者称作"超级全球化"[①]，其主要特征就是追求市场效率、强调各国间制度与规则的统一，以最大可能的方式降低国家间的贸易壁垒、投资壁垒，实现资源在全球的最优配置。需要指出的是，"超级全球化"的形成与发展得益于冷战结束后特殊的政治经济环境。美国作为当时唯一的超级强国，在军事实力、金融实力、科技实力等方面具有绝对的领先优势，因此，正如前文所言，基于市场逻辑的经济全球化有利于美国的经济利益。此外，由于两极世界格局的终结导致美国失去了具有足够挑战性的竞争对手，从而使美国对国家安全与产业自主性的关注度下降，促使大量中低端制造业外迁。

在此背景下，"超级全球化"造成的大范围产业转移加剧了发达国家内部和全球范围内发达国家和发展中国家的两极分化。一方面，发达国家制造业的大量外迁造成了国内产业的空心化，跨国公司的资产所有者与经营者作为经济全球化的利益既得者，从全球市场攫取大量财富。缺乏高端劳动技能的中产阶级则面临来自发展中国家廉价劳动力的激烈竞争，就业岗位的外流导致中产阶级收入陷入停滞，面临失

---

① 21世纪初，土耳其学者丹尼·罗德瑞克提出了"超级全球化"的概念，并认为"超级全球化"、国家主权与民主制度之间构成了一组不可能三角，以此说明"超级全球化"的不可持续。2021年，中国学者郑永年也提出，以"超级全球化"为核心的旧秩序正面临崩塌。

业风险。据《纽约时报》统计，2020年美国最富有的1%的人群掌握了全美国约32%的财富，而收入处于后50%的人群仅拥有全美国财富的2%，这与美国曾经引以为傲的"橄榄型"收入结构大相径庭。另一方面，发达国家超级跨国公司依靠全球价值链中的结构性权力，在财富分配中获取超额收益，而发展中国家的价值链参与者往往只能获得近乎于要素价格的收益，这导致财富分配的不均衡由发达国家内部进一步延伸至全球范围。如图8-1所示，在财富不平等方面，2021年世界上最富有的10%的人拥有全球75%的财富，其中最富有的1%的人群拥有全球高达38%的财富，而底层50%的人口所占财富仅为2%。在收入不平等方面，2021年全球最富有的10%的人群收入超过全球总收入的50%，而最底层的50%的人群收入仅为全球总收入的8.5%。

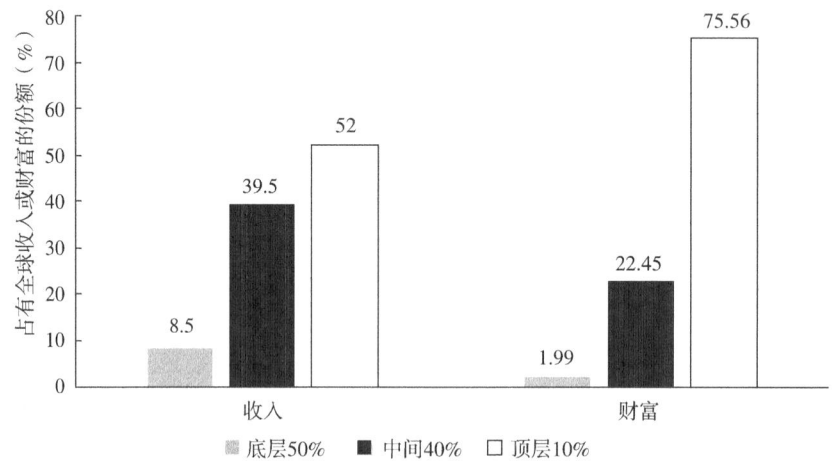

资料来源：L. Chanel, T. Piketty, E. Saez and G. Zucman, *World Inequality Report* 2022, World Inequality Lab, 2021, p.10。

图8-1 全球收入和财富不平等情况

此外，在一些国家看来，"超级全球化"造成的大范围产业转移还对国家安全构成了挑战。在全球价值链的高速发展期与收缩调整期，中国凭借良好的基础设施、充足且质量较高的劳动力以及出口导向型发展战略成为"世界工厂"，大量的中低端制造业由发达国家迁入中国。2020年新冠肺炎疫情暴发后，受到防疫政策与疫情不确定性的影响，全球货物贸易受到严重干扰。在此背景下，欧美发达国家普遍出现医疗器械与日常用品短缺的状况，因为这些国家在全球价值链中基本失去了本土生产与制造相关产品的能力。随着疫情趋于常态化，小到厕纸大到高端芯片的全球供应链遭受严重影响，美国港口因激增进货需求与港口的装卸能力无法匹配，导致大量货船停滞在港口、大量商品无法输送至国内市场。这一方面造成海运集装箱价格高涨，另一方面也导致美国国内遭遇严重的通货膨胀。受到供应链中断的影响，自新冠肺炎疫情暴发后，包括美国、日本、澳大利亚在内的多个国家都相继提出制造业回迁的产业政策。① 这些政策的目的不仅仅是保护本土供应链安全，同时还致力于推动本国高科技产业的发展，试图以此争夺未来全球价值链中的结构性权力。

第二节　中国应对

回顾中国经济的腾飞历史，改革开放无疑是最为关键的国家发展大计。其中，改革与开放实际上是一种相互协调、互相演进的关系。一方面，中国若想实现对外开放，就需要在制度层面实现与世界主要经济体的匹配与融合，从而推动国内经济制度加速改革。另一方面，国内体制的改革加速解放了生产力，而生产力水平的提高又提供了促进开放的动力。正是在这种相互协调、相互促进的关系基础上，中国通过加入世界贸易组织，倒逼国内相关制度实施改革，通过不断融入

---

① 美国国会于2021—2022年先后通过《创新与竞争法案》(US Innovation and Competition Act)、《促进美国制造的半导体法案》(The Facilitating America-Built Semiconductors (FABS) Act)和《2022年美国竞争法》(America competition Act of 2022)等多部致力于高科技产业竞争与制造业回流的重要法案,从税收减免、科研补贴、建厂补贴等多个角度鼓励半导体企业回迁美国,加大美国本土在半导体研发与制造方面的竞争力。欧盟则于2022年初颁布《欧洲芯片法案》(European Chips Act)，致力于在八年时间里投资450亿欧元支持欧洲芯片产业发展。日本政府也在2020年针对新冠肺炎疫情提出的经济救助计划中拨款2200亿日元用于补贴日本企业将工厂回迁日本本土。

世界经济，为中国经济在21世纪初的高速增长奠定了坚实基础。可以说，中国经济的腾飞离不开与世界经济的融合，中国企业在微笑曲线上不断实现攀升离不开对国际分工体系的深度参与。

因此，在中美战略竞争的时代背景下，继续坚持改革开放不动摇，进一步实现中国经济与世界经济的深度融合，这是中国应对全球价值链重构的战略核心。在此基础上，中国应当从四个层面构建具体应对之策。

一、需求层面：推进制度型开放，构建超大规模市场

在全球价值链的高速发展期，中国作为人均收入仍处于中低水平的发展中国家，主要依靠充足的高性价比劳动力、完善的基础设施及出口导向型发展战略，依托发达国家市场需求，从供给侧切入全球价值链。自此之后，随着中国产能水平的不断提高，在后国际金融危机时期，中国通过产业升级成为全球唯一一个具有全产业链生产能力的国家，通过供给层面的能力提升实现世界经济与中国经济的深度融合。在需求层面，由于中国的人均收入处于较低水平，虽然依靠庞大的人口基数构建了一定规模的国内市场，但总体来说，中国对全球价值链的深度参与更大程度上依赖于生产端的融合。然而，随着2020年中国人均GDP突破一万美元大关及不断推动的刺激内需战略，中国通过需求端参与全球分工正在变得愈发重要。

中国国内市场规模的不断扩大及中国市场开放度的不断提高，正在成为中国深度参与全球价值链、与世界经济深度融合的新动力。虽然美国政府试图依靠重塑制度环境的方式阻止中国产品进入美国市场、禁止使用美国技术的相关企业向实体清单中的中国企业出售相关产品与服务，但中国依然将成为美国及其他国家跨国公司最为重要的海外市场。

如图8-2和表8-1所示，自21世纪初起，美国消费市场规模就遥遥领先其他国家，成为全球最大的消费市场。2021年中国社会消费品

零售总额达到约6.8万亿美元,美国消费品零售总额为7.4万亿美元,中国的零售消费市场规模已经逼近美国。

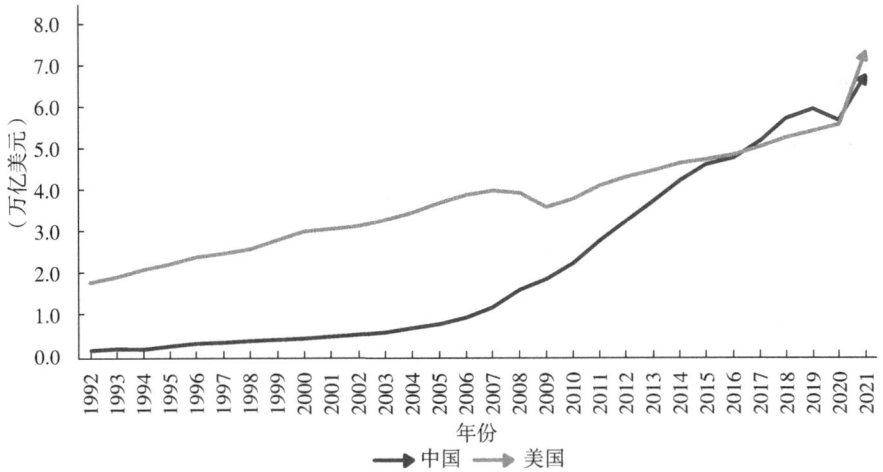

资料来源:中国国家统计局、美国数据来自美国统计局。

图 8-2　1992—2020 年中美社会消费品零售总额走势对比

表 8-1　1992—2020 年中美社会消费品零售总额对比（单位：万亿美元）

年份	中国	美国	年份	中国	美国
1992	0.2	1.8	2007	1.2	4.0
1993	0.2	1.9	2008	1.6	3.9
1994	0.2	2.1	2009	1.9	3.6
1995	0.3	2.2	2010	2.2	3.8
1996	0.3	2.4	2011	2.8	4.1
1997	0.4	2.5	2012	3.3	4.3
1998	0.4	2.6	2013	3.8	4.5
1999	0.4	2.8	2014	4.2	4.6
2000	0.5	3.0	2015	4.6	4.7
2001	0.5	3.1	2016	4.8	4.8

续表

年份	中国	美国	年份	中国	美国
2002	0.6	3.1	2017	5.1	5.0
2003	0.6	3.3	2018	5.7	5.3
2004	0.7	3.5	2019	5.9	5.4
2005	0.8	3.7	2020	5.7	5.6
2006	1.0	3.9	2021	6.8	7.4

资料来源：中国国家统计局、美国统计局。

如图8-3所示，2021年中国货物进出口总额突破39万亿元，比上年增长21.4%，且贸易结构持续优化。其中，出口21.7亿元，增长21.2%；进口17.3亿元，增长21.5%。

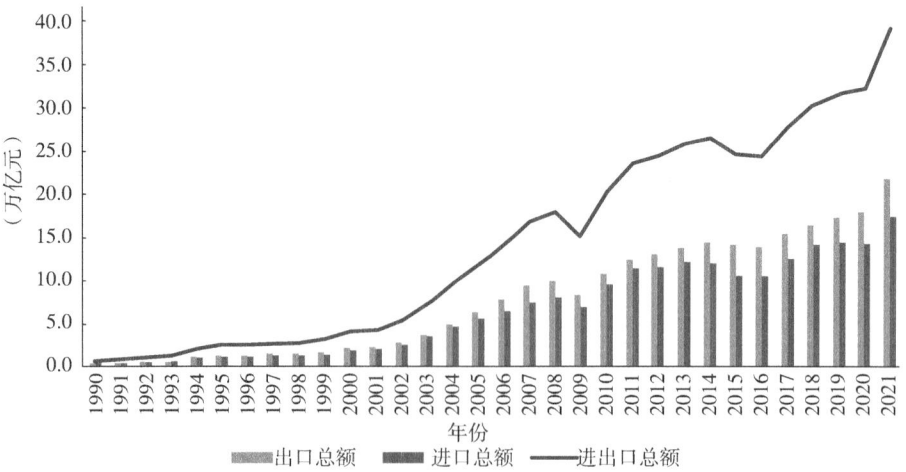

资料来源：中国国家统计局。

图8-3 1990—2021年中国进出口贸易额走势

需求规模的增长也使得中国市场成为海外跨国公司最为关注的海外市场。2021年，中国实际利用外资达到1.1万亿元，同比增长14.9%，成为仅次于美国的全球第二大外资流入国。在跨国公司的业务结构方面，中国市场需求的不断提升，也推动跨国公司针对中国市场与中国消费者打造更为本土化的产品与服务体验。例如，包括丰田、本田、大众在内的汽车企业都将中国市场当作新能源汽车产品的全球首发国，美国高通公司在中国市场的营业收入占据其全球收入规模的70%，导致高通即使是在美国对华技术封锁的背景下也依然加大对中国市场的投资力度。实际上，早在2008年国际金融危机爆发后，中国消费市场对于外国跨国公司的重要性就已经得到体现。例如，在美国通用汽车濒临破产的情况下，中国成为通用汽车在全球唯一实现增长的市场。近年来，通用汽车更是计划为中国市场打造多款量身定制的新能源车型，并将中国定义为通用汽车最大的市场和全球创新中心。可见，中国市场的强大需求正在成为包括美国超级跨国公司在内的全球跨国公司前来中国投资的重要驱动因素，而这也可以从需求层面促使全球超级跨国公司与中国经济加深相互依赖的关系，使中国与美国主导的新型全球价值链难以"脱钩"。

在全球价值链重构的背景下，进一步扩大中国市场的需求规模成为中国应对外部环境变化的重要举措。2020年7月，中共中央提出要加快形成以国内大循环为主体、国内国际双循环相互促进的新发展格局。国内国际双循环新发展格局提出的国内背景是中国经济从高速增长进入到高质量发展的必然趋势，国际背景则源于中美战略竞争导致的全球价值链重构及自2008年国际金融危机爆发以来的国际市场变化。自2008年金融危机以来，世界经济陷入"长期性停滞"，依赖世界市场与出口导向型战略的中国经济遭遇严重外部冲击。2018年爆发的中美贸易战及2020年暴发的新冠肺炎疫情导致国际市场环境进一步恶化。所以，双循环新发展格局的提出，是中国政府应对全球价值链重构及贸易保护主义的一次战略调整。以国内大循环为主体并不意味着中国将实施封闭式经济发展模式，而是为了更好地带动以中国为中心的国际大循环，以需求为抓手，加强中国经济与世界经济之间的相互依赖与合作共赢的关系。

为了能够以需求为核心加强中国经济与世界经济之间的相互依赖关系，中国应当坚持制度型开放，以更高质量的方式开放市场。"制度型开放"最早于2018年中央经济工作会议提出，其核心目的是打造更高水平的开放型经济体制。更高水平的开放是指将开放的领域从过去的产品流动与要素流动延伸至规则和制度方面，提高开放的市场化和法治化水平。未来，中国应当坚持深化制度型开放，消除中国国内循环体系和国际循环体系之间的障碍，打破两大体系间的壁垒，基于中国本土市场不断增长的需求规模，通过吸引和利用外资的方式，在提高中国居民生活质量的同时，加强外国跨国公司与中国经济之间的相互依赖关系，从需求端确保中国经济与世界经济之间的"挂钩"。

二、供给层面：稳链补链强链，提升结构性权力

（一）稳链

为应对低端产业外流带来的挑战，中国应当采取"稳链"政策。过去20年欧美国家的发展历史表明，低端产业流失将导致国内低技能从业人员的失业问题，并引发社会矛盾。中国作为世界上最大的发展中国家，具有得天独厚的优势。在出口导向型经济发展战略下，中国东南沿海地区获得了高速的经济增长，人均收入水平大幅提升，中西部地区与东部地区发展差异逐步缩小。为了能够稳住低端产业链，中国可以在中西部地区采取以空间换时间的战术，通过设立经济特区、给予税收优惠等方式，充分利用中西部地区的劳动力与土地资源，引导低端制造业由沿海地区嵌入中西部地区而非外流。

（二）补链

为应对美国政府对中国高端产业的技术封锁，中国应当鼓励国内企业进行"补链"工作。具体而言，中国应当系统性统计被美国超级跨国公司垄断控制的关键性生产技术。对于具有相关科研能力的企业，应当给予优惠政策，加快自主知识产权的研发，避免被美国的技术垄

断"卡脖子"。此外,在第四次工业革命的阶段性背景下,中国应当加快新基建的建设步伐,为中高端制造业的数字化、智能化、绿色化转型提供基础设施支持,提高本土企业在制造端的竞争优势。

(三) 强链

有一种观点认为,规避美国技术封锁的对策是促进中国构建全产业链,实现中国企业对全部生产设备、材料、技术的全覆盖。但实际上,这种策略无论是从实际操作还是战略布局来看,都存在不足之处。在实际操作方面,无论是中国还是美国,都没有能力单独构建一个完整的产业链体系。以半导体产业为例,即使是在技术上最为先进的美国,也不具备独自构建与控制完整产业链的能力。随着生产技术的日趋复杂化,产品生产将更依赖于国际分工与不同国家要素禀赋的互补。在这种情况下,"全产业链"不等于"强产业链"更不等于"优产业链"。因此,即使实现了名义上的"全产业链"布局,依然会面临被其他国家利用其超级跨国公司在全球价值链分工格局中掌握的垄断性技术实施"断供"的风险。在战略布局层面,如果一个国家构建全产业链工业体系的动因是把其他国家当作"断供"的假想敌,那么当全产业链工业体系真正实现时,将很可能导致该国回到闭关锁国的状态,反而主动推进了与世界经济"脱钩"的进程。

从历史经验看,日本半导体企业在20世纪80年代至21世纪初普遍采取全产业链研发、制造的战略,这种战略虽然在20世纪80年代中期为日本半导体产业的领先提供了支持,但最终也正是因为过于强调全产业链布局导致了日本半导体产业的衰落。造成这种结果的核心原因是,日本企业在美国政府的压力下,过于强调闭门造车与供应链安全,导致在技术创新方面过于封闭,忽视了在创新过程中的信息交流。

因此,面对全球价值链重构,无论是从战术上还是从战略上判断,构建完全自给自足的全产业链工业体系不是中国的应对之道,中国应当做的是在一些关键性技术领域实现产业升级与技术领先,通过与其他国家在不同技术上相互制约的方式,实现供应链安全可控。张宇燕和徐秀军曾以冷战时期的美苏为例,提出了"确保相互依存"这一概念。[①] 在冷战时期,美国与苏联没有爆发热战的关键原因是双方都拥有规模庞大的核武器库,这导致任何一方都不敢率先使用核武器,因为使用就意味着全世界一起毁灭,国际政治学家也将这种现象称作"确保相互摧毁"。在经济全球化时代,全球价值链分工格局创造的超级跨国公司虽然不具备核武器的毁灭能力,但他们拥有的结构性权力也足以对普通企业在商业范围内实施毁灭性打击。

中国应积极激励更多的企业依靠自主创新实现在关键技术方面的领先,正如华为公司在5G领域的研发成果得中国企业与美国企业都在不同领域需要依赖对方的技术专利,通过塑造"确保相互依存"的经贸关系,防止中国企业被美国超级跨国公司"卡脖子",同时确保中国经济与世界主要经济体之间实现可持续性"挂钩"。

三、创新层面:构建国家创新体系,加速产业升级

在全球价值链的高速发展期,一种经济学观点认为,创新属于企业的经济活动范畴,国家不应当介入其中,因为任何非市场行为都将造成市场失灵。以产业政策为例,反对产业政策的学者认为,市场可以依据供需关系与比较优势进行自我运转,人为设置的政策将导致市场出现失灵,导致资源配置扭曲,市场效率降低。支持产业政策的学者则相信政府对产业发展的引导与支持是包括美国、德国、日本在内发达国家成功崛起的重要原因。关于产业政策是否有效,学界尚无共

---

① 张宇燕、徐秀军:《确保相互依存与新型中美关系的构建》,载《国际问题研究》,2021年第1期,第41—54页。

识，就连产业政策的讨论范畴也存在争议。① 但需要指出的是，在大国战略竞争的时代背景下，市场效率最大化并非国家想要达成的唯一目标。实际上，一国的政治经济目标包括了应对军事挑战、保障国家安全、提升经济财富、维持产业自主性在内的多重考虑，而为了实现这些目标，国家有必要根据外部环境与发展阶段的现实需要，引导科研创新、产业发展与人才培养。

国家创新体系是国家引导科研创新、应对国家间竞争、提升经济实力的重要工具。1987年，弗里曼提出了国家创新体系这一概念，国家创新体系是指用国家力量推动各部门之间的协调合作，促进国家科技创新进程，使之朝着有利于国家利益的方向发展。美国作为当前世界领先的科技创新国，得益于发达的国家创新体系。从历史发展看，美国人对国家创新的目标一直非常清晰。1883年，美国物理学家罗兰就在题为《为纯科学呼吁》的演讲中提出美国的持续性繁荣依赖于基础科学而非应用科学，这也成为美国国家创新体系的核心宗旨。二战结束后，美国科学研究发展局主任布什曾于1945年向时任美国总统提交了一份名为《科学：没有止境的前线》的报告，这份报告再次明确了基础科学研究的重要性，提出美国政府应延续战争中对科技研发的支持，通过设立国家实验室、支持研究型大学发展的方式，协调国家创新进程。实际上，包括"曼哈顿"计划、"阿波罗"计划、"星球大战"计划在内的诸多二战与冷战时期的战略科研计划，都是美国国家创新体系的产物，大国竞争也成为美国构建国家创新体系的重要推动力。在国家创新体系的基础上，依托"国家-市场"二元结构，美国跨国公司将诸多基础科学研究成果转化成商业化产品，并将其应用在全球市场的产品中，在创造财富的同时拥有在全球价值链中的结构性权力。

---

① 周建军：《美国产业政策的政治经济学：从产业技术政策到产业组织政策》，载《经济社会体制比较》，2017年第1期，第80—94页；林毅夫、张军、王勇、寇宗来主编：《产业政策：总结、反思与展望》，北京：北京大学出版社，2018年版，第137—156页。

对于中国来说，中国国家创新体系在 21 世纪初期很好地满足了中国经济发展的阶段性需求，但在如今大国竞争引发全球价值链重构背景下，需要结合外部环境变化做出适当改变。自改革开放初期至 21 世纪初期，中国国家创新体系的主要目标是引进国外先进技术，通过学习、消化、吸收的方式进行"二次创新"。从历史发展规律看，中国在此阶段受制于发展水平，自主创新能力较为薄弱，将外国先进技术引进再消化吸收是较为典型的后进国家发展战略。然而，对外国先进技术的依赖及过于重视工程应用技术也导致中国国家创新体系中基础科学研究较为薄弱，相关激励机制有待完善。在中美战略竞争的背景下，基础科学研发的薄弱也导致中国企业频频遭遇美国政府"卡脖子"。

未来，中国应当借助第四次工业革命带来的阶段性机遇，加强国家创新体系对基础科学的研发投入，助力中国企业实现产业升级。从科学研究的角度分析，科学范式的更替是科学研究出现重大转折的关键因素。在传统技术领域，以美国为代表的发达国家比中国拥有更为雄厚的科研积累，这种科研基础也为发达国家创造了在基础科学研究领域的结构性权力。中国科研工作者若想从事相关领域的研发，往往需要依赖发达国家的研究设备、依托发达国家科研工作者构建的研究方法，形成依附性科研的态势。随着中国经济实力与科研实力的提升，第四次工业革命的出现为中国国家创新体系提供了一次重新起跑的机会。从目前的成果看，中国与美国在人工智能、动力电池等领域已经实现并驾齐驱的态势，而在 5G、量子通信等领域中国甚至更胜一筹。如图 8-4 所示，美国著名智库兰德公司（RAND）就曾在 2021 年的一份报告中提出，中国在人工智能（AI）和机器学习（ML）领域的专利数量（无论是经过质量调整还是未经质量调整）已经大幅超越美国。

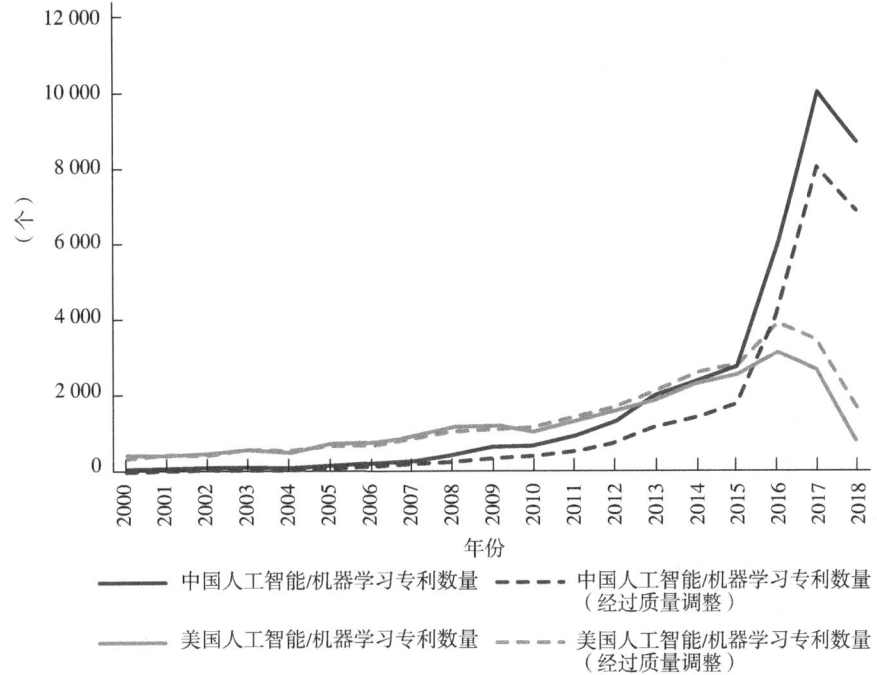

资料来源：Jon Schmid,"An Open-Source Method for Assessing National Scientific and Technological Standing: With Applications to Artificial Intelligence and Machine Learning",https://www.rand.org/pubs/research_reports/RRA1482-3.html。

图 8-4　中国与美国在人工智能与机器学习领域专利数量对比

因此，中国政府应当继续推动国家创新体系建设，完善基础科学研究机制，聚焦大国竞争中最为激烈的战略新兴产业，在新兴产业体系的关键性技术领域取得突破，在保障国家安全、产业安全的同时，赋能中国超级跨国公司。

四、开放层面：推动经济全球化和区域经济一体化，兼顾发展与安全

面对"超级全球化"带来的挑战与教训，中国应当在力所能及的范围内提供更具包容性的国际公共物品，在倡导经济全球化的同时更加关注发展与安全之间的关系，引导构建更加公平的经济全球化。2017年1月，习近平主席出席达沃斯世界经济论坛时以"海"为隐

喻，强调经济全球化的重要性。习近平主席指出："世界经济的大海，你要还是不要，都在那儿，是回避不了的。"① 时隔五年，2022年1月，习近平主席在达沃斯世界经济论坛视频会议的演讲中进一步指出："尽管出现了很多逆流、险滩，但经济全球化方向从未改变、也不会改变。世界各国要坚持真正的多边主义，坚持拆墙而不筑墙、开放而不隔绝、融合而不脱钩，推动构建开放型世界经济。"②

在经济全球化遭遇逆流的背景下，中国应更加积极主动地在区域经济一体化及其规则制定中发挥参与者和引领者作用。2014年习近平总书记指出，中国应积极参与国际经贸规则制定，不能当旁观者、跟随者，而是要做参与者、引领者，善于通过自由贸易区建设增强我国国际竞争力，在国际规则制定中发出更多中国声音、注入更多中国元素，维护和拓展我国发展利益。③ 截至2021年年底，中国已签协议的自贸区有21个④，正在谈判的自贸区有10个⑤，正在研究的自贸区有8个⑥。其中最引人注目的是，在全球保护主义、单边主义盛行及一些国家强调本国利益优先的背景下，历经近八年的艰苦谈判，一个纵跨南北半球两大洲、涉及15个经济体、涵盖全球约35亿人口的《区域全面经济伙伴关系协定》（RCEP）终于在2022年1月1日正式生效，

---

① 《共担时代责任，共促全球发展》，www.qstheory.cn/dukan/qs/2020-12/15/c_1126857192.htm。

② 《习近平在2022年世界经济论坛视频会议的演讲（全文）》，新华社北京2022年1月17日电。

③ 《中共中央政治局就加快自由贸易区建设进行集体学习》，http://www.gov.cn/xinwen/2014-12/06/content_2787582.htm。

④ 《区域全面经济伙伴关系协定》、中国-马尔代夫、中国-毛里求斯、中国-格鲁吉亚、中国-澳大利亚、中国-韩国、中国-瑞士、中国-冰岛、中国-哥斯达黎加、中国-秘鲁、中国-新加坡、中国-新西兰(含升级)、中国-智利、中国-巴基斯坦、中国-柬埔寨、中国-东盟、内地与港澳更紧密经贸关系安排、中国-东盟（"10+1"）升级、中国-新加坡升级、中国-智利升级、中国-巴基斯坦第二阶段。

⑤ 中国-海合会、中国-挪威、中国-以色列、中日韩、中国-斯里兰卡、中国-毛里求斯、中国-摩尔多瓦、中国-韩国自贸协定第二阶段、中国-巴勒斯坦和中国-秘鲁升级谈判。

⑥ 中国-哥伦比亚、中国-斐济、中国-尼泊尔、中国-巴布亚新几内亚、中国-加拿大、中国-孟加拉国、中国-蒙古国和中国-瑞士自贸协定升级联合研究。

这是亚太区域经济一体化的重大进展和突破，与欧盟和北美自贸区形成"三足鼎立"之势。RCEP是一个超大型自贸协定，其经济总量约占全球经济规模的32%、贸易总量约占全球的29%、投资规模约占全球的33%。RCEP是一个互利共赢的自贸协定，中国将是RCEP最大的受益方之一，同时中国对RCEP的贡献度也将是巨大的，因此RCEP将使中国超大规模市场效应以及经济增长的溢出效应得以充分发挥。未来，中国还应继续推进加入《全面与进步跨太平洋伙伴关系协定》（CPTPP）和《数字经济伙伴关系协定》（DEPA）进程，进一步融入经济全球化和区域经济一体化，努力推动开放包容可持续发展的世界经济，实现国家间互利共赢。

作为世界上最大的发展中国家，中国在改革开放40多年中积累了丰富的对外开放经验，中国继续坚持开放的区域主义，倡导共商共建共享的区域合作框架，帮助发展中成员更多从国际贸易和投资中获益。中国强调，在处理国家间关系问题上，不是传统西方强国的零和博弈，更不是以强凌弱。中国坚持，国家无论强弱、大小、贫富，一律平等、相互尊重、互利共赢并且求同存异。因此，在发展不平衡方面，中国已经相继提出亚洲基础设施投资银行、"一带一路"倡议等更具包容性的国际合作机制，希望在平等协商、广泛参与、普遍受益的合作框架下，强调国家间的共同利益与合作共赢，在尊重国家间存在制度异质性的基础上实现产能合作与财富创造。

此外，在国家安全与经济发展的关系上，中国应当避免走上发达国家在"超级全球化"时期的旧路，协调好国际分工与国内产业结构之间的关系，确保与国家安全相关的产业能够在国内维持最低安全限度的生产能力，从而在实现经济发展的同时保障国家经济安全。

第三节 本章小结

第一，在全球价值链重构趋势下，中国经济主要面临三方面的挑战：其一，全球价值链重构对中国构成的最大挑战是美国与中国经济"脱钩"，进而削弱中国及其跨国公司在全球生产体系中的结构性权力。其二，中国产业长期遭遇来自全球价值链低端与高端的封锁，可能带来产业发展停滞、收入增长停滞、掉入中等收入陷阱的风险。其三，中国正在成为当今世界上高举经济全球化大旗的引领者，能否吸取过去20年经济全球化中的经验教训，引导经济全球化向着更加包容、和谐、公平的方向发展，成为全球化能否可持续发展的决定性因素。

第二，面对以上挑战，中国应当从四个方面进行应对。其一，在需求层面推进制度型开放，构建超大规模市场。其二，在供给层面稳链补链强链，提升结构性权力。其三，在创新层面构建国家创新体系，加速产业升级。其四，在开放层面推动经济全球化和区域经济一体化，兼顾发展与安全。

参考文献

[1]艾肯格林.嚣张的特权:美元的国际化之路及对中国的启示[M].陈召强,译.北京:中信出版集团,2019.

[2]奥尔森.集体行动的逻辑[M].陈郁,郭宇峰,李崇新,译.上海:上海三联书店,1995.

[3]保建云.大国博弈中的全球产业链分化重构[J].人民论坛·学术前沿,2018,18:45-55.

[4]鲍德温.大合流:信息技术和新全球化[M].李志远,刘晓捷,罗长远,译.上海:格致出版社,2020.

[5]北京大学国际战略研究院课题组.技术领域的中美战略竞争:分析与展望[J].国际战略研究简报,2022,123:1-8.

[6]波特.竞争优势[M].陈丽芳,译.北京:中信出版社,2014.

[7]布热津斯基.大棋局:美国的首要地位及其地缘战略[M].中国国际问题研究所,译.上海:上海世纪出版集团,2007.

[8]财新网.中兴殷一民:美禁令让公司休克 但决不放弃[EB/OL].(2018-04-20)[2022-09-19].https://companies.caixin.com/2018-04-20/101237129.html.

[9]陈芳,董瑞丰."芯"想事成:中国芯片产业的博弈与突围[M].北京:人民邮电出版社,2018.

[10]陈平.世纪博弈:国际货币权力与中美金融关系[M].北京:时事出版社,2018.

[11]陈倩.美日贸易摩擦的演进过程、经验教训及对我国的启示[J].金融与经济,2019,3:12-22.

[12]陈伊凡.史无前例的缺芯潮,正在改变什么?[EB/OL].(2021-11-30)[2022-09-19].https://mp.weixin.qq.com/s/0_KQI26nLmyh39ioqmv2bQ.

[13]陈子烨,李滨.中国摆脱依附式发展与中美贸易冲突根源[J].世界经济与政治,2020,3:21-43.

[14]丁俊发.美国全球供应链安全国家战略与中国对策[J].中国流通经济,2016,9:5-9.

[15]丁可.东亚生产网络视角下的中日产业链合作[EB/OL].(2021-10-27)[2022-09-19].https://idei.nju.edu.cn/4b/c7/c26392a543687/page.htm.

[16]多尔蒂,威尔逊.机器与人:埃森哲论新人工智能[M].赵亚男,译.北京:中信出版集团,2018.

[17]范里安.微观经济学:现代观点[M].费方域,朱保华,等译.上海:格致出版社,2015.

[18]费尔拉蒙蒂.大数据战争[M].张梦溪,译.北京:中华工商联合出版社,2018.

[19]戈莫里,鲍莫尔.全球贸易和国家利益冲突[M].文爽,乔羽,译.北京:中信出版集团,2018.

[20]葛琛,葛顺奇,陈江滢.疫情事件:从跨国公司全球价值链效率转向国家供应链安全[J].国际经济评论,2020,4:67-83.

[21]关雪凌,张猛.发达国家跨国公司是如何为国家利益服务的:跨国公司的政治经济学分析[J].政治经济学评论,2014,3:37-56.

[22]管传靖.安全化操作与美国全球供应链政策的战略性调适[J].国际安全研究,2022,1:73-99.

[23]韩婕珺,郑乐凯,苏慧.管理层背景与企业全球价值链参与:来自上市公司的证据[J].产业经济研究,2020,2:73-86.

[24]赫德森.国际贸易与金融经济学:国际经济中有关分化与趋同问题的理论史[M].丁为民,张同龙,等译.北京:中央编译出版社,2014.

[25]黄河,王润琦.公共产品与国际经济秩序:起源、当前挑战与重塑[J].太平洋学报,2021,5:70-81.

[26]黄奇帆.在全球化过程中市场是王牌[EB/OL].(2019-06-20)[2022-09-19].http://www.ce.cn/xwzx/gnsz/gdxw/201906/20/t20190620_32411185.shtml.

[27]霍布斯.利维坦[M].黎思复,黎廷弼,译.北京:商务印书馆,2017.

[28]基欧汉,奈.权力与相互依赖[M].门洪华,译.北京:北京大学出版社,2012.

[29]吉尔平.跨国公司与美国霸权[M].钟飞腾,译.北京:东方出版社,2011.

[30]吉尔平.全球政治经济学:解读国际经济秩序[M].杨宇光,杨炯,译.上海:上海人民出版社,2006.

[31]贾力军.国际垄断资本主义下的技术创新[M].北京:社会科学文献出版社,2015.

[32]简世勋.世界不是平的[M].于展,译.北京:中信出版集团,2019.

[33]鹫尾友春.日美博弈战[M].孙律,译.北京:中国友谊出版公司,2021.

[34]鞠建东,余心玎,卢冰,等.全球价值链网络中的"三足鼎立"格局分析[J].经济学报,2020,4:1-20.

[35]科恩.货币强权:从货币读懂未来世界格局[M].张琦,译.北京:中信出版集团,2017.

[36]雷少华.超越地缘政治:产业政策与大国竞争[J].世界经济与政治,2019,5:131-154.

[37]李国学,张宇燕.资产专用性投资、全球生产网络与我国产业结构

升级[J].世界经济研究,2010,5:3-6.

[38]李淑俊,王小明.美国全球供应链调整的国家安全逻辑及实现路径[J].国际安全研究,2022,1:100-129.

[39]李巍,李玙译.解析美国对华为的"战争":跨国供应链的政治经济学[J].当代亚太,2021,1:4-45.

[40]李巍.把"超级企业"找回来:理解大国战场的"新士兵"[R].威海:山东大学东北亚学院,2021.

[41]李巍.国际秩序转型与现实制度主义理论的生成[J].外交评论(外交学院学报),2016,1:31-59.

[42]梁军.全球价值链框架下发展中国家产业升级研究[J].天津社会科学,2007,4:86-92.

[43]林毅夫,斯蒂格利茨.林毅夫对话诺奖得主斯蒂格利茨:中美竞争的核心不在经济体量,而是创新创业活力与人民满意度[EB/OL].(2022-01-10)[2022-09-19].https://www.nse.pku.edu.cn/sylm/xwsd/51894 1.htm.

[44]刘斐莹.从美国特别301条款到TRIPS:WTO框架下中美知识产权纠纷探析[J].经济研究导刊,2009,17:117-118.

[45]刘芮,李墨天.日本半导体究竟是怎么输的?[EB/OL].(2021-09-24)[2022-09-19].https://view.inews.qq.com/a/20210924A0CBNE00.

[46]刘银良.美国专利制度演化掠影:1980年纪略[J].北大法律评论,2013,2:219-242.

[47]刘志彪,张杰.全球代工体系下发展中国家俘获型网络的形成、突破与对策:基于GVC与NVC的比较视角[J].中国工业经济,2007,5:39-47.

[48]刘遵义,CHENG L K,FUNG K C,等.非竞争型投入占用产出模型及其应用:中美贸易顺差透视(英文)[J].Social Sciences in China,2010,01:35-54.

[49]罗德瑞克.贸易的真相[M].卓贤,译.北京:中信出版集团,2018.

[50]罗德瑞克.全球化的悖论[M].廖丽华,译.北京:中国人民大学出版社,2011.

[51]罗奇.失衡:后经济危机时代的再平衡[M].易聪,郑理,蒋博,译.北京:中信出版社,2014:39.

[52]吕越,陈帅,盛斌.嵌入全球价值链会导致中国制造的"低端锁定"吗?[J].管理世界,2018,8:11-29.

[53]吕越,马嘉林,田琳.中美贸易摩擦对全球价值链重构的影响及中国方案[J].国际贸易,2019,8:28-35.

[54]普雷斯托维茨.美日博弈[M].于杰,冯佳,张健,译.北京:中信出版集团,2021.

[55]施瓦布,马勒雷.后疫情时代:大重构[M].世界经济论坛北京代表处,译.北京:中信出版集团,2020.

[56]史丹,余菁.全球价值链重构与跨国公司战略分化:基于全球化转向的探讨[J].经济管理,2021,2:5-22.

[57]斯坦.美国总统经济史:从罗斯福到克林顿[M].金清,译.长春:吉林人民出版社,2011.

[58]斯特兰奇.国家与市场[M].杨宇光,等译.上海:上海人民出版社,2019.

[59]宋国友.中美经贸关系:再融合、强竞争、弱脱钩[J].复旦学报(社会科学版),2020,4:125-131.

[60]苏庆义.全球供应链安全与效率关系分析[J].国际政治科学,2021,2:1-32.

[61]谭笑间.美国以芯片安全为名大搞"供应链情治"[J].世界知识,2021,23:62-63.

[62]陶辉东.华为投的第五家IPO,小赚20多亿》[EB/OL].(2022-01-12)[2022-09-19].https://baijiahao.baidu.com/s?id=1721714765930066502&wfr=spider&for=pc.

[63]田野.全球治理中的制度供给:一种交易费用分析[J].世界经济与

政治,2002,10:17-22.

[64]王立新.踌躇的霸权:美国崛起后的身份困惑与秩序追求(1913-1945)[M].北京:中国社会科学出版社,2015.

[65]王巍,马杰,张宇燕.没有硝烟的战争:跨国公司·和平·发展[M].武汉:武汉出版社,1998.

[66]王晓先.美国"337条款"与"特别301条款"的比较及应对[J].广东工业大学学报(社会科学版),2010,1:37-41.

[67]王正毅.超越"吉尔平式"的国际政治经济学:1990年代以来IPE及其在中国的发展[J].国际政治研究,2006,2:22-39.

[68]王直,魏尚进,祝坤福.总贸易核算法:官方贸易统计与全球价值链的度量[J].中国社会科学,2015,9:108-127.

[69]西蒙.隐形冠军:未来全球化的先锋[M].杨一安,译.北京:机械工业出版社,2019.

[70]徐奇渊,东艳,等.全球产业链重构与中国选择[R].西安:中国金融四十人曲江论坛,2021.

[71]徐元.美国知识产权强保护政策的国际政治经济学分析:基于霸权稳定论的视角[J].宏观经济研究,2014,4:27-31.

[72]雅克.当中国统治世界[M].张莉,译.北京:中信出版社,2010.

[73]杨翠红,田开兰,高翔,等.全球价值链研究综述及前景展望[J].系统工程理论与实践,2020,8:1961-1976.

[74]余丽丽,彭水军.中国区域嵌入全球价值链的碳排放转移效应研究[J].统计研究,2018,4:16-29.

[75]余南平.人工智能革命背景下的大国博弈:以全球价值链的结构变化为分析视角[J].国际关系研究,2020,1:3-25.

[76]袁振邦,张群群.贸易摩擦和新冠疫情双重冲击下全球价值链重构趋势与中国对策[J].当代财经,2021,4:102-111.

[77]翟少辉."缺芯风暴"下半场[J].财新周刊,2021,37:5.

[78]张存禄,黄培清."9·11"事件对全球供应链的影响[J].国际商务

研究,2002,1:53-55.

[79]张辉.全球价值链理论与我国产业发展研究[J].中国工业经济,2004,5:38-46.

[80]张杰,刘志彪.需求因素与全球价值链形成:兼论发展中国家的"结构封锁型"障碍与突破[J].财贸研究,2007,6:1-10.

[81]张杰,张少军,刘志彪.多维技术溢出效应、本土企业创新动力与产业升级的路径选择:基于中国地方产业集群形态的研究[J].南开经济研究,2007,3:47-67.

[82]张杰.中美战略格局下全球供应链演变的新趋势与新对策[J].探索与争鸣,2020,12:37-52.

[83]张明之,梁洪基.全球价值链重构中的产业控制力:基于世界财富分配权控制方式变迁的视角[J].世界经济与政治论坛,2015,1:1-23.

[84]张茉楠.博弈:全球价值链变革下的中国机遇与挑战[M].杭州:浙江大学出版社,2020.

[85]张茉楠.大变革:全球价值链与下一代贸易治理[M].北京:中国经济出版社,2017.

[86]张茉楠.贸易摩擦冲击全球"三链"[J].中国金融,2019,14:70-72.

[87]张薇薇.美欧贸易和技术理事会首次会议:共识难掩分歧[J].世界知识,2021,21:36-37.

[88]张夏准.富国陷阱:发达国家为何踢开梯子?[M].卓贤,译.北京:社会科学文献出版社,2020.

[89]张宇燕,冯维江.从"接触"到"规锁":美国对华战略意图及中美博弈的四种前景[J].清华金融评论,2018,7:24-25.

[90]张宇燕,高程.美国行为的根源[M].北京:中国社会科学出版社,2018.

[91]张宇燕,李增刚.国际经济政治学[M].上海:上海人民出版社,2008.

[92]张宇燕,徐秀军.确保相互依存与新型中美关系的构建[J].国际问题研究,2021,1:41-54.

[93]张宇燕.经济发展与制度选择:对制度的经济分析[M].北京:中国人民大学出版社,2017.

[94]张宇燕.理解百年未有之大变局[J].国际经济评论,2019,5:9-19.

[95]张宇燕.利益集团与制度非中性[J].改革,1994,2:97-106.

[96]周建军.美国产业政策的政治经济学:从产业技术政策到产业组织政策[M]//林毅夫,张军,王勇,等.产业政策:总结、反思与展望.北京:北京大学出版社,2018:137-156.

[97] ALFORD M, PHILLIPS N. The political economy of state governance in global production networks: change, crisis and contestation in the South African fruit sector[J]. Review of international political economy, 2018, 25(1):98-121.

[98] ALTENBURG T, SCHMITZ H, STAMM A. Breakthrough? China's and India's transition from production to innovation[J]. World development, 2008, 36(2):325-344.

[99] AMITI M, KONINGS J. Trade liberalization, intermediate inputs, and productivity: evidence from Indonesia[J]. American economic review, 2007, 97(5):1611-1638.

[100] ANDERSSON T, FREDRIKSSON T. Distinction between intermediate and finished products in intra-firm trade[J]. International journal of industrial organization, 2000, 18(5):773-792.

[101] ANTRAS P, CHOR D. Organizing the global value chain[J]. Econometrica, 2013, 81(6):2127-2204.

[102] BALASSA B. Trade liberalisation and "revealed" comparative advantage[J]. The manchester school, 1965, 33(2):99-123.

[103] BALDWIN R E, LOPEZ-GONZALEZ J. Supply-chain trade: a portrait of global patterns and several testable hypotheses[J]. The world economy, 2015, 38(11):1682-1721.

[104] BALDWIN R E, ROBERT-NICOUD F. Trade-in-goods and trade-in-tasks: an integrating framework[J]. Journal of international economics, 2014, 92(1): 51-62.

[105] BALDWIN R E, VENABLES A J. Spiders and snakes: offshoring and agglomeration in the global economy[J]. Journal of international economics, 2013, 90(2): 245-254.

[106] BALDWIN R E. Globalisation: the great unbundling(s)[M]. Helsinki: Economic Council of Finland, 2006.

[107] BALDWIN R E. Multilateralising regionalism: spaghetti bowls as building blocs on the path to global free trade[J]. World economy, 2006: 29(11): 1451-1518.

[108] BARNES J, KAPLINSKY R. Globalization and the death of the local firm? The automobile components sector in South Africa[J]. Regional studies, 2000, 34(9): 797-812.

[109] BAZAN L, NAVAS-ALEMAN L. The underground revolution in the Sinos Valley: a comparison of upgrading in global and national value chains[M]. Cheltenham: Edward Elgar Publishing, 2004.

[110] BEER G. The commercial policy of England toward the American colonies[M]. New York: Peter Smith, 1948.

[111] BEER G. The old colonial system: 1660-1754: Vol. I [M]. London: Forgotten Books, 2019.

[112] BERNANKE B. The global saving glut and the US current account deficit[M]. Washington D. C.: Board of Governors of the Federal Reserve System, 2005.

[113] BHAGWATI J N, DEHEJIA V. Freer trade and wages of the unskilled: is Marx striking again? [M]. New York: Columbia University, 1993.

[114] BHAGWATI J N, PANAGARIYA A, SRINIVASAN T N. The muddles over outsourcing[J]. Journal of economic perspectives, 2004, 18(4): 93-114.

[115] BHAGWATI J N, SRINIVASAN T N. Smuggling and trade policy[J]. Journal of public economics,1973,2(4):377-389.

[116] BHAGWATI J N. US trade policy:the infatuation with FTAs[M]. New York:Columbia University,1995.

[117] BORIN A, MANCINI M. Measuring what matters in global value chains and value-added trade[R]. Washington D. C. :World Bank Group,2019.

[118] BOWDEN W. The industrial history of the United States[M]. New York:Adelphi Company,1930.

[119] BOWN C, KOLB M. Trump's trade war timeline:an up-to-date guide[R]. Washington D. C. :Peterson Institute for International Economics, 2022.

[120] BREMMER I. The technopolar moment:how digital powers will reshape the global order[J]. Foreign affairs,2021.

[121] BUCKLEY P J, CASSON M. The optimal timing of a foreign direct investment[J]. The economic journal,1981,91(361):75-87.

[122] CHANEL L, PIKETTY T, SAEZ E, et al. World inequality report 2022 [R]. Paris:World Inequality Lab,2021.

[123] COASE R H. The lighthouse in economics[J]. The journal of law and economics,1974,17(2):357-376.

[124] COASE R H. The nature of the firm[J]. Economica,1937,4(16):386-405.

[125] DAEHN G S, TAUB A. Metamorphic manufacturing:the third wave in digital manufacturing[J]. Manufacturing letters,2018,15(2):86-88.

[126] DAHL R A. The concept of power[J]. Behavioral science,1957,2(3):201-215.

[127] DICKEN P. Global shift:reshaping the global economic map in the 21st century[M]. Los Angeles:Sage Publications Ltd. ,2003.

[128] DIXIT A K, GROSSMAN G M. Trade and protection with multistage

production[J]. The review of economic studies,1982,49(4):583-594.

[129]DOLAN C,HUMPHREY J. Changing governance patterns in the trade in fresh vegetables between Africa and the United Kingdom[J]. Environment and planning A,2004,36(3):491-509.

[130]DREZNER D,FARRELL H,NEWMAN A. The uses and abuses of weaponized interdependence[M]. Washington D. C. :Brookings Institution Press, 2021.

[131]DUNNING J H. International production and the multinational enterprise[M]. London:Routledge,2012.

[132]FARRELL H,NEWMAN A L. Weaponized interdependence:how global economic networks shape state coercion[J]. International security,2019, 44(1):42-79.

[133]FEENSTRA R C,HANSON G H. Globalization,outsourcing,and wage inequality[J]. American economic review,1996,86(2):240-245.

[134]FEENSTRA R C. Integration of trade and disintegration of production in the global economy[J]. Journal of economic perspectives,1998,12(4):31-50.

[135]FERGUSON N,SCHULARICK M. "Chimerica" and the global asset market boom[J]. International finance,2007,10(3):215-239.

[136]FINGER J M. Tariff provisions for offshore assembly and the exports of developing countries[J]. The economic journal,1975,85(338):365-371.

[137]GEREFFI G,HUMPHREY J,STURGEON T. The governance of global value chains[J]. Review of international political economy,2005,12(1):78-104.

[138]GEREFFI G,KAPLINSKY R. The value of value chains:spreading the gains from globalization [M]. Brighton:University of Sussex, Institute of Development Studies,2001.

[139]GEREFFI G,KORZENIEWICZ M. Commodity chains and global

capitalism[M]. London:Praeger,1994.

[140] GEREFFI G, LEE J. Economic and social upgrading in global value chains and industrial clusters: why governance matters[J]. Journal of business ethics,2016,133(1):25-38.

[141] GEREFFI G. Global value chains in a post-Washington Consensus world[J]. Review of international political economy,2014,21(1):9-37.

[142] GEREFFI G. International trade and industrial upgrading in the apparel commodity chain[J]. Journal of international economics,1999,48(1):37-70.

[143] GILPIN R, GILPIN J M. Global political economy: understanding the international economic order[M]. Princeton:Princeton University Press,2001.

[144] GILPIN R, GILPIN W. US power multinational corp:Vol. 2[M]. New York:Basic Books,1975.

[145] GILPIN R. The political economy of international relations[M]. Princeton:Princeton University Press,2016.

[146] GIULIANI E. Cluster absorptive capacity: why do some clusters forge ahead and others lag behind? [J]. European urban and regional studies,2005,12(3):269-288.

[147] GROSSMAN G M, HELPMAN E. Integration versus outsourcing in industry equilibrium[J]. The quarterly journal of economics,2002,117(1):85-120.

[148] GROSSMAN G M, HELPMAN E. Protection for sale[J]. American economic review,1994,84(4):833-850.

[149] GROSSMAN G M, ROSSI-HANSBERG E. Trading tasks: a simple theory of offshoring[J]. American economic review,2008,98(5):1978-1997.

[150] HARDING T, JAVORCIK B S. Foreign direct investment and export upgrading[J]. Review of economics and statistics,2012,94(4):964-980.

[151] HASENCLEVER A, MAYER P, RITTBERGER V. Theory of

international regimes[M]. Cambridge:Cambridge University Press,1997.

[152] HELLEINER G K. Manufactured exports from less-developed countries and multinational firms[J]. The economic journal,1973,83(329):21-47.

[153] HENDERSON J. Globalisation of high technology production[M]. London:Routledge,2002.

[154] HIRA R,HIRA A. Outsourcing America:the true cost of shipping jobs overseas and what can be done about it[M]. New York:AMACOM,2008.

[155] HORNER R. Beyond facilitator? State roles in global value chains and global production networks[J]. Geography compass,2017,11(2):e12307.

[156] HUMMELS D L,RAPOPORT D,YI K M. Vertical specialization and the changing nature of world trade[J]. Economic policy review,1998,4(2):79-99.

[157] HUMMELS D,ISHII J,YI K M. The nature and growth of vertical specialization in world trade[J]. Journal of international economics,2001,54(1):75-96.

[158] HUMPHREY J,SCHMITZ H. Governance and upgrading:linking industrial cluster and global value chain research[M]. Brighton:Institute of Development Studies,2000.

[159] HUMPHREY J,SCHMITZ H. How does insertion in global value chains affect upgrading in industrial clusters?[J]. Regional studies,2002,36(9):1017-1027.

[160] HYMER S H. The international operations of national firms,a study of direct foreign investment[M]. Cambridge, MA:Massachusetts Institute of Technology,1960.

[161] JONES R W,KIERZKOWSKI H. The role of services in production and international trade:a theoretical framework[M]//JONES R W. International trade theory and competitive models features,values,and criticisms. Hackensack:

World Scientific Publishing Company,2018:233-253.

[162] KADARUSMAN Y, NADVI K. Competitiveness and technological upgrading in global value chains:evidence from the Indonesian electronics and garment sectors[J]. European planning studies,2013,21(7):1007-1028.

[163] KAPLINSKY R,MORRIS M. A handbook for value chain research [M]. Brighton:University of Sussex,Institute of Development Studies,2000.

[164]KAPLINSKY R,MORRIS M. Governance matters in value chains[J]. Developing alternatives,2003,9(1):11-18.

[165]KAPLINSKY R. Spreading the gains from globalization:what can be learned from value-chain analysis? [J]. Problems of economic transition,2004, 47(2):74-115.

[166] KENNEY M, FLORIDA R. Japanese maquiladoras: production organization and global commodity chains[J]. World development,1994,22(1): 27-44.

[167]KEOHANE R O. International institutions and state power:essays in international relations theory[M]. London:Routledge,2020.

[168] KEOHANE R O. After hegemony:cooperation and discord in the world political economy[M]. Princeton:Princeton university press,2005.

[169] KINDLEBERGER C P. American business abroad [J]. The international executive,1969,11(2):11-12.

[170]KINDLEBERGER C P. Dominance and leadership in the international economy:exploitation, public goods, and free rides [J]. International studies quarterly,1981,25(2):242-254.

[171]KINDLEBERGER C P. International public goods without international government[J]. The American economic review,1986,76(1):1-13.

[172]KINDLEBERGER C P. The world in depression,1929-1939:Volume 4[M]. Berkeley:University of California Press,2013.

[173] KOGUT B. Designing global strategies:comparative and competitive

value-added chains[J]. Sloan management review,1985,26(4):15-28.

[174] KOJIMA K. A macroeconomic approach to foreign direct investment [J]. Hitotsubashi journal of economics,1973,14(1):1-21.

[175] KOOPMAN R,WANG Z,WEI S J. Estimating domestic content in exports when processing trade is pervasive [J]. Journal of development economics,2012,99(1):178-189.

[176] KOOPMAN R,WANG Z,WEI S J. Tracing value-added and double counting in gross exports[J]. American economic review,2014,104(2):459-494.

[177] KRAEMER K L,LINDEN G,DEDRICK J. Capturing value in global networks:Apple's iPad and iPhone[R]. New York:Alfred P. Sloan Foundation,2011.

[178] KRASNER S D. State power and the structure of international trade [J]. World politics,1976,28(3):317-347.

[179] KRUGMAN P,COOPER R N,SRINIVASAN T N. Growing world trade:causes and consequences [J]. Brookings papers on economic activity,1995,26(1,25th A):327-377.

[180] KRUGMAN P. Rethinking international trade[M]. Cambridge,MA:MIT press,1994.

[181] LAKE D A. International political economy:perspectives on global power and wealth[M]. London:Unwin Hyman Limited,1991.

[182] LASKAI L,SACKS S. The right way to protect America's innovation advantage[J]. Foreign affairs,2018.

[183] LUND S, MANYIKA J, WOETZEL J, et al. Risk, resilience, and rebalancing in global value chains [R]. Washington D. C.: Mckinsey Global Institute,2020.

[184] MARKUSEN J R,MELVIN J R. Trade,factor prices,and the gains from trade with increasing returns to scale[J]. Canadian journal of economics,

1981,14(3):450-469.

[185] MATTHEWS R C. The economics of institutions and the sources of growth[J]. The economic journal,1986,96(384):903-918.

[186] MAYER F W,PHILLIPS N. Outsourcing governance:states and the politics of a "global value chain world" [J]. New political economy,2017,22 (2):134-152.

[187] MEARSHEIMER J J. The inevitable rivalry:America,China,and the tragedy of great-power politics[J]. Foreign affairs,2021,48.

[188] MELITZ M J. The impact of trade on intra-industry reallocations and aggregate industry productivity[J]. Econometrica,2003,71(6):1695-1725.

[189] MILNER H V. Interests,institutions,and information:domestic politics and international relations[M]. Princeton:Princeton University Press,1997.

[190] MIROUDOT S,YE M. Multinational production in value-added terms [J]. Economic systems research,2020,32(3):395-412.

[191] NAVARETTI G B, HAALAND J I, VENABLES A. Multinational corporations and global production networks:the implications for trade policy [R]. London:Centre for Economic Policy Research,2002.

[192] NEILSON J,PRITCHARD B,YEUNG H W C. Global value chains and global production networks in the changing international political economy:an introduction[J]. Review of international political economy,2014,21(1):1-8.

[193] NEILSON J,PRITCHARD B. Value chain struggles:institutions and governance in the plantation districts of South India[M]. Hoboken:John Wiley & Sons,2009.

[194] OLSON M. The logic of collective action:public goods and the theory of groups[M]. Cambridge,MA:Harvard University Press,1971.

[195] Organisation for Economic Co-operation and Development. Multinational enterprises in the global economy:heavily debated but hardly measured[R]. Paris:OECD,2018.

[196] PENROSE E. The theory of the growth of the firm[M]. Oxford: Oxford University Press, 2009.

[197] PIETROBELLI C, RABELLOTTI R. Global value chains meet innovation systems: are there learning opportunities for developing countries?[J]. World development, 2011, 39(7): 1261-1269.

[198] PIETROBELLI C, RABELLOTTI R. Upgrading in clusters and value chains in Latin America: the role of policies[M]. Washington D. C. : Inter-American Development Bank, 2004.

[199] PONTE S, GIBBON P. Quality standards, conventions and the governance of global value chains[J]. Economy and society, 2005, 34(1): 1-31.

[200] PORTER M E. Competitive advantage: creating and sustaining superior performance[M]. Glencoe: Free Press, 1998.

[201] POWELL W W. Neither market nor hierarchy: network forms of organization[J]. Research in organizational behavior, 1989, 12: 295-336.

[202] RAMIREZ D. COVID-19: Global trade and supply chains after the pandemic[EB/OL]. (2020-08-27) [2022-09-08]. https://www.iiss.org/blogs/research-paper/2020/08/covid-19-trade-and-supply-chains.

[203] RAUCH J E. Networks versus markets in international trade[J]. Journal of international economics, 1999, 48(1): 7-35.

[204] SAMUELSON P A. The pure theory of public expenditure[J]. The review of economics and statistics, 1954, 36(4): 387-389.

[205] SAMUELSON P A. Where Ricardo and Mill rebut and confirm arguments of mainstream economists supporting globalization[J]. Journal of economic perspectives, 2004, 18(3): 135-146.

[206] SCHELLING T C. The strategy of conflict: with a new preface by the author[M]. Cambridge, MA: Harvard University Press, 1980.

[207] SCHMID J. An open-source method for assessing national scientific and technological standing: with applications to artificial intelligence and machine

learning[R]. Santa Monica:RAND Corporations,2021.

[208] SCHMITZ H, KNORRINGA P. Learning from global buyers[J]. Journal of development studies,2000,37(2):177-205.

[209]SHEFFI Y. Supply chain management under the threat of international terrorism[J]. The international journal of logistics management,2001,12(2):1-11.

[210]SMITH A. The wealth of nations:an inquiry into the nature and causes of the wealth of nations[M]. Petersfield:Harriman House Limited,2010.

[211]STIGLITZ J E, YUSUF S. Rethinking the East Asian miracle[M]. Washington D. C. :World Bank Publications,2001.

[212]STINNETT R. Day of deceit:the truth about F. D. R. and Pearl Harbor[M]. Glencoe:The Free Press,2000.

[213] STRANGE S. International economics and international relations:a case of mutual neglect[J]. International affairs (Royal Institute of International Affairs 1944-),1970,46(2):304-315.

[214] STRANGE S. States and markets [M]. London: Bloomsbury Publishing,2015.

[215]STURGEON T J. Modular production networks:a new American model of industrial organization[J]. Industrial and corporate change,2002,11(3):451-496.

[216] STURGEON T, LEE J R. Industry co-evolution and the rise of a shared supply-base for electronics manufacturing[M]// BERGER S, LESTER R. Global Taiwan:building competitive strengths in a new international economy. Armonk:M. E. Sharpe,2005.

[217]TIMMER M P, ERUMBAN A A, LOS B, et al. Slicing up global value chains[J]. Journal of economic perspectives,2014,28(2):99-118.

[218] United Nations Conference on Trade and Development. World investment report 2011 - non - equity modes of international production and

development[R]. Geneva:UNCTAD,2011.

[219] United Nations Conference on Trade and Development. World investment report 2013-global value chains:investment and trade for development [R]. Geneva:UNCTAD,2013.

[220] United Nations Conference on Trade and Development. World investment report 2018 – investment and new industrial policies[R]. Geneva: UNCTAD,2018.

[221] United Nations Conference on Trade and Development. World investment report 2020 – GVCs:international production beyond the pandemic [R]. Geneva:UNCTAD,2020.

[222] United Nations Industrial Development Organization. Competing through innovation and learning[R]. Vienna:UNIDO,2002.

[223] United Nations Industrial Development Organization. Industry development report[R]. Vienna:UNIDO,2002.

[224] VANEK J. Variable factor proportions and interindustry flows in the theory of international trade[J]. The quarterly journal of economics,1963,77(1):129-142.

[225] VARAS A,VARADARAJAN R,GOODRICH J,et al. Strengthening the global semiconductor supply chain in an uncertain era[R]. Boston:Boston Consulting Group,2021.

[226] VARAS A,VARADARAJAN R. How restrictions to trade with China could end US leadership in semiconductor[R]. Boston:Boston Consulting Group, 2020.

[227] VERNON R. International trade and international investment in the product cycle[J]. Quarterly journal of economics,1966,80(2):190-207.

[228] WANG Z,WEI S J,YU X,et al. Characterizing global value chains: production length and upstreamness[R]. Cambridge,MA:National Bureau of Economic Research,2017.

[229] WANG Z, WEI S J, YU X, et al. Measures of participation in global value chains and global business cycles[R]. Cambridge, MA: National Bureau of Economic Research, 2017.

[230] WANG Z, WEI S J, ZHU K. Quantifying international production sharing at the bilateral and sector levels[R]. Cambridge, MA: National Bureau of Economic Research, 2013.

[231] WARNE R D. Factor intensity and the Heckscher-Ohlin theorem in a three-factor, three-good model[J]. Canadian journal of economics, 1973, 6(3): 369-375.

[232] WEISS L. The state-augmenting effects of globalization[J]. New political economy, 2005, 10(3): 345-353.

[233] WILLIAMSON J. The Washington consensus revisited[M]//EMMERIJL. Economic and social development into the XXI century. Washington D. C. : Inter-American Development Bank, 1997: 48-61.

[234] WILLIAMSON O E. Markets and hierarchies: analysis and antitrust implications: a study in the economics of internal organization[M]. Glencoe: Free Press, 1975.

[235] WOETZEL J, LOVELY M E, LARDY N R, et al. China and the world: inside the dynamics of a changing relationship[R]. Washington D. C. : Mckinsey Global Institute, 2019.

[236] Working Group on Science and Technology in U. S. - China Relations. Meeting the China challenge: a new American strategy for technology competition[R/OL]. (2020-12-31)[2022-05-27]. https://asiasociety.org/sites/default/files/inline-files/report_meeting-the-china-challenge_2020.pdf.

[237] World Bank. World development report 2020: trading for development in the age of global value chains[R]. Washington, D. C. : World Bank, 2020.

[238] World Trade Organization. World trade report 2014: trade and development: recent trends and the role of the WTO[R]. Geneva: WTO, 2004.